WENHUA ZIYUANXUE

文化资源学

范文静 / 编著

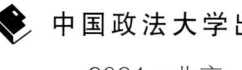 中国政法大学出版社

2021·北京

图书在版编目（ＣＩＰ）数据

文化资源学/范文静编著.—北京：中国政法大学出版社，2021.12
ISBN 978-7-5764-0254-4

Ⅰ.①文… Ⅱ.①范… Ⅲ.①文化产业 Ⅳ.①G114

中国版本图书馆 CIP 数据核字(2021)第 274271 号

出　版　者	中国政法大学出版社
地　　　址	北京市海淀区西土城路 25 号
邮寄地址	北京 100088 信箱 8034 分箱　邮编 100088
网　　　址	http://www.cuplpress.com（网络实名：中国政法大学出版社）
电　　　话	010-58908285(总编室) 58908433（编辑部）58908334(邮购部)
承　　　印	固安华明印业有限公司
开　　　本	720mm×960mm 1/16
印　　　张	14.5
字　　　数	235 千字
版　　　次	2021 年 12 月第 1 版
印　　　次	2021 年 12 月第 1 次印刷
定　　　价	65.00 元

C目录
CONTENTS

第一章　文化资源概述

学习目标：

1. 理解文化的源起及当今文化的涵义；
2. 理解文化的三个层次及社会作用；
3. 了解资源的概念及资源的分类；
4. 理解文化资源的特征；
5. 理解文化资源学的研究对象；
6. 掌握文化资源学的研究方法。

第一节　文　化

一、文化的源起

"文""化"二字在中国古已有之。"文"在甲骨文中为"𐎀"意为"记录"，"化"在甲骨文中为𑇢，为头尾相见的两个人，意为"分析、理解、包容"。

许慎在《说文解字》里说："文，错画也。象交文，凡文之属皆从文。"在这里，"文"通"纹"，指各色交错的纹理，这也成了"文"的本义。后来，"文"又引申出若干意义：其一，为包括语言文字在内的各种象征符号，进而具体化为文物典籍、礼乐制度；其二，由伦理之说导出彩画、装饰、人为修养之义；其三，在前两层意义之上，更导出美、善、德行之义。

"化"在《说文解字》中的解释为："变也。"由此，"化"的本义为改易、生成、造化，如《庄子·逍遥游》："化而为鸟，其名为鹏。"

《易·系辞下》："男女构精，万物化生。"《黄帝内经·素问》："化不可代，时不可违。"《礼记·中庸》："可以赞天地之化育"等。归纳以上诸说，"化"指事物形态或性质的改变，同时"化"又引申为教行迁善之义。

"文"与"化"二字最早联用可以追溯到战国末期《易·象传》："文明以止，人文也。观乎天文，以察时变；观乎人文，以化成天下。""文""化"最初联用，便有"以文教化"的意味。从字面意思来看，天文、地文、人文是中国人对文化最初的认识，而这又是构成文化最重要的三个方面。汉以后"文化"一词始生成。西汉刘向说："圣人之治天下也，先文德而后武力。凡武之兴为不服也。文化不改，然后加诛。"（《说苑·指武》）。"文"和"诛"是两种根本不同的治理社会的手段。这里将"文德"二字联用，以"德"表示"文"的具体内容。可以看到，"文化"的含义与现在人们通常理解的不一样。西晋束皙《补亡诗·由仪》说："文化内辑，武功外悠"，这些都是指与国家军事手段相对的一个概念，即国家的文教治理手段。到唐代大学问家孔颖达则别有新意地解释《周易》中的"文化"一词，认为"圣人观察人文，则诗书礼乐之谓"，解释为"文化"主要是指文学礼仪风俗等属于上层建筑的东西。古人对文化的这种规定性从汉唐时起一直影响到清代，因此明末清初的学者顾炎武在《日知录》中说"自身而至于家国天下，制之为度数，发之为音容，莫非文也"，即人自身的行为表现和国家的各种制度，都属于"文化"的范畴。可见，在古代，"文化"最初是用作动词，既有政治内容，又有伦理意义，是治理社会的一种主张，一种政策。随着社会的发展，"文化"由动词逐渐演变为名词，内涵也发生了变化。

我们今天说的"文化"，与古文里的"文化"涵义有一定的差距。今天所用的"文化"一词，是 20 世纪初由欧洲经日本传入中国的。西方"文化"（Cultural）一词的概念有一个演变过程。拉丁文 cultura 是英法德俄等国文字"文化"一词的词源。意为种植、耕耘、农作，它又由"colo、 colere"（栽培、种植）、"cultus"（耕种的、耕耘的）构成。在古典拉丁语中，"cultura"通常有土地、农业劳动的意义，由此而有"agricultra"（农业耕种）的说法。到了公元前 45 年，罗马的演说家和哲学家开始采用"cultura animi autem philosophia est"（精神文化是哲学）的说法，其中"cultura animi"（耕种智慧）是自由人的真正使命的意思。从此，"cultura"从农作物种植，转义引申为"对人的培养、教育"之义。在欧洲，最早将"cultura"当作名词使用的，文献记载是德国的裴多菲和歌德。从他们开始出现了标明人的主体创造功能以及"人的世界"的现代意义上的文化概念。15 世纪以后，"文化"被逐渐引申使用，人们把对人的品德和能力的培养也称为文化，也就有了今天人们对文化的理解。

二、文化的概念

"文化"是一个内涵丰富、外延广泛的词汇，在不同的历史时期和不同的社会环境下，人们有着不同的理解。自 20 世纪初以来，不少哲学家、社会学家、人类学家、历史学家和语言学家等一直努力试图从各自学科的角度来界定"文化"。

《世界大百科全书》给"文化"的定义是，全部社会遗产，包括人类生活中不是与生俱来的所有东西：生产工具、武器、机器、社会机构、信仰、思想、宗教、艺术、音乐和文学。《现代汉语词典》对文化给出了三种解释：（1）人类在社会历史发展过程中所创造的物质财富和精神财富的总和，特指精神财富，如文学、艺术、教育、科学等。（2）考古学用语，指同一个历史时期的不以分布地点为转移的遗迹、遗物的综合体。同样的工具、用具、制造技术等是同一种文化的特征，如仰韶文化、龙山文化。（3）运用文字的能力及一般知识，如学习文化、文化水平。《现代汉语词典》中的解释，基本上涵盖了日常所说的各种有关文化的含义。

哲学意义上的文化，是一切文化定义中最古老的。早在两千多年前，西塞罗就提出过文化等于哲学或者心灵的培育。因此，文化就成为个人修身的一个过程，这里的文化重过程，不重结果，使它与文明出现了区别。在相当一部分理论家的概括中，文化多被视为导向某种成果的累进过程，文明则被视为成果本身。

艺术领域的文化概念，是指包括行为艺术如音乐、戏剧、歌剧、舞蹈和哑剧等；文学艺术如诗歌小说等创造性文字；视觉艺术如绘画和雕塑；环境艺术如建筑、城镇规划、都市规划、景观设计等；工艺如编织、制陶一类手工艺术。这一概念中强调的是文化所具有的创造性质，而创造性恰恰是艺术活动的生命力所在。

心理学中的文化概念，是19世纪中叶文化的、哲学的、艺术的和教育的概念相糅合的产物，其代表人物就是英国诗人和文学批评家马修·阿诺德。在1869年出版的《文化与无政府状态》一书中，马修·阿诺德认为文化就是求知的完美，是怎样来获知这世界上同我们有关的最好的思想。

人类学中的文化概念，它被认为是第一个现代意义上的文化定义，因此而具有划时代的意义。人类学者给"文化"一词做出经典定义的，首推英国人类学家爱德华·泰勒。1871年爱德华·泰勒在其《原始文化》一书中，指出："文化，或文明，就其广泛的民族学意义来说，是包括全部的知识、信仰、艺术、道德、法律、风俗以及作为社会成员的人所掌握和接受的任何其他的才能和习惯的复合体。"

马克思主义的理论家对文化作了一种新的解释，把文化分为广义和狭义两种。在罗森塔尔·尤金所编的《简明哲学辞典》中认为文化"是人类在社会历史实践过程中创造的物质财富和精神财富的总和"，这就是所谓"广义的文化"，而与之区别的"狭义的文化"则是专指精神文化而言，即社会意识形态以及与之相适应的典章制度、政治和社会组织、风俗习惯、学术思想、宗教信仰、文学艺术等。

虽然"文化"一词从不同的学科角度有着不同的定义，但人们普遍认为"文化"的核心问题是人，有人才能有文化，不同种族、不同民族的人有不同的文化。

三、文化的层次

（一）物质文化

物质文化是文化的表面层次，是人类在适应和改造世界中不断劳动形成的。马克思主义的观点认为，劳动创造了人类，劳动创造了文化。文化最本源的意义就是劳动，劳动是人类的生产生活方式的一种体现。因此，不同的文化产生于不同的生产生活过程中。人类在历史文明的演进过程中形成了不同的文化类别，如民居建筑、服饰、生产生活工具、交通工具，等等。不同的生产生活方式形成了不同地域、民族特色的文化，文化在一定程度上体现着一个国家或民族的性格。

（二）制度文化

制度文化是文化的中间层次，它主要表现在人们在社会规范下的人际交往中不断形成的民俗风情、民俗信仰、人生礼仪、宗教习俗、家族家谱、乡约乡规等方面。这些约定俗成的文化制度，在悠久的历史发展中，代代相传，越积累越厚重，在这一积累和传承过程中，文化也依托各种载体，形成了丰富多彩的文化资源。

（三）精神文化

精神文化是文化的内核层次，也被称为观念形态文化，它主要表现在文学艺术、价值观念、审美情趣、思维方式等方面。精神层次是文化的最高境界，文化如果缺少这一层面，文化的生命力就不存在了。而这一层次之所以存在，是因为文化不仅可以融入自然界，创造神奇，而且文化本身也具有极强的创新能力。

这三种文化中，物质文化带有基础性。一般说来，物质文化决定制度文化与精神文化，但是在一定情况下，制度文化与精神文化具有独立性，亦对物质文化的发展产生影响。总之，这三种文化是相互联系、相互影响的，很难分开。例如，一座建筑物，它所使用的材料是多种多样的物质，通过建筑技术而建造的，属于物质文化。但是，如我国传统的四合院这种民居，它的组合、格局与功能反映了我国传统家庭中的尊卑、长幼的关系及几代同堂的格局，是家庭制度的反映，属于制度文化。关于建筑的装饰、室内摆设、家具式样，以及砖雕、木雕、石雕、字画等都属于艺术产品，是我国传统文化中的精神文化。这可以说，中国建筑是物质文化、制度文化与精神文化有机结合形成一体的典型，成为文化上的"三位一体"的载体。

在中国广袤的大地上，形成了关东文化、首都文化、齐鲁文化、三晋文化、荆楚文化、燕赵文化、吴越文化、徽州文化、八桂文化、巴蜀文化等多种典型的地域文化，皆是物质文化、制度文化和精神文化的综合体现。以徽州文化为例，"粉墙黛瓦马头墙""高墙小窗窄天井"的徽派民居是徽州最常见的景观，由徽派民居、水口园林、祠堂、牌坊等组成的徽州传统村落是徽州文化的综合性景观，它们与徽州自然环境相协调，再现了中国传统文化的内向型气质、和谐型风格和伦理型内核。拨开徽派民居和徽州传统村落选址的风水学面纱，审视其山水形胜，其实都蕴含着徽州人追求理想人居环境的朴素的科学精神。

文化的创造力是人类无法估量的，自然创造了文化，文化反过来又作用于自然。文化和自然赋予了人类价值观、世界观和人生观，世间的万事万物在自然和文化的双重力量下不断创新，形成了如今多元的文化圈。

第二节　资源

资源学主要从人类社会与环境的关系角度，研究资源对人类社会经济发展的作用，以及人类对资源的永续使用、优化配置等问题。

一、资源的概念

资源（Resources）是一个历史的、可变的经济范畴。资源的概念源于经济科学，是作为生产实践的物质基础提出来的，它具有实体性。简单地说，资源就是资财的来源，即"资财之源"，或者说，资源是创造人类社会财富的源泉。

马克思认为创造社会财富的源泉是自然资源和劳动力资源，他写道："劳动并不是它所生产的使用价值即物质财富的唯一源泉。正像威廉·配第所说，劳动是财富之父，土地是财富之母。"恩格斯也明确指出："劳动和自然界一起才是一切财富的源泉。自然界为劳动提供材料，劳动把材料变为财富。"可见，资源包括自然资源和劳动力资源两个基本要素，体现了人与自然界之间的物质变换关系，即社会生产力诸要素之间的关系。人类作为自然界异化的产物，在其发生、发展的同时，自然界也异化出作为两者中介的资源。自然条件与自然物质是自然界的客观存在，只是在社会发展过程中人类逐步认识到它们的价值，并创造出利用其价值的技术，从而使之成为创造人类社会财富的源泉。从这种意义上说，资源是自然界、人类（劳动力）和文化（科学技术）相互结合的产物。可以说，先有自然界后有人类，人类为满足生存与发展的需要，通过与自然界抗争，创造了人类文化（包括科学与技术）。借助于文化，人类"创造"了资源。毋庸置疑，大部分资源都是人类在漫长的社会发展中利用已获技术、知识和经验所取得的智慧的结晶。资源是动态的，它依赖于人类的智慧和行为并相应地扩大或缩小，不能同人类需要和人类能力相分离。所以，资源是一个可变的历史范畴，随着人类社会发展和科学技术的进步，资源的内涵与外延得以不断深化、扩大，资源科学研究也将日益深化和拓宽。

二、资源的分类

目前，资源学者习惯按属性把资源分为自然资源、经济资源和人力资源三大类别，其中经济资源和人力资源合称为社会资源。自然资源按圈层特征可分为土地资源、生物资源、水资源、气候资源、矿产资源和海洋资源；按利用目的可分为农业资源、药物资源、能源资源、旅游资源等；按特性可分为耗竭性资源与非耗竭性资源、可更新资源与不可更新资源等。

自然资源（Natural Resources）是指自然界存在的、对人类有用的自然物，例如土地、水流、森林、矿产、野生动植物等，即人类可以利用的、自然生成的物质与能量，是自然界中可被利用来为人类提供福利的自然物质和能量的总称。它是人类赖以生存的物质基础。自然资源的概念随时间变化，具有动态特征。随着社会和科学技术的发展，人类对自然资源的理解和认识逐渐深化。早在原始社会末期，社会生产力的提高、私有制的形成，为天然物产作为商品进行交换创造了条件，人们开始意识到自然物质是"资财的源泉"，从而形成了自然资源的概念。随着认识水平及科学技术的进步，先前尚不知用途的自然物质逐渐被人类利用，自然资源的种类日益增多，自然资源范畴也愈益扩大。

社会资源是在一定时间条件下，人类通过自身劳动在开发利用自然资源过程中所提供的物质和精神财富的总称。狭义的社会资源仅指人类劳动所提供的以物质形态而存在的人力资源和资本资源。广义的社会资源不仅包括物质形态资源，还包括科学技术、信息、管理、文化等非物质形态资源。它包括人口资源、劳动力资源、资本资源、科学技术资源和教育资源。一般将它们分为经济资源和人力资源两大类。

经济资源是人类在生产过程中形成和发展起来的具有经济意义的各种固定资产的统称，如厂矿企业、交通线路、站场码头、运输工具、劳动工具、城市、水电工程等都属于经济资源。经济资源是继续发展生产的基础和条件，其丰富程度是一个国家和地区现有经济实力的重要标志。人力资源又称劳动力资源，是一个国家和地区劳动力数量和质量的统称，它是社会发展再生产的基本条件。

社会资源包括的范围相当广，在当前技术经济条件下，主要是指构成社会生产力要素的劳动力资源，利用自然资源加工创造的生产资料，以及直接为生产服务的商业、运输、信息、通信、科技、管理等非实物形态的资源或劳务。

早期的资源学主要集中在对物质资源的研究，特别是地理学对自然资源的开发与利用，以及经济学和社会学对资本和劳动资源的利用。工业革命后，技术进步对经济发展起到重大推动作用，技术、专利等成为重要的智力资源，人们对劳动力资源的研究也逐步深化，区别于一般劳动力，形成了以高技能、知识为基础的人力资源理论和人力资本理论。以人的智力和创造力为核心的资源学研究成为社会经济资源研究的重点。

20世纪70年代以来，经济学、社会学以及政治学等多个学科都不约而同地开始关注社会资本（Social Capital）对社会和经济发展的作用。社会资本是指社会主体（包括个人、群体、社会甚至国家）间紧密联系的状态及其特征，其表现形式有社会网络、规范、信任、权威、行动的共识以及社会道德等方面。上述社会资本、人力资本等概念中，所涵盖的关系网络、规范、信任、共识等都是社会系统中长期积累起来的文化资源。社会资本的研究表明这些文化资源能够促进社会经济和文化的发展。

第三节　文化资源

一、文化资源的概念

文化资源在我国发展文化产业的过程中早已被广泛利用，然而对于文化资源的概念，政界、商界、学界众说纷纭，尚未形成定论。文化资源可被认为是同时具有意识形态属性和经济属性的客观存在对象，它们在一定的条件下可以发生转化，产生高于其本身的价值。

文化资源的丰富程度和质量高低直接对当地文化经济的发展产生影响。总之，文化资源蕴藏在历史文化传统之中，存在于社会文化现状之中，弥散在整个物质生产、精神生产的创造过程之中，它既以一种可感知的物质化、符号化形式存在，又以一种思想化、智力化、想象性的形式存在，它主要以人为载体。

一般来说，文化资源具体呈现为三种形态：一是符号化的、具体的文化要素。如建筑、绘画、石刻、音乐、工艺、典籍等。这类文化资源可以复制、加工、转换并融入到文化产品中。二是精神性的、非物态的文化内涵，表现为影响我们的思想、价值观念、审美意识以及信仰等。这种形态的文化资源虽不能直接转化为文化产品，但它早已内化到人们的日常行为之中，并潜移默化地影响人们的社会实践。三是经验性的文化技能和创新型的文化能力。它不仅包括由人掌握的一种文化活动的技能，如写作、歌唱、舞蹈、绘画、演奏、设计等技巧，还包括文化创造者突破前人模式的独创性思维和实践能力，体现为创意、主题、构思、决策方案的能力等。这种形态的文化资源又称作文化智能资源，是文化生产中的核心资源。

二、文化资源的特征

（一）自然性与文化性

文化资源的核心内涵是文化，但是文化资源在一定程度上也有着其特殊的自然性。从文化生态学的角度来讲，文化资源尤其是一些特殊的文化资源，如濒危的非物质文化遗产资源，我们在对其进行保护的同时，应该意识到它们的自然规律，与周边生态和人文环境的适应性。

如贵州黎平黄岗侗寨，被誉为世界级非物质文化遗产侗族大歌之乡。这里的侗族村寨依山傍水，风景秀丽，寨前碧水长流，潺潺有声；河边格树挺立，铺天盖地，处处鸟语花香，林涛声声。侗族这个勤劳朴实的民族由于长期在这种清新的自然环境中繁衍生息，优美的田园生活环境和单纯的男耕女织的农业劳动生活容易使歌手们对周围环境中那富有音乐感和节奏感的百鸟叠鸣、流水潺潺、林涛声声等丰富多彩的大自然和声音产生浓厚的兴趣和广阔的联想，并且这种自然的和声必然会形成他们本能的无意识的模拟对象。侗族大歌中的曲名，也常以自然界中有响声的自然物或动物来命名。由此可见，文化资源天然地具有自然属性。

还有一些原本并不具备文化资源要素的自然资源，在被注入文化意义以后，成为极具人文价值和经济价值的文化资源。例如泰山，不但风景优美，更为重要的是历代皇帝、文人墨客的活动赋予泰山的历史人文内容，使其成为宝贵的文化资源。

自然性和文化性相辅相成，你中有我我中有你，在文化资源的开发中我们除了关注文化资源的文化性外，还要加大力度保护一些特殊资源的自然属性。只有同时利用好这两种特性，文化资源的保护和开发才是科学有效的。

（二）地域性与民族性

文化首先是区域性的，即首先有各种地方文化，才最终构成一国的文化，有各国的文化，才最终构成人类的文化。同样，文化资源也会表现出明显的地域特征。由于地域特征的不同，文化资源的表现形式也不同。同样，文化资源也拥有民族性，并通过一个民族的习俗、服饰、行为、艺术等表现出来。文化资源的民族性是一个民族区分于另一个民族的根本标志。任何一个民族的文化资源都是一种历史的积累，其中体现着民族的特性，而这种特性是通过长期的文化资源积累反映出来的。一般而言，一个民族的文化资源大都经过从初创到发展的过程，逐渐形成自己的特质，最终基本形成有自己民族特色的资源形态。其中存在着一个继承、发展、创新的问题。一个民族的文化资源是这个民族共同智慧的结晶，是一代一代人传承下来的。无论是发展也好，创新也好，都不能丢掉历史，舍弃传统，而是要在学习、吸收、掌握传统精髓的前提下发展和创新，否则，文化资源可能成为无源之水、无本之木，最终成为不伦不类的事物。

（三）普世性与教化性

从哲学的高度来看，文化资源已经不是一种纯粹的物质类的东西，而是一种价值观的呈现。这种价值观的核心涵义便是普世性，它的本质、意义和重要性应该是超越人的意识形态和观念斗争的，应该是放之四海而皆准的自然的非人为定义的真理。如 1972 年 11 月联合国教科文组织在巴黎通过了《保护世界文化与自然遗产公约》（Convention Concerning the Protection of the World Cultural and Natural Heritage），公约的主要任务之一是确定世界范围内具有突出普遍价值的文化与自然遗产，以便国际社会将其作为人类共同的遗产加以保护。

文化资源产生的根源是普通大众，生产、消费和享受的也是普通大众。因此文化资源的教化功能贯穿其整个保护与开发过程中，文化资源的教化性是其本质力量。文化资源对个体、民族的塑造，正是通过它的教化功能实现的。文化资源可以塑造个体或民族的价值观、道德观、思想方式和行为方式。

（四）再生性与不可再生性

文化资源在一定的条件下可以实现重现和再造。文化资源以精神内涵为主要存在方式，可以多次开发和重复利用。一种文化资源，只要人们认为它对人类有用，便可以永久地使用，它不会因为使用它的对象多少，使用的频率高低而枯竭、灭绝。相反，一种文化资源使用的人越多、频率越高，反而还可能促使这种文化资源量上的增长，甚至产生新的文化特质。因为，学习、普及、使用的过程就是一个创造的过程。作为优秀的文化资源，一代人使用之后，后代人仍然可以重复使用，可以世世代代为人类造福。使用的人越多，越能显示其价值和生命力。

文化资源的不可再生性指的是一些以物质形式存在的文化资源，如建筑、器物、书画等，可能遭受自然灾害或人为破坏，一旦消失或遭受破坏将不可逆转地离开我们。

（五）交流性与共享性

文化资源的交流性与共享性体现了文化在空间上的传播能力。不同个体、群体、民族可能实现不同文化的交流与共享。和自然资源相比，文化资源也存在产权归属。但与自然资源有显著区别的是，文化资源虽然有产权归属，但产权拥有者并不一定对这一资源完全独占独享。譬如，中华民族的传统文化无疑属于中华民族所有，但我们却不能把它封闭起来，其他国家、民族同样可以学习、借鉴它，甚至让它为自己的经济、政治、文化发展服务。一种新知识、一项新技术、新发明，产权拥有者可以使用，产权以外的其他人、其他国家和组织通过合法的程序也可以使用它。

任何文化资源一经产生，既是民族的，更是世界的、全人类的共同资源、共同财富。对于优秀的文化资源，任何人、任何组织也无法实现对它的独占独有。特别是在信息时代，知识、信息的传播的速度十分惊人，世界上每个角落发生的事情都可以迅速传遍全球，这就使文化资源的共享水平进一步提高。

（六）稳定性与变异性

稳定性是指文化资源在积累传承的过程中保持其属性的一致性。文化作为客观存在，是一种观念形态的东西，是经过长期的历史积淀而形成的，是包括民族精神、民族心理、民族发展历程的观念形态，深深地刻印在一个民族的精神世界，一旦形成，具有相当的稳定性。

变异性指的是某种具体的文化资源或者某一时代的文化资源的总量在时间和空间上都是可变的。这种变化，根据它们所处的社会、经济环境的不同，可能是量变，也可能是质变，而这种变化主要体现在文化资源的创新性上。使用文化资源的过程，就是创造文化资源的过程。文化资源是人类智慧的结晶，在人类的历史演进中，一代人有一代人的智慧，而且，后代人总是拥有比前代人更多的智慧。因为人是在学习、吸收前代人智慧的基础上丰富前代人的智慧、并创造新的智慧。文化资源就是经过一代又一代人的努力，随着历史的演进而不断生长、不断递进的。只要人类思维和创造活动不停止，人类文化资源就会不断丰富、发展、创新，并不断产生新的特质。

（七）传承性与转化性

文化资源的传承性是文化在时间上的表现形态，一个国家通过文化资源的代际传递，实现自己民族文化的传承。文化资源之所以能够层出不穷，就是因为文化资源的不断传承和积累。人类社会也正是通过不断地传承先进文化资源才得以向前发展的。文化资源的传承为社会提供了大量的信息，促进了社会的文明与进步。

文化资源的传承性不是对传统文化的全盘接受，时代在变，人们的审美需求也在变，因此对于文化资源的传承也应该辩证看待。有些文化资源在现代社会中已经失去了存在的土壤，就应该适时改变，推陈出新，融入一些新的元素或载体。

文化资源的转化性是指文化资源本身具有价值，而且这种价值在一定条件下会发生转化，创造出更高的价值。所谓价值转化，指的是将没有价值、价值很低或只具备某方面价值的东西，转变为有价值、价值高或具有另一方面价值甚至多方面价值的过程。

第四节　文化资源学

一、文化资源学的研究对象

文化资源学的研究内容包括文化资源的价值理论、文化资源的保护和利用、文化版权、文化资源国际流动和文化资源公共管理政策五个方面内容。

（一）文化资源的价值理论

文化资源价值理论主要研究文化资源的特征和属性，分析文化资源的价值形态，研究不同类型的文化资源价值形成的动因和变化规律，以及文化资源经济价值、文化价值之间的关系。在此基础上，还要进一步分析采取什么样的方法和程序对一项文化资源进行评估。

（二）文化资源的保护和利用

文化遗产是最为普遍和重要的文化资源，对文化遗产的保护和利用是文化资源研究的一个重点课题。这部分内容主要研究文化遗产的特征、认定标准，历史文化遗迹和非物质文化遗产的国际保护规范，保护规划和合理利用的途径。

在这一部分，我们还会对历史文化名城这样一个综合的文化资源系统保护和利用的原理、方法和案例进行分析研究，并探讨在文化遗产保护中存在的问题，及其可供解决的途径。

（三）文化版权

很多文化内容和创意资源是以商标、版权、专利的形式存在的。文化版权是对这些内容资源的权利进行界定，随之而来的就是文化版权的保护、商业利用问题。诸如文学作品（如剧本、小说）和音乐的著作权、游戏和动画的版权、外观设计专利等，版权经营是最为重要的商业模式。

随着网络技术的发展，更多的文化资源以数字内容的方式呈现，可以被轻易地复制和利用。对数字版权的保护和合理利用，并形成一套行之有效的商业盈利模式，是网络文化产业能够健康持续发展的基础。

（四）文化资源国际流动

文化资源并不受地理空间限制，一国和一地的文化资源可以被他国加以利用开发。国际文化资源开发和利用可以通过多种形式进行，诸如文化产品和服务的国际流动，通常是以文化贸易和文化对外交流两种方式进行。在国际文化产业发展和文化交流中，文化资源学将文化资源作为文化产品和服务的生产投入要素，研究如何有效地获取文化内容资源，合法地进行利用开发，以及如何能够有效地对本国文化资源进行保护，提升其价值。

（五）文化资源公共管理政策

政府对文化资源的管理方式和各项文化资源政策，对文化资源的保护、利用、开发具有重大影响。文化遗产的保护政策、文化对外政策、文化产业政策、公共文化政策等构成了文化资源的公共管理政策体系。同时政府对文化资源的管理既可以直接干预，也可以间接引导。如何对不同类型文化资源进行分类管理，以及采取何种方式进行管理，直接影响到文化资源的保护和利用的成效。

二、文化资源学的研究意义

（一）文化遗产保护和传承的需要

学习、研究文化资源学是文化遗产保护和传承的需要。历史文化遗产是宝贵的文化资源。如何科学合理地保护和开发历史文化遗产，是文化资源学重要的研究课题。文化资源学的研究包括对各类城市历史建筑、文物、民俗、民间工艺等各类文化遗产的历史文化价值的保护与传承、合理利用等方面的研究。这些研究构成了文化遗产学，是文化资源学最为重要的研究领域，对历史文化遗产的保护和传承具有重大的意义。

文化遗产具有不可再生性的特点。长期以来，由于对文化资源的价值认识不足，对于文化资源的保护、合理利用、开发的研究不够深入，直接导致了在实践中对于文化资源保护措施的滞后，大量珍贵的文化资源被毁坏，造成了不可挽回的损失。

（二）继承和振兴民族文化的需要

文化资源学的研究与应用，对民族文化传统的继承和振兴具有重要意义。文化资源是一种活的资源，它与我们社会发展历史关联，与我们当下的生活关联。随着全球化时代的到来，伴随着经济全球一体化，文化竞争日趋明显。优秀的民族文化不但需要被保护和传承，而且还要对文化资源进行合理利用与开发，使得民族传统文化融入我们的生活，并走向世界，在世界文化竞争中进行交流和推广。因此，在走向国际化和全球化的进程中，民族文化不但面临自身传承、创新和发展的问题，而且还要应对外来文化的冲击和竞争。在全球化的语境下，对文化资源的国际化保护、利用和开发问题，是文化资源学研究的重要课题。

（三）文化产业发展的需要

随着文化产业的迅速发展，文化资源成为文化产业重要投入要素。好莱坞的电影、日本的动漫、韩国的电视剧，无一不是将文化资源作为投入要素，经过文化产业的创意加工，成为风靡全球的文化产品和服务。文化资源和物质资源不同，它可以突破时间和空间限制，如果不能够正确把握文化资源的价值属性，没有文化资源开发的能力，属于自己的文化资源可能被别人拿去，经过进一步创新，成为他人的文化资源。如电影《花木兰》《功夫熊猫》，均以中国文化为背景，如今却是好莱坞的文化资源。

（四）促进构建国家文化软实力

从文化遗产和民间传统文化的保护与开发，到现代文化产业，对文资源的保护、传承和有效开发，不但有利于加强一国和民族文化的保护、传承和传播，而且也能够大力提升一国文化软实力。当今世界国际的竞争，已经从军事力量竞争转变为经济竞争和文化竞争。文化资源的保护、利用、合理配置、有效开发，是构建一国文化软实力的重要途径。

丰富的文化资源和悠久的历史传统并不等同于文化软实力本身。只有把优秀的文化遗产激活成为文化创新的原动力，并使之通过跨国界传播，影响其他国家主流人群或主流文化，那么发源这种文化的社会才能获得巨大的软实力。

三、文化资源学的研究方法

文化资源学所涉及的跨学科知识较多，因此在研究方法上，也会采取多种研究方法。

总结起来，在本课程的教学和学习中，主要包括以下几种方法。

（一）案例分析法

本课程将采取理论与实践相结合的方法，通过案例分析，进行理论讲解。通过案例分析了解和掌握文化资源的相关概念、理论和方法。本课程不但要求通过案例分析引出概念和理论，而且注重案例的讨论，即通过案例引出具体的问题而激发讨论。例如，文化遗产保护利用、文化版权经营模式、文化资源开发等方面，案例分析和讨论有助于得到多种解决方案。

（二）归纳法

归纳论证是一种由个别到一般的论证方法。它通过许多个别的事例或分论点，然后归纳出文化资源所共有的特性，从而得出一般性的结论。对某一特定文化资源，单个案例并不能说明问题，我们可以通过多个实例的分析，总结其一般特性，把握文化资源的一般特性和规律。例如，对于文化内容来说，存在文学、视频、音乐、设计等多种形式，我们可以对不同类型文化内容的版权基本特征加以分析，抽取共性，总结文化版权的概念。

（三）统计分析法

各个国家都在对文化资源存量情况和发展状况进行统计，诸如对文化遗产的统计，文化经济和文化产业的统计，国际文化产品和服务流动的贸易统计。这些统计数据为我们定量地分析文化资源保护、利用、开发的状况和效率提供了支撑。通过数据分析，我们可以有效地评价文化资源，并进行更为可靠的政策分析。

（四）比较分析法

文化资源学运用比较分析法，分析不同文化、社会背景和经济发展条件下，文化资源价值生成、资源配置、保护利用效率和管理政策效应。通过比较分析法找出不同文化、社会和经济条件下，文化资源配置、保护利用和政策效果的差异性及其影响因素。从而为文化资源学的实践应用和管理实践提供借鉴。

拓展阅读

徽州文化

徽州文化是南宋至清末在徽州崛起的一种地域文化，内容丰富，成就辉煌，诸多文化现象自成体系，具有全国性影响，是全面观照中国封建社会后期乡村社会的标本。

徽州文化景观与徽州地理环境的关系

文化是人类在社会历史实践中所创造的物质财富和精神财富的总和。文化景观是人类为满足某种需要有意识地在自然景观基础上叠加的景观，是文化的外在表现形式和特定地域人地关系的反映。地理环境对文化的影响必然要通过文化景观反映出来，任何文化景观本身都肯定烙有该景观形成地域的自然和人文环境的印记。无论是徽派民居景观，还是徽州聚落景观，其与自然环境之间都包含着特定条件下的人与自然之间的协调和谐关系，这和中国传统文化讲求自我完善以达到内心平衡和人与自然环境和谐统一是一致的。这种和谐关系是在人们认识自然的能力很低、人地之间的矛盾尚未白炽化的前提下，人类在受制于自然、顺应自然、自然提供的可选择范围非常小的条件下的人与自然之间的一种原始和谐，和现代可持续发展理念下的协调发展所达到的和谐并不相同。

从文化整合角度看，徽商雄厚的经济实力和徽州人思想观念是徽州文化景观表现形式和文化底蕴的重要因素。同样是山区，同样是聚落、民居，许多地方并没有徽州那么规整精巧，那么富有文化含量，同样是门向和聚落选址，许多地方并没有徽州人那么多的讲究，原因都在于二者经济实力和观念的差异。

徽州文化景观与中国传统文化的关系

中国传统文化具有内向型气质、和谐型风格和伦理型内核。徽州文化是中国传统文化大系中的一种地域文化，必然具有中国传统文化的诸多特性，作为徽州文化的外在表现形式的徽州文化景观，必然会或多或少地反映或再现中国传统文化的若干特征。例如，徽派民居单体建筑高墙小窗的封闭式结构，徽州人理想的"枕山、环水、面屏"的封闭或半封闭的聚落山水结构等，是中国传统文化内向型气质的表现。徽州"无宅不卜""无村不卜"，实际上是选择理想的居住环境；民居天井虽小，却将日月星辰、风雨雷电、春夏秋冬等引入高墙之内，室内与室外、人居环境和自然环境融为一体；徽州人努力使聚落轮廓与聚落所在地的地形、山水取得协调，并赋予其特定的含义等，这都反映了中国人讲究自我完善以达到内心平衡、人际关系协调、人与建筑和环境和谐统一，这也是传统文化对"天人合一"理想境界的追求。徽派民居以堂屋为中轴线左右对称，重视孝悌，讲究等级，正房长辈居住，厢房晚辈居住，徽州聚落中的祠堂同样尊卑有序，大小有别，宏简各异，都属于伦理型文化的范畴。

——节选自黄成林："徽州文化景观初步研究"，载《地理研究》2000年第3期。

思考与练习

1. 什么是文化？随着社会经济的发展，文化的作用和功能发生了怎样的变化？

2. 从文化的三个层次角度，列举不同类型的文化表现形式。

3. 列举文化资源跨文化传播的案例，并分析跨文化传播产生的影响。

4. 举例阐述文化资源的呈现形式对经济开发的影响。

参考文献

［1］胡郑丽：《文化资源学》，光明日报出版社 2016 年版。

［2］黄成林主编：《徽州文化地理研究选集》（第一辑），安徽师范大学出版社 2017 年版。

［3］罗启华："侗族生境模塑下的侗族大歌"，载《贵州大学学报（艺术版）》 2018 年第 5 期。

［4］彭补拙等编著：《资源学导论》，东南大学出版社 2014 年版。

［5］彭岚嘉主编：《西北文化资源大典》，民族出版社 2018 年版。

［6］邵长军："坚定文化自信的四个维度"，载《中国青年报》2019 年 12 月 9 日，第 2 版。

［7］孙克勤编著：《世界文化与自然遗产概论》，中国地质大学出版社 2012 年版。

［8］王晨、章玳主编：《文化资源学》，南京大学出版社 2014 年版。

［9］王恩涌等编著：《中国文化地理》，科学出版社 2017 年版。

［10］赵尔奎、杨朔编著：《文化资源学》，西安交通大学出版社 2016 年版。

第二章　文化资源的类别

学习目标：

1. 理解文化资源不同的分类标准的意义；
2. 可以运用不同的分类标准对文化资源类别进行划分；
3. 了解有形和无形的文化资源的基本内容；
4. 理解按照主题对文化资源进行分类的意义；
5. 掌握一些常见的文化资源的主要内容。

第一节　文化资源的分类标准

对文化资源进行分类，可以有不同的标准和方式。不同的分类标准，其背后通常隐含着对文化资源研究的不同角度，或者不同的理论假设前提。

一、根据文化资源的载体划分

根据文化资源的载体进行划分，可以将文化资源分为有形的文化资源和无形的文化资源。这种分类标准的假设，是以文化资源都是具有一定的存在形态为依据，从人们感知的角度区分为有形和无形。有形的文化资源包括历史名城、建筑群、文物、名胜古迹、考古遗址、文化设施等，无形的文化资源包括版权资源、非物质文化遗产等精神内容资源。

这种分类标准主要依据精神内容所依附的物质载体是否可被观察到为标准，是一种比较直观的分类方法。这种分类以人的感官为基础，可以极其方便地感知物质载体，但是很多无形文化资源在呈现时通常与不同的物质载体相结合，形成新的文化资源，致使一种文化资源的"有形"与"无形"之间并没有十分清晰的界限。例如，曲阜的孔庙、孔林和孔府以丰厚的文化积淀、悠久的历史、宏大的规模、丰富的文物珍藏而著称，因其在中国历史和世界东方文化中的显著地位被联合国教科文组织列为世界文化遗产，被世人尊崇为"世界三大圣城"之一。孔子是世界上最伟大的哲学家之一、中国儒家学派的创始人，他的儒家思想影响了中国的发展，也影响了世界两千多年。孔庙、孔林和孔府既是中国古代推崇儒家思想的象征和标志，也是研究中国历史、文化、艺术的重要实物。孔庙是祭祀孔子的庙宇，是中国现存仅次于故宫的古建筑群，堪称中国古代大型祠庙建筑的典范。孔林是延续年代最久，保存最完整的家族墓地，对于研究中国历代政治、经济、文化的发展以及丧葬风俗的演变也有着极其重要的作用。孔府是一座衙宅合一、园宅合一的古代典型贵族庄园，对于研究古代建筑艺术及等级制度具有标本性作用。所有的无形的文化资源与有形的文化资源一起，构成了孔庙、孔府、孔林的巨大文化价值。

二、根据地区和层级划分

根据地区和层次划分，可以将文化资源分为世界级文化资源、国家级文化资源、省市文化资源和区县文化资源。这种分类标准是根据人为确定的行政管辖级别来区分的。我国目前对文化遗产和文物保护的划分是采取这种方式来确定重要性和所辖区域地方政府对遗产的保护责任，将文化遗产分为世界文化遗产、国家文物保护单位和文化与遗产、省市文物保护单位和县级文物保护单位。这种分类是从文化资源管理的行政责任体系上考虑，但是并没有从文化资源的本质属性去研究资源的特质和类型。

1961 年 3 月 4 日，国务院发布《文物保护管理暂行条例》，正式规定全国重点文物保护单位、省（自治区、直辖市）级文物保护单位、县（市）级文物保护单位三级保护管理体制。同日，国务院公布第一批全国重点文物保护单位 180 处。截至 2019 年 10 月 16 日，国务院已公布八批全国重点文物保护单位，总数为 5058 处。

我国于 1985 年加入《世界遗产公约》成为其缔约国后，1987 年拥有了第一批 5 项世界文化遗产。截至 2019 年 7 月 10 日，中国已有 55 项世界遗产列入《世界遗产名录》，其中世界文化与自然双重遗产 4 项、世界自然遗产 14 项、世界文化遗产 37 项（其中包含世界文化景观 5 项）。

三、根据历时性划分

从文化资源的历时性角度，文化资源可以分为文化历史资源和文化现实资源。文化历史资源主要是由前人创造的，典型代表是文化遗产，包括物质文化遗产和非物质文化遗产。文化遗产是指具有突出的历史学、考古学、美学、科学、人类学、艺术价值的文物、建筑群、遗址等。《保护世界文化和自然遗产公约》对世界文化遗产的定义如下：

1. 文物。从历史、艺术或科学角度看具有突出普遍价值的建筑物、碑雕和碑画，具有考古性质成分或结构的铭文、窟洞以及联合体。

2. 建筑群。从历史、艺术或科学角度看在建筑式样、分布均匀或与环境景色结合方面，具有突出普遍价值的单立或连接的建筑群。

3. 遗址。从历史、审美、人种学或人类学角度看，具有突出普遍价值的人类工程或自然与人的联合工程以及考古遗址等。

2003 年 10 月，联合国教科文组织通过了《保护非物质文化遗产公约》（the Convention for the Safeguarding of the Intangible Cultural Heritage）。在此公约中用"非物质文化遗产"的新概念来替代原来的"口头与非物质遗产"，并设立《人类非物质文化遗产代表作名录》。在公约中将"非物质文化遗产"定义为：被各社区、群体，有时是个人，视为其文化遗产组成部分的各种实践、观念表述、表现形式、知识和技能及相关的工具、实物、手工艺品和文化场所。截至 2018 年年底，中国入选联合国教科文组织的非遗名录（含"急需保护名录"和"优秀实践名册"）的项目达 40 个，是目前世界上拥有世界非物质文化遗产数量最多的国家。

文化现实资源则主要是指人类劳动创造的物质成果的转化，其代表是文化创意、发明、专利、版权资源等，其核心要素是知识和智力。我们既要开发利用丰厚的文化历史资源，加强对其的开发和保护，又要重视文化现实资源的培育和创新，使历史文化的精华与当代社会相适应、与现代文明相协调。

"创意产业"（Creative Industry），又译"创意经济""创造性产业"。最初由英国人提出，并且通过"文化"的诠释，发展成为一种在全球化消费社会的背景下，推崇智力创新、强调文学艺术作品的创作与传播（即文化活动）对经济的支持与推动作用的新兴理念、思潮和实践活动。早在1912年美籍奥地利政治经济学家熊彼得就明确指出，现代经济发展的根本动力不是资本和劳动力，而是创新，而创新的关键就是知识和信息的生产、传播和使用。同时，他也指出，创新不是一种技术概念，而是一种经济概念。如今创意经济已经成为世界产业和城市发展的新趋势。发达国家如英国、美国、韩国、日本等已经把文化创意产业作为未来的主导产业，并将发展文化创意产业作为推动下一轮经济增长的新动力。

四、根据统计与评价划分

从文化资源的统计与评价的角度，文化资源可以分为可度量的文化资源与不可度量的文化资源。可度量的文化资源是指可以建立相应的评价体系来具体评估和测量其利用价值的文化资源类型；而不可度量的文化资源是指不能用现实价值来衡量的文化资源类型。

可度量文化资源一般以可感的物质化、符号化形式存在，包含的内容有比较常见的历史文物、建筑、工艺品等，它们在进入市场和进行产业开发的过程比较容易，具有积极的现实意义。

不可度量文化资源一般则以思想化、智能化的形式存在，包括民俗、戏曲等。这类文化资源具体呈现为三种形态：一是符号化的文化知识。如人们创造的图案、语言、绘画、音乐、造型、传说等。这类资源可复制、加工，转换、融入文化产品之中。二是经验性的文化技能。即由人掌握的一种活的技能，包括写作、歌唱、舞蹈、绘画、演奏、编程、设计等各种程序和技巧，可用于文化生产过程。三是创新性的文化能力。即文化创造者突破前人模式的独创性思维和实践能力，体现为构思、创意、主题、灵感、方案、决策的能力等。这是文化生产中的核心资源。它决定了文化产品的独创性，既是最有价值和最稀缺的，也是不可穷尽、无限延伸的文化资源。相对于可度量文化资源，不可度量文化资源较难以转化为具体的包含着经济价值的文化产品，但经过一定的策划，也可以实现市场化和产业化，如时下结合旅游资源和当地的民俗发展的"民俗旅游村"就是很好的例证。

五、根据主题划分

根据文化资源的不同主题，本书将文化资源分为文化遗产资源、民俗文化资源、民族文化资源、宗教文化资源、红色文化资源、网络文化资源、商业文化资源、名人文化资源、海洋文化资源、城市文化资源、乡村文化资源、智力文化资源等，这种分类标准主要是根据文化资源所蕴含的精神内容来划分的。人类社会文化资源极其丰富，且一种文化资源往往是多种精神内容的综合展现，所以，这种分类标准并不能对所有的文化资源进行分类，且分类可能有所交叉。如藏历羌年，既是民族文化资源也是民俗文化资源；妈祖信仰既是海洋文化资源也是民族文化资源。但是这种分类标准能较明确地表达文化资源的精神内容，对于了解文化资源的本质和形成过程具有不可替代的意义。

六、根据投资和产权性质划分

根据文化资源的投资和产权性质，可以将文化资源分为经营性的文化资源和公共文化资源。所谓经营性的文化资源，是指能够通过市场开发并进行商品化和市场化经营的文化资源，例如各种文学作品和电影的版权资源；公共文化资源是指无法由私人和企业提供，但又是社会公众所需要的文化资源，例如，公共的博物馆、图书馆、美术馆、大剧院等基础设施资源；以及虽然无法进行产业开发，但是对民族和国家文化发展具有重要意义的文化资源，很多传统民俗、戏曲、民间工艺文化资源等，都是需要国家投入进行保护和传承的历史文化遗产。

七、根据开发频率划分

根据文化资源的开发频率，可以将文化资源划分为充分开发的文化资源、一般开发的文化资源和开发不够的文化资源，这是从一个更为动态和实用的角度对文化资源进行的划分。

当一种文化资源在持续较长的时期内（一年、两年或在更长的时期内间歇性地）被从横向或纵向两个方面开发，形成多种形式的产品，并得到了社会的广泛关注，就属于"充分开发的文化资源"。例如，中国丰富的经典文学作品已经成为当代文化产业发展的素材库，一部《红楼梦》可以演绎为戏曲、话剧、影视剧、连环画等，研究《红楼梦》的学问被称为"红学"，一项文化资源的充分开发可以源源不断地从中挖掘精神和物质财富，不断延伸文化产业链条。

相对于充分开发的文化资源，仅在横向或纵向的某个方面被开发成有限的一种或几种产品，已受到一定的关注，但关注不充分的资源，属于"一般性开发的文化资源"。如仅以出版物、电影、电视、表演艺术等形式当中的一种或两种开发的文化资源。

绝大多数文化资源属于"开发不够的文化资源"，虽然其中的一部分也被转化成某种产品化的形式，如书籍或影像资料，但多数只是专家学者这一群体的研究对象，社会关注度相对较低。

八、其他划分

从可持续发展的角度来分，文化资源可以分为可再生的文化资源和不可再生的文化资源；从文化资源的生成机制来看，文化资源可以划分为内生性文化资源和外生性文化资源；从系统层次来分，文化资源可以分为四个层次，即以器物技术为主的表层、以行为为主的浅层、以制度为主的中层、以社会意识为主的深层；按文化资源的形态，文化资源可分为文献形态、器物形态（如园林、建筑、服饰、饰物）、艺术表演形态（音乐、歌舞、戏曲等）、技能技艺形态（如刺绣、蜡染、剪纸等工艺）、节庆活动形态等。

文化资源类型独特、存量丰富，同时也很零散，不易整合，以上这些分类亦只是部分分类标准，不同的学者可以从不同的研究角度对文化资源进行分类。我们很难将文化资源划分为几类完全独立的体系。按照不同的划分标准呈现出的文化资源的各种类型之间不是孤立的，而是相互联系、交错融合的一个整体。例如，民俗文化资源中既包含历史时期的民间习俗，也包含现代生活中的民俗风情；既包含已经充分开发的文化资源，也包含尚未充分开发的文化资源；既包含有形的物质形态的文化资源，也包含无形的精神形态的文化资源；既包含各地区、各民族、各群体在历史进程中本身演化而成的内生性文化资源，也包含与外界交流过程中吸收和引进而来的外生性文化资源。在认清文化资源类型这一特点的基础上，各地区根据自身发展文化产业的需要，对文化资源进行梳理归类，是保护、开发和利用当地文化资源进而有效发展文化产业的基础和前提。

第二节　文化资源简介

文化资源的根本性质取决于其中所蕴含的精神内容，本书根据文化资源的主题分类，对文化遗产资源、民俗文化资源、民族文化资源、宗教文化资源、红色文化资源、商业文化资源、网络文化资源七类进行逐一简单介绍。

一、文化遗产资源

根据联合国教科文组织《保护世界文化和自然遗产公约》对世界文化遗产的定义，文化遗产是指具有突出的历史学、考古学、美学、科学、人类学、艺术价值的文物、建筑群、遗址等。本书从文物、建筑群、遗址三个类别介绍文化遗产资源。

（一）文物

在中国，"文物"二字联系在一起使用，始见于《左传》。《左传·桓公二年》记载："夫德，俭而有度，登降有数，文物以纪之，声明以发之；以临照百官，百官于是乎戒惧，而不敢易纪律。"之后，《后汉书·南匈奴传》有："制衣裳，备文物。"以上所说的"文物"原是指当时的礼乐典章制度，与现代所指文物的涵义不同。到唐代，骆宾王诗："文物俄迁谢，英灵有盛衰。"杜牧诗："六朝文物草连空，天淡云闲今古同。"这里所指的"文物"，其涵义已接近于现代所指文物的涵义，所指已是前代遗物了。北宋中叶（11世纪），以青铜器、石刻为主要研究对象的金石学兴起，以后又逐渐扩大到研究其他各种古代器物，并把这些器物统称为"古器物"或"古物"。到了明代和清初，比较普遍使用的名称是"古董"或"骨董"。到清乾隆年间（18世纪）又开始使用"古玩"一词。这些不同的名称，涵义基本相同，但在很多场合，古董、骨董和古玩，是指书画、碑帖以外的古器物。当代中国对"文物"的理解，多指人类社会历史发展进程中遗留下来的、由人类创造或者与人类活动有关的一切有价值的物质遗存的总称，文物必须是已经成为历史的过去，不可能再重新创造的具体物质遗存。

目前，各个国家对"文物"的称谓并不一致，其所指涵义和范围也不尽相同，因而迄今尚未形成一个对文物确认的统一定义。联合国教科文组织《保护世界文化和自然遗产公约》对文物的定义为：从历史、艺术和科学角度看具有突出的普遍价值的建筑物、碑雕和碑画、具有考古性质成分或结构、铭文、窟洞以及联合体。

本书从文化资源的角度来看，文物指历史上各个时代的重要实物、艺术品、文献、手稿、图书资料等可移动物。各类文物从不同的侧面反映了各个历史时期人类的社会活动、社会关系、意识形态以及利用自然、改造自然和当时生态环境的状况，是人类宝贵的历史文化遗产。

中国是世界著名的四大文明发祥地之一。中华文明的源远流长和博大精深，体现之一便是那些保留至今、数量巨大、种类繁多的古文明遗迹遗物，其内容几乎涵盖了人类物质文化的所有领域。可移动文物主要指古器物，包括石器、青铜器、陶器、玉器、金银器、铜器、石雕、陶俑、陵墓石刻、金属铸币、佛教造像、瓷器、漆器、竹木牙角器、家具、书画及古文献等。

案例2-1　中国古代青铜器

青铜是人类最早发明的合金，它远比红铜坚硬，同时铸造、锻打性能优良。起源于原始社会末期，成熟和繁荣于商周时期的青铜器，是中国古代最富有礼制色彩的制品。秦汉以前的青铜器，可分为用于国家和宗室大典的礼器、一般日用器皿和陪葬用的明器三大宗。除了专门为王公贵族死后陪葬的明器外，其他青铜器按照使用功能，又可以分为兵器、乐器、炊具、食器、酒器、水具和车马饰物等。

刀、斧、钺、戈等兵器是当时青铜器中的大宗。编钟、铺等是青铜乐器的典型代表，属于礼器范畴，大多铸造精美。鼎、鬲等是从原始炊具中发展出的蒸煮用具，后来成为贵族、诸侯王和天子祭祀、宴饮中盛放整只牛、羊、猪及禽类的大型礼器。这类礼器在使用上有着严格的规定，如天子礼仪场合使用九鼎八簋（簋是一种食器），王公使用七鼎六簋、五鼎四簋等，总之是根据爵位的高低依次增减，同时器型的大小和重量等也有严格的等级限制。青铜酒器的种类最多，这可能与殷商人嗜酒有关。最早出现的酒器是以爵和斝为核心的器物群，包括觯、尊、卣、壶、觚、罍、盉、瓿和方彝等。不少尊、卣还被铸成鸟兽等动物形象。

商周之后，随着铁器的大量使用，曾经盛极一时的青铜器逐渐消沉。青铜器中数量最大的青铜兵器在秦统一中原后被大规模收缴，旋即又被柔韧而锋利的锻钢兵器取代，因此存世品数量远不如早被贵族葬入地下的各式各样的礼器。但青铜器在最终走出人们生产、生活的舞台后，却以它特有的艺术魅力，在雕塑领域占据了不可替代的一席。陕西秦始皇陵陪葬坑出土的壮观的铜车马、甘肃出土的具有非凡想象力的马踏飞燕，以及至今依然矗立在北京故宫、颐和园中的高大青铜雕塑，都在向人们继续讲述它那久远的故事。

——节选自李力：《中国文物》，五洲传播出版社2004年版。

（二）建筑群

联合国教科文组织《保护世界文化和自然遗产公约》对建筑群的定义为：从历史、艺术或科学角度看在建筑式样、分布均匀或与环境景色结合方面，具有突出普遍价值的单立或连接的建筑群。本书所述建筑群主要指军事建筑、宫殿、古代民居和古代园林等。

军事建筑如长城（the Great Wall）（中国）、苏奥曼斯纳城堡（Fortress of Suomenlinna）（芬兰）、科隆伯格城堡（Kronborg Castle）（丹麦）、蒙特城堡（Castel del Monte）（意大利）、伦敦塔（Tower of London）（英国）、瓦尔特城堡（Wartburg Castle）（德国）、贝林佐纳集镇的3个城堡、防御城墙和防御工事（Three Castles, Defensive Wall and Ramparts of the Market-Town of Bellinzona）（瑞士）、马尔堡的条顿骑士团城堡（Castle of the Teutonic Order in Malbork）（波兰）、米尔城堡（Mir Castle Complex）（白俄罗斯）、杰尔宾特城堡、古城和要塞建筑（Citadel，Ancient City and Fortress Buildings of Derbent）（俄罗斯）、罗赫达斯要塞（Rohtas Fort）（巴基斯坦）、罗马帝国边界（Frontiers of the Roman Empire）（英国和德国）等。

宫殿建筑群如北京和沈阳明清故宫（Imperial Palaces of the Ming and Qing Dynasties in Beijing and Shenyang)（中国）、凡尔赛宫及其园林（Palace and Park of Versailles）（法国）、枫丹白露宫及其花园（Palace and Park of Fontainebleau)（法国）、莫斯科克里姆林宫和红场（Kremlin and Red Square，Moscow)（俄罗斯）、申布伦宫殿和花园（Palace and Gardens of Schönbrunn）（奥地利）、维尔茨堡宫、宫廷花园和广场（Würzburg Residence with the Court Gavdensand Residence Sauare）（德国）、萨沃亚王宫（Residences of the Royal House of Savoy）（意大利）、卡塞塔王宫（the Royal Palace at Caserta）（意大利）、布莱尼姆宫（Blenheim Palace）（英国），阿格拉古堡（the Agra old Fort）（印度）、法塔赫布尔·西格里（Fatehpur Sikri）（印度）、昌德宫（Changdeokgung Palace）（韩国）等。

古代民居如丽江古城（Old Town of Lijiang）（中国）、平遥古城（the Ancient City of Ping Yao）（中国）、皖南古村落——西递和宏村（Ancient Villages in Southern Anhui-Xidi and Hongcun）（中国）、澳门历史中心（Historic Centre of Macao）（中国）、开平碉楼和村落（Kaiping Diaolou and Villages)（中国）、福建土楼（Fujian Tulou）（中国）、圣路易斯历史中心（Historic Centre of São Luis）（巴西）、白川乡和五屹山的历史村落（Historic Villages of Shirakawa-go and Gokayama）（日本）、韩国历史村落：河回村和良洞村（Historic Villages of Korea：Hahoe and Yangdong）（韩国）、霍拉肖维采历史村落保护区（Holašovice Historical Village Reservation）（捷克）、霍洛克老村及其周围环境（Old Village of Hollókö and its Surroundings）（匈牙利）、陶斯印第安村（Pueblo de Taos）（美国）等。古代民居集人文、历史、建筑、民俗等多种文化于一体，生动地反映了不同历史时期、不同地域人民的生活方式和地理民俗等。

古代园林如北京颐和园（Smmer Palace，an Imperial Garden in Beijing）

（中国）、苏州古典园林（Classical Gardens of Suzhou）（中国）、承德避暑山庄及周围寺庙（Mountain Resort and its Outlying Temples, Chengde）（中国）、凡尔赛宫及其园林（Palace and Park of Versailles）（法国）、枫丹白露宫及其花园（Palace and Park of Fontainebleau）（法国）、德绍-沃利茨园林（Garden Kingdom of Dessau-Wörlitz）（德国）、邱园（Royal Botanic Gardens, Kew）（英国）等。

案例 2-2　中国园林

中国园林以其清幽宁静、小巧细腻、曲折含蓄的东方情调在世界园林中享受盛誉。中国园林之美，在于它熔文化、艺术于一炉。北方的皇家园林，往往既有小桥流水、曲径通幽的园林胜景，又有气势宏伟的宫殿式建筑群，充分表现了皇家气派，现存者尤以北京颐和园为最。私家园林中江南一带的留园、拙政园、网师园等凭借天然的山水、植被优势，展现出有别于北方园林的意趣：这些园林多属官吏、富商和文人所有，与私人的住宅连在一起，既有住房、厅堂、书房，又有由许多亭、廊、树、阁、山水、植物组成的园林胜景，往往形体不大，却着力于模拟自然山水的神态。在城市中再造山林，其表现特征就是诗情画意，所追求的是避去世俗烦嚣，在自然风景中怡然自得。这些不同类型的园林，呈现出一种安定、自足而幸福的生活状态，可以说是一种生活的艺术，又从某些方面反映了古代中国人的人生观、宇宙观，以及不同阶层的生活方式、价值取向、审美趣味等。

古代中国，上至帝王，下至生活富裕的阶层，以拥有园林这种有趣的生活空间为赏心乐事。人们在园中听政、宴客、射猎、游戏、读书、对弈、品茶、曲、吟诗、作画……久而久之，积淀了丰厚的园林文化。中国园林中的山水、植物、建筑及其组成的空间关系，不仅是一种物质环境，而且创造了一种精神氛围。造园者透过诸如象征与比拟、追求诗情画意、汇集各地名胜古迹，以及在环境中建筑寺庙古刹、街市酒肆等造园手法，追求天然雅致的美学境界，使园林与中国古代的文学、绘画、戏曲密切地联系起来，其中堂奥，也正是中国传统文化的精妙所在。

中国古典园林作为一种传统文化和艺术，不但源远流长，而且直接影响到近邻韩国和日本。具有鲜明民族特色的日本古代园林，在其发展中曾不断吸取中国古典园林艺术的精华。1699年12月的最后一天，法国宫廷曾以一种中国大型节日的庆典形式来迎接新世纪的到来，欧洲文化史上也出现了一个引人注目的词汇——Chinoiserie，即"中国风格"。一时间，中国的瓷器、壁纸、刺绣、服装、家具、建筑等风靡了以英国和法国为代表的欧洲国家。中国的园林艺术也随之传到欧洲，受影响最大的是英国、法国，其他还包括德国、瑞典和俄国，欧洲传统的几何形园林开始向自然风景式园林转变。

——节选自楼庆西：《中国园林》，五洲传播出版社2010年版。

（三）遗址

联合国教科文组织《保护世界文化和自然遗产公约》对遗址的定义为：从历史、审美、人种学或人类学角度看，具有突出普遍价值的人类工程或自然与人的联合工程以及考古遗址等。

如中国的周口店北京人遗址、蓝田遗址、河姆渡遗址、仰韶文化遗址、大汶口遗址。世界范围内其他考古遗址如吴哥（Angkor）（柬埔寨）、摩亨朱达罗考古遗址（Archaeological Ruins at Moenjo. daro）（巴基斯坦）、班清考古遗址（Ban Chiang Archaeological Site）（泰国）、巴林贸易港考古遗址（Oal'at al-Bahrain-Ancient Harbour）（巴林）、特洛伊考古遗址（Archaeological Sie af Troy）（土耳其）、亚述古城（Ashur）（伊拉克）、庞贝、赫库兰尼姆和托雷安农齐亚塔考古区（Archaeological Areas of Pompei, Herculaneum and Torre Annunziata）（意大利）、阿格里真托考古区（Archaeological Area of Agrigento）（意大利）、阿奎拉考古区和主教教堂（Archaeological Area and the Patriarchal Basilica of Aquileia）（意大利）、梅里达考古遗址（Archaeological Ensemble of Mérida）（西班牙）、阿塔普埃尔卡考古遗址（Archaeological Site of Atapuerca）（西班牙）、塔拉科考古遗址（Archaeological Ensemble of Tárraco）（西班牙）、德尔斐考古遗址（Archaeological Site of Delphi）（希腊）、埃皮道鲁斯考古遗址（Archaeological Site of Epidaurus）（希腊）、奥林匹克考古遗址（Archaeological Site of Olympia）（希

腊)、莱普蒂斯·玛格纳考古遗址（Archaeological Site of Leptis Magna）（利比亚）、沃吕比利斯考古遗址（Archaeological Site of Volubilis）（摩洛哥）、圣奥古斯汀考古公园（San Agustín Archaeological Park）（哥伦比亚）、铁拉登特罗国家考古公园（National Archaeological Park of Tierradentro）（哥伦比亚）、基里瓜考古公园和玛雅文化遗址（Archaeological Park and Ruins of Quirigua）（危地马拉）、霍契卡尔科考古遗址区（Archaeological Monuments Zone of Xochicalco）（墨西哥）、大卡萨斯的帕奎美考古区（Archaeological Zone of Paquimé，Casas Grandes）（墨西哥）等。

案例 2-3　北京的遗址墓葬

北京是世界著名的文化古都，北京地区的遗址墓葬，最早可以追溯到距今约 70 万年至 50 万年前的周口店"北京人"遗址，1987 年被列入《世界遗产名录》，遗址不仅是有关史前亚洲大陆人类社会的一个罕见证据，而且也阐明了人类进化的进程。此外，北京地区先后进行考古发掘的重要地点还包括：平谷区的上宅、北埝头、马家坟；密云区的黄土梁、燕落寨；房山区的新洞、山顶洞、镇江营；昌平区的雪山；怀柔区的长哨营、转年；门头沟区清水河沿岸的斋堂、东胡林人墓葬；王府井东方广场等十几处旧、新石器古人类活动遗址等。

商周以下的考古发掘工作成果更多，其中比较重要的有雪山遗址、琉璃河商周遗址及墓地、刘家河商代墓葬、白浮村西周木椁墓、山戎墓地、怀柔城北东周墓、昌平松园村战国墓、蓟城地区的陶井、汉广阳城遗址、大葆台西汉墓、汉幽州佐秦君石阙、西晋王浚妻华芳墓、北齐傅隆显墓、唐薛府君墓、史思明墓、房山区北郑村辽塔塔基、房山区云居寺南塔塔基、乌古伦家族墓、元大都遗址、定陵万历帝王陵、李莲英墓、荣禄墓等共 30 多处。

伴随城市基本建设、旧城改造大规模地进行，基建考古数量也日益加大。为减少出土文物的损坏和流失，考古发掘的主管单位投入了巨大的人力、物力，配合基建部门进行抢救性的大规模考古钻探和发掘。规模较大或比较重要的有：丰台区金代葆台遗址，元大都居住遗址（包括后英房、

雍和宫、西绦胡同、桦皮厂四处），宣武门至和平门战国至汉代陶井，金
中都水关遗址，广安门外南岗洼石桥遗址，"蓟丘"遗址，海淀区清河镇
朱房村秦汉古城址，怀柔汉墓群，昌平半截塔村、史家桥、白浮三处汉墓
群，丰台大葆台西汉墓，元代海云禅师塔墓，耶律楚材墓，耶律铸墓，金
山（董四墓村）妃嫔墓，田义墓等。上述各类遗址、墓葬的考古发掘项
目，虽然类别不同，规模有大小，出土器物有简繁，但都各具特点，都具
有较高的历史、艺术与科学价值，丰富了北京历史文化遗产宝库。

　　——节选自王岩编著：《北京的遗址墓葬》，北京出版社 2018 年版。

二、民俗文化资源

　　民俗，就是民间的风俗习惯，指一个国家或民族的广大民众在长期的
历史生活过程中所创造、享用并传承的物质生活与精神生活文化。民俗是
民族文化的重要组成部分，它不仅丰富了人们的生活，还增强了民族和国
家的凝聚力。民俗文化来源于民众，被民众广泛传承和丰富，规范着民众
的日常生活和行为。民俗文化资源具有意识形态和商品经济双重属性，能
够在文化市场中发挥经济功能，它经过一定的整合开发利用，可以成为各
种各样的文化产品或服务。

　　（一）饮食文化资源

　　人，作为一个生命个体，首先要满足的就是物质需求，具体表现就是
吃饱穿暖。同时，人，作为一个社会群体，还要满足精神情感需求。以饮
食为例，这一需求还要表现在吃什么、怎么吃。孙中山先生在其《建国方
略》一书中说："我中国近代文明进化，事事皆落人之后，惟饮食一道之
进步，至今尚为各国所不及。"中国饮食文化直接影响到日本、蒙古、朝
鲜、韩国、泰国、新加坡等国家，是东方饮食文化圈的轴心。与此同时，
它还间接影响到欧洲、美洲、非洲和大洋洲，像中国的素食文化、茶文
化、酱醋、面食、药膳、陶瓷餐具和大豆等，惠及全世界数十亿人。

　　饮食文化资源包括食文化资源和饮文化资源，是指以饮和食为形态，
在长期的传承和发展中，通过选材、制作和品尝等一系列过程形成的文化
存在对象，这类资源可以进入市场，得到广大民众的认可，满足人们生理
和心理需求，同时能够带来一定的经济利益和社会效益。

饮食文化资源的开发涉及食源的开发与利用、食具的运用与创新、食品的生产与消费、餐饮的服务与接待、餐饮业与食品业的经营与管理，以及饮食与国泰民安、饮食与文学艺术、饮食与人生境界的关系等，深厚广博。以《舌尖上的中国》为例，该节目围绕中国人对美食和生活的美好追求，用具体人物故事串联，讲述了中国各地的美食生态。这些千差万别的饮食习惯和独特的味觉审美，描绘与诉说着中国人的文化传统、家族观念以及生活态度与故土难离等观念，从饮食文化可以上升到生存智慧层面的东方生活价值观。

一个地方的饮食文化资源呈现出当地的地方特色，如北方人爱吃面，南方人喜欢吃粉，因此也出现了"南粉北面"一说。也正是因为地缘的特殊性，出现了中国饮食文化"三字经"：涮北京、包天津、甜上海、烫重庆、鲜广东、麻四川、辣湖南、美云南、酸贵州、酥西藏、奶内蒙、荤青海、壮宁夏、醋山西、泡陕西、葱山东、拉甘肃、炖东北、稀河南、烙河北、罐江西、馍湖北、汆福建、爽江苏、浓浙江、香安徽、嫩广西、淡海南、烤新疆。

饮食文化资源在发展过程中也会发生变异，如山西、陕西等地的面食流入四川、湖南等地后，由于当地人喜爱辣椒，因此会增加辣味。某些饮食资源在这种变异中得到了创新，从而产生出了一种新的饮食。

案例 2-4　端午的鸭蛋

家乡的端午，很多风俗和外地一样。系百索子。五色的丝线拧成小绳，系在手腕上。丝线是掉色的，洗脸时沾了水，手腕上就印得红一道绿一道的。做香角子。丝线缠成小粽子，里头装了香面，一个一个穿起来，挂在帐钩上。贴五毒。红纸剪成五毒，贴在门槛上。贴符。这符是城隍庙送来的。城隍庙的老道士还是我的寄名干爹，他每年端午节前就派小道士送符来，还有两把小纸扇。符送来了，就贴在堂屋的门楣上。一尺来长的黄色、蓝色的纸条，上面用朱笔画些莫名其妙的道道，这就能辟邪吗？喝雄黄酒。用酒和的雄黄在孩子的额头上画一个王字，这是很多地方都有的。有一个风俗不知别处有不：放黄烟子。黄烟子是大小如北方的麻雷子的炮仗，只是里面灌的不是硝药，而是雄黄。点着后不响，只是冒出一股黄烟，能冒好一会儿。把点着的黄烟子丢在橱柜下面，说是可以熏五毒。小孩子点了黄烟子，常把它的一头抵在板壁上写虎字。写黄烟虎字笔画不能断，所以我们那里的孩子都会写草书的"一笔虎"。还有一个风俗，是端午节的午饭要吃"十二红"，就是十二道红颜色的菜。十二红里我只记得有炒红苋菜、油爆虾、咸鸭蛋，其余的都记不清，数不出了。也许十二红只是一个名目，不一定真凑足十二样。不过午饭的菜都是红的，这一点是我没有记错的，而且，苋菜、虾、鸭蛋，一定是有的。

这三样，在我的家乡，都不贵，多数人家是吃得起的。

——节选自汪曾祺：《故乡的食物》，江苏文艺出版社 2010 年版。

（二）岁时节日文化资源

岁时节日，主要指与天时、物候的周期性转换相适应、在人们的社会生活中约定俗成的、具有某种风俗活动内容的特定时日。不同的节日，有不同的民俗活动，且以年度为周期，循环往复，周而复始。岁时节日文化资源就是指能够与市场结合，产生经济效益和社会效益的特定节日。

岁时节日文化资源的形成需要两个必要的元素，一是有相对固定的节期，二是节期中有特定的民俗活动。纵观中国老百姓的日常生活中，节日繁多，而且不同时代，节日也往往有所不同，不可一概而论。据高占祥主编《中国民族节日大全》一书所收的节日，除国庆节、建军节、青年节、国际劳动节、国际三八妇女等 16 个现代节日外，全国 56 个民族的传统节日共有 5884 个，可见我国岁时节日文化极其丰富。

根据节日文化主题的不同，岁时节日文化资源大体可分为五大类：

1. 以农业生产习俗为主题的农事节日。如我国古代的农历把一年划分为四季，每一季大约 90 天，全年约 360 天，按照一年气候的变化，分为 5 天"一侯"，三候为"一气"，全年"二十四气"，俗称"二十四节气"。2016 年 11 月 30 日，联合国教科文组织通过决议正式将中国申报的"二十四节气——中国人通过观察太阳周年运动而形成的时间知识体系及其实践"列入《人类非物质文化遗产代表作名录》。

二十四节气歌

春雨惊春清谷天，夏满芒夏暑相连。

秋处露秋寒霜降，冬雪雪冬小大寒。

每月两节不变更，最多相差一两天。

上半年来六廿一，下半年是八廿三。

2. 以祭祀神灵、纪念祖先为主题的祭祀节日。如春节、元宵节、端午节和中秋节。

3. 以追念崇拜人物和重大事件为主题的纪念节日。如纪念孔子的祭孔大典、纪念屈原的端午节。

4. 以欢庆丰收、庆祝胜利为主题的庆祝节日。如"五一"国际劳动节、"十一"国庆节，除此之外，在现代社会背景下还产生了一些新节日，如青岛啤酒节、洛阳牡丹花会、广西南宁国际民歌节等。

5. 以歌舞戏曲活动为主题的社交娱乐节日。如民间的社戏、庙会等。

案例2-5 清明节与寒食节是什么关系

清明是我国二十四节气中的一个节气。在春分过后的第15天，万物复苏，气清景明，因此称此节气为清明节。

寒食节是在清明节的前一天，它的起源有个美妙的传说。

春秋时期，晋公子重耳为逃避迫害而流亡出走。流亡途中，风餐露宿，备尝艰辛。当他们一伙人走到一座荒山脚下时，重耳饥饿难忍，再也走不动了，便命随臣们弄点吃的来。大家寻遍了这座荒山秃岭，一无所获。见此，随臣介子推走到一边，从自己的大腿上割下一块肉，烤熟了送给重耳吃。19年后，重耳做了国君，成为晋文公，对那些跟随他出走的大臣进行封赏，可是却忘记了介子推。后经大臣们提醒，晋文公深感歉疚，便驱车到介子推家拜访。这时介子推已经背着他的老母，躲进了绵山（今山西省介休市东南部）。于是，晋文公派兵卒进山寻找，无奈山深林密，不见踪影。这时有个大臣建议从三面放火烧山，留下一个出口，介子推见到火势凶猛，定会背着他的老母逃出来的。不料，山火烧了三天三夜，仍是活不见人，死不见尸。等到山火熄灭后，兵卒们在一棵烧焦的大柳树下，找到了介子推母子的遗体，并在介子推身后的柳树洞里发现了一份血书：

> 割肉奉君尽丹心，但愿主公常清明。
>
> 柳下作鬼终不见，强似伴君作谏臣。
>
> 倘若主公心有我，忆我之时常自省。
>
> 臣在九泉心无愧，勤政清明复清明。

晋文公读罢，痛哭流涕，悲伤不已。为了让大家永远怀念介子推，晋文公下令将介子推母子葬于绵山，立祠祭祀。还将放火烧山的这一天定为寒食节，禁止烟火，吃寒食。

清明节与寒食节本来是两个不同的节日，可是到了唐朝，寒食节便融入清明节，成为一个节日了。

——节选自康乃、吴云编著：《民俗》，中国旅游出版社 2015 年版。

（三）人生仪礼文化资源

人生仪礼，又称个人生活仪礼，文化人类学上叫作"通过仪礼"。人生仪礼是将个体生命加以社会化的程序规范和阶段性标志。中国传统人生仪礼习俗是最为丰富多彩的一种民俗。人生仪礼文化资源就是指人生仪礼中能够进行产业化开发，带来丰富经济效益和社会效益的元素。人生仪礼文化资源包括以下几类。

1. 诞生仪礼

诞生仪礼包括求子仪式、孕期习俗和庆贺生子三个阶段，以第三个阶段为诞生仪礼的中心部分。

中国古代，由于生产力水平较低，医学卫生尚不发达，再加上自然灾害的侵害。婴儿生命力脆弱，生长不易。民间认为小孩子成长要过许多道"关口"，周岁以前的婴儿还要举行各种仪式，避免大自然对婴儿造成伤害。庆贺生子是中华民族的传统仪礼，通常分为洗三、满月、抓周等几个大的部分，有的地区甚至有过十二天的习俗。

洗三是儿童的诞生仪礼之一。"三日洗儿，谓之洗三。"三天洗儿不同于一般的洗澡，仪礼非常繁复，意义十分深刻。洗三有处理婴儿脐带、祝福和感谢生育的意义。

婴儿满月时，亲朋好友都会前去庆贺，主人则要大摆满月酒，庆贺婴儿的新生，祈福婴儿健康成长。外婆要给孩子送长命锁，锁子一般是银质的。阿姨、舅舅们还要送上小孩子的穿戴，比如虎头帽、莲花帽、虎头鞋等，其他亲友则送上各种滋补品给产妇补身子。江浙地区农村现在还保有此类风俗，一般摆满月酒的时候。如果是男婴，还要祭祖。

孩子周岁这一天，父母要摆出文具、玩具等让孩子选择，通过选择的物品来测定智力、预测人生志向。通常，民间称这一活动为"抓周"。一般家长都希望孩子抓得书笔、钱币之类，不论男女，都希望将来学业有成，富贵无忧。

2. 成年仪礼

"成年礼"又叫"成丁礼"或"冠礼"，是为承认年轻人具有进入社会的能力和资格而举行的仪礼。

古代男子20岁就进入"弱冠之年"，要行加冠礼。冠礼又称"三加礼"，这在我国朝鲜族保留得较完整。初加时，给受礼的男子结发器，加网巾，加冠；几天以后，选择吉日再加，此时将初加时的冠巾取下，换上纱帽；三加时，加上模头。行三加礼时，主持人口念颂词，冠礼结束后，加冠者到祠堂向长辈施礼。古代女子到了15岁左右，就要举行"笄礼"。"笄礼"即把头发盘到头顶上梳成发署，用簪子插住，表示此女已成年。

"冠礼"和"笄礼"合称冠笄之礼。后代常将此礼与婚礼结合在一起。婚前一天，男子穿新衣服到宗庙或家堂，叩见祖先长辈，由长辈加冠并赐以成人之字；女子则在婚前一天，用簪子束发，叫"上头"，用丝线绞去脸上汗毛，叫"开脸"。

成人礼是一种自古传承的礼仪，通过成年礼仪培养起受礼者的社会责任心和义务感。从这一天起，生活在父母羽翼下的孩子们就正式进入了社会，新的人生使要启程。在传统冠笄礼消泯很长一段时间后，海峡两岸几乎是同时悄然兴起了举办集体成人的仪式。

3. 婚姻仪礼

婚姻作为民俗现象，其内容主要包括婚姻形态和婚姻仪礼两个方面。《礼记》："婚礼者，礼之本也。……上以事宗庙，而下以继后世也。"中国最早的婚仪礼式，记载于《仪礼》"婚有六礼，一纳采、二问名、三纳吉、四纳征、五请期、六亲迎"。婚姻六礼历来为古人所重视，夫妇被看作是人伦之始，《礼记》对婚礼意义的认识更为明白："婚姻之道，谓嫁娶之礼。""昏礼者，将合二姓之好，上以事宗庙，而下以继后世也，故君子重之。""婚礼者，礼之本也"。正因为如此，婚姻常被人们称为"婚姻大事"。

"六礼"的形成与演变，对应着婚姻的实际过程，我们会发现影响了中国人几千年婚姻家庭生活的古今"六礼"及整个传统婚礼，大致可分成婚前礼、正婚礼和婚后礼三大阶段。每一阶段各寓含不同的意义。总体来说，传统婚礼以其一系列繁文缛节，表现出一种重视的态度。这个"重"表现在议定阶段的慎重，结成阶段婚典的隆重，婚后阶段的稳重。中国古代社会的人伦之始以及建立在其上的家庭，就在这种重视的氛围中维持着长久的稳定与发展。

现代社会，婚礼的程序虽然较之古代有所减少，但是随着时代的发展又衍生出一些新的元素。与婚礼相关的婚庆、婚纱摄影、婚宴、婚博会、婚庆礼品等，这些以婚礼为核心的资源构成了一条完整的产业链。在移动互联网时代，又衍生出了一系列与婚礼有关的 APP 等手机应用。甚至一些娱乐节目如《婚前 21 天》等也着眼于人生婚礼，引发大众对于婚礼话题的讨论，展示当下社会不同年代的情感价值观。

4. 丧葬仪礼

丧葬仪礼是人的一生当中最后一项"脱离仪式"。在传统的中国社会里，绝大部分人都不认为死是生命的终结，而把它看成是人生旅程的一种转换，即从"阳世"转换到了"阴世"。因此，人从死去的这一刻起，也就意味着踏上了新旅途，开始了一种新的生活。从死亡到丧葬的仪礼，即以此种观念为出发点，葬礼被看做是将死者的灵魂送往死者世界必经的手续。这些繁复的程序有初终、设床、沐浴更衣、报丧、大敛、选择墓地及落葬日。

丧葬仪礼作为人生仪礼的一个重要部分，发展至今其繁复的仪礼程序非但没有减弱，反而加强了。为了适应现代社会的发展，出现了丧葬服务业，提供专业的服务。也因此诞生了丧葬仪礼师、丧葬策划师等新兴职业。也正是人们意识到丧葬仪礼对人们的重要性，它才成为一个新兴的产业门类，为人们提供更多、更专业的服务。

案例 2-6 曲阜地区的丧葬礼俗

丧葬礼俗发展至今虽已与古代丧礼有很大不同，但是仍然可以从某些保留的礼俗中看到儒家文化的缩影。某些仪式虽然趋于简化甚至取消，但曲阜作为儒家创始人孔子的故乡，孔子及其门人对"孝"及"礼"的解读及宣传在全国范围产生了深远影响。丧礼作为人生礼仪的最后一个环节，自古以来就受到人们的高度重视。

丧礼的时间一般为三日，若儿女离得较远最多五日。

1. 遗体火化。第一天是老人去世当日，对老人的遗体火化。

2. 演奏哀乐。第二天下午请人演奏哀乐，晚上十二点过后，进行送魂仪式，指导老人的魂魄去往墓地，送魂有方向之分，送的方向视墓地的位置而定，若墓地的位置在南往南送，在北则往北，送出村口即可，不需送到墓地，有给魂魄指路之意。

3. 出殡。最后一日是出殡日，出殡时，长子拿着白播在前摔老盆。摔老盆的通常是老者的儿子，若没有儿子，则由女儿担任丧主，为逝者摔老盆。"老盆"是一个陶盆，子女守灵期间在盆中烧纸钱，把盆子摔碎是将盆送往阴间。摔老盆后，长子携子在前，次子携子在后依次排列，男子在前，女子在后，叩拜由男子完成。出殡日亲友在灵柩赴墓地途中事先设供品香烛祭奠亡灵，称为"路祭"。路祭结束后就是烧轿，烧轿就是焚烧纸质的轿子与纸质马，意思是逝者乘轿子或骑马走了。下葬时将骨灰盒放入墓穴之中摆正，以东南方向为正，摆正之后由子女绕着骨灰盒转一圈，填土。曲阜周围村落的墓地由于都是在自己家的耕地，一般不会留坟头，若留坟头也会在一两年之后推平，墓碑更是没有，也有特殊情况，比如孔家人，孔家的人有家族墓地，也就是孔林，会留有坟头甚至墓碑，非孔家人除非是一家中的几代人葬于一地，否则极少有坟头及墓碑。

4. 守灵哭丧。守灵哭丧贯穿整个丧葬流程中，子女儿媳等要为逝者守灵，守灵排列是男东女西，为逝者烧纸钱，对前来吊丧的宾客进行叩谢，《仪礼·士丧礼》中所说"众主人在其后，西面。妇人侠床，东面""主人进中庭，吊者致命。主人哭，拜稽颡，成踊"相合。来吊丧的人一般会带一刀纸钱以表示自己对逝者的敬意，但如今"上折纸"代替了带纸钱，与逝者关系近的吊丧人会望门痛哭以表示自己的哀痛。

——节选自朱瑞文等："从丧葬礼俗的演变看中国儒家文化的转型——

以曲阜地区为例"，载《新西部》2018 年第 8 期。

三、民族文化资源

尽管国际、国内关于民族文化有不同的表述形式，但他们关于民族文化的内涵和本质却是趋同和一致的。本书所讨论的民族文化，主要指的是"民族民间传统文化"（或国际上所称的"非物质文化遗产"）及其创新成果，而"民族民间传统文化"则是各民族在其历史发展过程中创造和发展起来的具有本民族特点的文化，包括饮食、衣着、住宅、生产工具等物质文化，以及语言、文字、文学、科学、艺术、音乐、哲学、宗教、风俗、节日和传统知识等精神文化内容。

依据其表现形式的不同，"民族文化"或"民族民间传统文化"主要可分为七大类：语言文学类，如民族语言，以及民间故事、诗歌、传说、神话、史诗等；歌舞戏曲类，如民歌、器乐、民间舞蹈、戏剧等；民间手工艺类，如民间绘画、服饰、雕塑、剪纸、刺绣、编织、蜡染等；风土习俗类，如民族饮食、风俗、节日、宗教等；建筑艺术类，如民间建筑、雕塑等；传统知识类，如民间医药、历法等；其他表现形式。

案例 2-7 贵州省民族歌舞与戏曲

贵州历史悠久少数民族众多，各民族大杂居小聚居的特点形成了多姿多彩的民族文化，充分体现了联合国教科文组织《保护非物质文化遗产公约》中倡导的文化多样性。歌舞是少数民族最基本的娱乐和社交活动，休息劳作、走路行车、恋爱结婚、丧葬祭祖都离不开歌舞。歌舞是人们表情达意、传递信仰的方式，融入了人民生活的每一个细节。黔东南、黔西北、黔东北、黔南少数民族聚居区精彩的民族歌舞与戏曲艺术数不胜数。侗族大歌、苗族飞歌、彝族铃铛舞、布依族"八音坐唱"、傩戏等，充分显示了贵州人民丰富的精神世界。截至 2019 年，贵州有 85 项（140 处）

非物质文化遗产被列入国家级非遗名录，民族歌舞与戏曲类国家级非遗项目占有重要的一席之地（具体见表2-1），可见民族歌舞在贵州人民生产和生活中的重要地位。

表2-1　贵州省民族歌舞与戏曲类国家级非物质文化遗产项目

类别	项目	批次
传统音乐	黎平县侗族大歌，榕江县、黎平县侗族琵琶歌	第一批
	雷山县苗族民歌（苗族飞歌），惠水县布依族民歌（好花红调），丹寨县芦笙音乐（侗族芦笙、苗族芒筒芦笙），贞丰县、兴义市、镇宁县布依族勒尤，从江县、榕江县侗族大歌（扩展项目），台江县、剑河县多声部民歌（扩展项目）	第二批
	从江县侗族琵琶歌（扩展项目）、剑河县苗族民歌（苗族飞歌）（扩展项目）、盘县彝族民歌（彝族山歌）（扩展项目）	第三批
传统舞蹈	丹寨县、贵定县、纳雍县苗族芦笙舞（锦鸡舞、鼓龙鼓虎-长衫龙、滚山珠），台江县木鼓舞（反排苗族木鼓舞）	第一批
	平塘县毛南族打猴鼓舞，荔波县瑶族猴鼓舞，赫章县彝族铃铛舞、兴义市狮舞（扩展项目），雷山县、关岭布依族苗族自治县、榕江县、水城县苗族芦笙舞（扩展项目）	第二批
	普安县苗族芦笙舞（扩展项目）、册亨县布依族转场舞	第四批
传统戏剧	黎平县侗戏，册亨县布依戏，威宁彝族回族苗族自治县彝族撮泰吉、德江县傩戏、安顺市安顺地戏	第一批
	黔剧团黔剧、独山县花灯剧（扩展项目）、道真仡佬族苗族自治县傩戏（扩展项目）	第二批
	贵州省花灯剧团的花灯剧、荔波县傩戏（荔波布依族傩戏）	第三批
	金沙县傩戏（庆坛）（扩展项目）	第四批
曲艺	布依族八音坐唱（贵州省兴义市）	第一批

四、宗教文化资源

宗教作为人类文化的一种特殊形态，几乎与人类文化同步产生和发展。宗教文化可以说是对人类社会影响最深、最广的一种文化形态，它不仅影响到社会的经济、政治、科教、哲学、文学艺术，而且积淀在人的深层文化心理结构中，潜在而长久地影响着人的思想和行为。宗教在漫长的发展历程中，形成了浩繁的书籍、绘画、建筑、音乐、舞蹈等宝贵财富，跨越历史的时空，传承着深厚的宗教文化传统。从广义上讲，宗教的历史就是一部人类文化史。

宗教是一种群体社会行为，它包括指导思想（宗教信仰），组织结构（宗教组织，如教会），行为规范（宗教组织内的活动，如祭祀、礼仪），文化内容（宗教建筑、宗教绘画、宗教音乐）等方面的内容。宗教在其形成和发展过程中不断吸收人类的各种思想文化，与政治、哲学、法律、文化（包括文学、诗歌、建筑、艺术、绘画、雕塑、音乐、道德）等形式相互渗透、相互包容，逐步形成自己的特色，成为世界丰富文化的重要组成部分。

案例2-8 宗教习俗、教义与地理环境

宗教既然是一种信仰，因而它必然会产生出许多的习俗和教义。其中，不少和地理环境有着一定的关系。

伊斯兰教的主要经典为《古兰经》，有许多清规戒律。其中有不吃不洁之物，不吃自死的禽兽牲畜血液等条文。其实，这与当地的气候有关。西亚地区天气炎热，食物容易变质腐烂，成为不洁之物，死物则更甚。生活在这里的人们需要特别注意饮食卫生，或许历史上有过类似的教训，于是，《古兰经》才规定了这些戒律。

禁食猪肉，是穆斯林共同遵守的戒律（犹太教也禁食猪肉），这与以下两个方面不无关系。其一，这是西亚地区自然环境的演变造成的。猪以富含淀粉的块茎与果实为食物，身上缺乏散热的汗腺，不适合于炎热的环境，只有生活在温带森林的边缘与沼泽地区。古代，南亚及西亚地区不乏森林和沼泽，后来由于生态环境的变迁，森林与沼泽逐渐消失，失去了猪的生存环境。加上人口增多，为猪提供饲料越来越困难，故猪肉便逐渐成了高级食物而为一般人难以享受，而下层人的思想遂反映在教义中，犹太教便较早规定了禁食猪肉。伊斯兰教是年轻的宗教，它产生时，西亚地区已禁食猪肉了，因而将禁食猪肉也写进了《古兰经》。其二，猪的形态及

生活习性本身就给人一种丑陋、肮脏之感，因而，不食猪肉也符合"不吃不洁之物"的原则。

禁食牛肉是印度教、佛教、耆那教（产生并流传于南亚）的戒律。有的学者认为，这是因为弯弯的牛角使人联想起天上的新月，古人便把牛奉若神明，禁食其肉。其实，这主要与南亚地区气候条件与人口激增有关。公元前 2000 年时，印度人是吃牛肉的，到了公元前后，印度人已相当多。南亚是热带季风气候，降雨相当不稳定，常出现连续干旱的年份，使大量人畜死亡，旱灾过后，恢复和维持正常的农业生产，保持一定量的役畜是非常重要的。于是，佛教和耆那教首先提出禁食牛肉，印度教为了争取教徒，也在教义中增加了禁食牛肉的条文。

孟德斯鸠曾用印度炎热的气候来解释佛教教义的产生。印度"过度炎热使人萎靡疲惫，静止是那样地愉快，运动是那样地痛苦"，所以便自然地产生了佛教的某些教义，诸如相信"静止和虚无是万物的基础，是万物的终结"，认为"完全的无为就是最完善的境界"和欲望的目的，等等，笔者认为其解释也是有一定道理的。

——节选自王衍用、曹诗图："试论宗教的地理背景"，载《人文地理》
1996 年第 S2 期

五、红色文化资源

"红色文化"是指在新民主主义革命时期，在中国共产党的领导下，由中国共产党人、一切先进分子和人民群众共同创造的，具有中国特色的先进文化，它是物质文化、制度文化、精神文化这三者的有机统一体。

从时间上来看，红色文化是土地革命时期到新中国成立前的文化产物，它深深打上了这样一个特定时代的烙印，是党和人民为新中国的成立不懈努力奋斗的成果见证。从表现形式上看，红色文化表现为红色遗存、纪念场所等实物形态，政治法律制度、文件政策规定等制度形态，以及红船精神、苏区精神、改革开放精神等各种具体的精神形态。

作为一种文化存在，红色文化历史厚重、内涵深刻、形式多样，承载着马克思主义中国化实践探索中中国共产党集体智慧的结晶，具有特定的生成逻辑与价值指向，发挥着维系身份认同、彰显执政主流价值、规范社会行为等功能。习近平总书记多次强调，要把红色资源利用好、把红色传统发扬好、把红色基因传承好。积极推进红色文化的传承和发展，是增强中华民族文化自信、夯实党的执政基础的重要课题。对红色文化资源进行整合、开发与利用，顺应时下文化产业发展，也是红色文化资源传承的有效途径。

（一）物质类红色文化资源

物质类红色文化资源指的是以物质形态存在的红色文化资源，包括革命老区、红色根据地（如井冈山革命根据地、湖北省洪湖、监利的湘鄂西革命根据地等）、革命遗址（如中共鄂西北区党委紧急会议会址、志丹县八路军西安办事处旧址、洛川会议旧址、庐山会议旧址等）、陵园（如南京雨花台烈士陵园、安徽合肥大蜀山文化陵园、山东兰陵县鲁南烈士陵园等）、纪念馆（如连云港市革命纪念馆、红十四军纪念馆等）、革命名人故居（如湖北省红安县的董必武同志旧居、四川达州张爱萍故居、上海练塘镇陈云故居等）等，它们是中国共产党领导广大人民群众在革命奋斗历程中留下的物质资源，是那段峥嵘岁月的历史见证，也是各志士仁人为了革命事业英勇奉献的大无畏精神的体现。

（二）制度类红色文化资源

制度类红色文化资源指的是新民主主义革命时期形成的革命理论、纲领、路线、方针、政策等。大革命失败以后，中国共产党人确定了土地革命和武装反抗国民党反动统治的方针，开创了一条适合中国国情的以农村包围城市、武装夺取政权的全新的革命道路，毛泽东提出了在共产党的领导下的武装斗争、土地革命和农村革命根据地的建设三者紧密结合的"工农武装割据"的理论。其后的抗日战争中，中共确定了建立抗日民族统一战线的策略方针，由"反蒋抗日"到"逼蒋抗日"再至"联蒋抗日"，最终实现国共合作，共同反对日本帝国主义的侵略。为了巩固抗日根据地的建设，共产党在政治上实行"三三制"，并开展整风运动，整风采取"惩前毖后，治病救人"和"团结——批评——团结"的方针。抗战胜利后，中共提出"和平民主、反对内战独裁"的方针，提出了"和平、民主、团结"三大口号。内战时期，以毛泽东为核心的中共中央先后起草发布了一系列重要文件，确立了中共的政策方针，最终赢得了人民解放战争的胜利和新中国的成立。这些制度类红色文化资源是特定历史的特定产物，也是中华民族独有的文化资源，是见证那段历史最有力的证据。

（三）精神类红色文化资源

精神类红色文化资源是新民主主义革命时期形成的革命精神、革命道德传统等。中国特色的红色文化资源是马克思主义思想精髓和中国共产党领导下的无产阶级革命思想的结合。在第二次国内革命、抗日战争和解放战争中，革命先驱在奋斗历程中凝聚起了一系列宝贵的精神，如井冈山精神、长征精神、延安精神、西柏坡精神等，体现了革命的英雄主义和奋斗的民族精神，是红色资源中无形的精神部分。红军四渡赤水，巧渡金沙江，强渡大渡河，飞夺泸定桥，翻越夹金山，历经千辛万苦走完二万五千里长征。革命者不顾一切在抗战前线浴血奋战，誓死捍卫祖国尊严，这些都体现了他们的民族气节和高尚的革命情怀。

案例 2-9　北京西山红色文化资源

北京西山红色文化作为政治文化的一部分，是维系党所领导的政治体系的完整性的重要力量。北京西山红色文化产生于中国共产党诞生以来领导人民所进行的历次斗争中，它作为一种精神遗产包含了人们对革命、自由解放、国家统一及美好生活的向往，是中华民族苦难斗争历史的文化结晶。西山红色文化作为一种积极的、肯定性的政治文化对维护党的政治合法性、增强其政治权威性、维持政治体系运转，具有积极作用。

自建党以来北京所沉淀的革命斗争和社会建设的社会主义文化遗产是北京建设全国文化中心的重要文化资源。1943 年 10 月，曹火星同志在房山霞云岭创作的歌曲——《没有共产党就没有新中国》，一度被称为"深山里飞出的不朽战歌"。这些文化资源是将北京打造为全国文化建设中心的保障。

——节选自李彦冰："北京西山红色文化的政治价值"，载《前线》

2018 年第 2 期。

六、商业文化资源

根据胡平同志的论述，商业文化主要包括商品文化（商品是一个载体，文化附加在商品上，古今中外都是如此）、商品营销文化、商业环境文化、商业伦理文化（在商业竞争中要讲信誉，不卖假货，不搞欺骗，实行优质服务，在竞争中达到"双赢"，以优良的商业道德提高自己的商誉）、新商人文化（培育遵纪守法的有文化、有道德、懂行的商人，包括商业企业家和从商人员）、商业精神（商业精神是商业的灵魂，是企业的价值观念）。以经济、文化与人一体化发展为主线，是商业文化建设的根本内容。以我国的浙江省为例，无论是从现实来看，还是从历史来看，浙江大地都有着丰厚的商业文化资源。从现实来说，浙江大地有许多实践创造，如"温州模式"。温州人开拓市场和经商的技巧，十分值得总结。胡平同志讲到在法国巴黎的温州街，说明了温州人在巴黎的经营活动。再如，"横店模式"的崛起，走"集团化、外向型、高科技"的道路，他们把发展"文化力"作为实现企业发展战略的重要方面。还有义乌小商品城的建设、永康小五金城的建设、金华火腿节的举办等。从历史来说，浙江大地出现过许多重商学派。南宋时期，有个"永嘉学派"，以叶适为代表。永嘉就在温州地区，叶适是公开否定抑商思想的。还有永康学派的陈亮，肯定巨商的作用。金华学派的吕祖谦，重视货币的作用。这种重商业、讲义利并举的文化传统，对于那里的人民经营、开拓市场、有效地进行商贸活动是有影响的，而且造就了一种世代相传的商业智慧和商业技巧。

案例 2-10 徽商

徽商是唐末至民国初年数百年里中国封建社会中一个极为活跃并以家族为单位的商业团体。徽商的出现可以追溯到魏晋南北朝时期，但一般认为唐末农民战争造成的北方民族大量南迁徽州是徽商兴盛的开始，到宋高宗建都临安广兴土木时，由于徽州盛产竹木和生漆等，徽州商人遂因此而富甲天下。在经历过元代的一度沉寂之后，明初之际，徽商一举而起，异常活跃，作为地方商业集团的徽商正式形成，成为一支中国社会舞台上光彩夺目的商业力量。至清道光年间，由于种种原因，以盐商为主体的徽商开始没落，到民国时期，徽商集团几乎完全退出了中国商业舞台。在几千年来一直奉行重农轻商，甚至是抑商政策的中国封建社会里，徽商的存在，一直吸引着无数社会学家的注意力。山多地少、谷物自给不足是造成徽州人习惯外出经商谋生的自然条件；而太平天国之前徽州少经战火，大家族得以稳固发展，自然条件与宗族特性的结合，造就了一代徽商集体。不过，作为一个以儒家伦理道德为基础架构的社会的产物，徽商又与同时代西方出现的商人根本不同，这不仅仅是由于徽商具有强大的政治背景，更重要的是本身以商业谋生的徽商仍然是以儒家思想为正统，并不以从事商业为荣，历代以来，特别是明清两际，绝大部分徽商都以兴办教育、鼓励科举闻名，很多徽商都是经历过科举的文人，除了商场中的精于算计之外，徽商的一举一动都是以儒家的"忠孝节义"道德理想为行为准绳的，因此徽商也就成了历史上儒商的杰出代表。

　　——节选自张妙弟主编：《中国国家地理百科全书·山东、安徽、江西》，

北京联合出版公司 2016 年版。

七、网络文化资源

　　网络文化资源，是指网络文化中可以作为资源进行积累存储并具有开发利用价值的部分。当网络文化同时具备了市场性与可开发性，那么它就完成了从信息到资源的转变。网络文化资源具有积累快、存量大、受众广、能耗低、层次多的多重优点。网络文化资源催生了网络文化产业的发展，新时代网络文化产业发展迅速，早已进入线上线下并进、万众创新的发展阶段。依托互联网平台和众多科技手段形成的网络文化产业，成为当前发展最快的社会产业，给整个互联网经济结构带来巨大的影响。发挥网络文化产业优势、有效利用各种资源推动网络文化产业发展，是新时代网络文化产业的开发重点和发展趋势。

　　网络文化容量巨大，类型数目繁多，子文化层出不穷，网络文化资源也相当丰富。由于网络所具备的高度信息流通性质，许多网络文化互相交接、糅合，使得网络文化资源的情况较为复杂，故而从宏观角度进行大致划分显得更为合理。以目前的网络文化的分布来看，网络文化资源大致有以下几类：网络通信资源、网络广告资源、网络动漫资源、网络游戏资源、网络影视资源、网络文学资源、网络亚文化资源等。

案例 2-13　网络文学如何传承中华文化

网络文学的成就离不开中华优秀传统文化的涵养，优秀的网络文学作品扎根于中华优秀传统文化的土壤中。由此，网络文学在作品的文化意蕴、虚拟世界的想象力、人物形象的精气神、作品的类型风格等方面，表现出鲜明的中华文化立场和审美风范。那些优秀网络作家善于从传统文化中汲取营养，将中华文化的精髓融于精彩的故事中，以艺术的方式传承中华优秀传统文化。

网络小说是以主角为故事中心的。这些主角往往具有传统文化的人格，热爱自由、自立自强、勇往直前、积极有为，表现出儒家担当意识和家国意识。《将夜》（猫腻）中的主角是国家的栋梁，保家卫国，坚守民族大义，为天下苍生不畏艰险，勇于担当。《琅琊榜》（海宴）表达家国大义，讲述正义复仇、步步为营的谋略智慧故事。《紫阳》（风御九秋）弘扬的是诚心、忠义、孝道、仁善、气度，心要稳、志要恒的精神境界。近年来，网络文学的海外传播不断扩大，《盘龙》（我吃西红柿）、《仙逆》（耳根）、《斗破苍穹》（天蚕土豆）等受海外读者欢迎的小说，展现出积极向上、崇尚和平、勇于担当、豁达开朗的人生态度，产生了良好的国际影响。

中华文化博大精深，网络作家们既要坚定文化自信，也需要认清文化的精华与糟粕，要激浊扬清，要对中华文化进行创造性转化，即以现代观念重新观照传统文化。如《木兰无长兄》（祈祷君）向《木兰诗》致敬，以现代女性观念重新讲述这个女扮男装的故事，木兰不只是一个代父出征的女子，而且是一个自立自强的有丰富情感世界的女性。《将夜》中的夫子及其弟子，类似现代的知识分子，保持着精神的独立，又有强烈的家国责任意识。

——节选自周志雄："网络文学如何传承中华文化"，载《光明日报》2020年1月8日，第16版。

拓展阅读

中国传统色

2018 年热播剧《延禧攻略》引发了剧中配色是中国传统色还是莫兰迪色的热烈讨论，2019 年热播剧《长安十二时辰》的美工色彩也引发了热议和好评，社会对于色彩审美的普遍关注是显而易见的。

《延禧政略》以清代乾隆时期为背景，根据乾隆十九年（1754 年）至乾隆四十年（1775 年）织染局档案统计，染物色总计如下：蓝色系有鱼白、玉色、月白、深蓝、宝蓝、石青、红青、元青；黄色系有明黄、金黄、杏黄、柿黄、生沉香、麦黄、葵黄、秋香、酱色、古铜、米色、驼色；绿色系有松绿、深官绿、黄官绿、官绿、瓜皮绿、水绿、砂绿、豆绿；紫色系有藕荷、深藕荷、铁紫、真紫、紫红、青莲；红色系有红色、水红、桃红、大红、鱼红。如此看，这份乾隆色谱实际上并不逊于剧里的戏说。

《长安十二时辰》的故事发生于唐代天宝十三年（754 年），正处于唐玄宗李隆基统治时期。根据文明元年（684 年）唐睿宗李旦颁布的法典，官员三品以上服色为紫，四品深绯，五品浅绯，六品深绿，七品浅绿，八品深青，九品浅青，庶民服黄。在奔放发达的盛唐时代，色彩的僭越与严格的服色制度并存，特别是女子的服色，与大唐的昌隆国运相辉映。唐诗里夸饰女子襦裙的词汇比比皆是：红色系有茜裙、荷裙、石榴裙；绿色系有柳花裙、绿罗裙、翡翠裙；黄色系有缃裙、郁金裙。五彩斑斓的大唐静静地躺在历史深处，等待我们去探寻，去打捞。

——节选自郭浩、李健明：《中国传统色——故宫里的色彩美学》，
中信出版集团 2020 年版。

思考与练习

1. 文化资源的分类对于发展文化产业有什么意义？试着用不同的分类标准对一种文化资源进行分类，理解不同分类标准的意义。

2. 文化资源按照主题进行分类会出现明显的交叉性，说明文化资源具

有什么特点？

3. 随着互联网的普及，网络文化资源越来越丰富，试着对网络文化资源进行分类，并分析不同类型的网络文化资源的特征。

4. 列举家乡的民俗文化资源，并说一说其珍贵的价值。

参考文献

［1］Wen-jing Fan，"Research on the Industrialization Inheritance of Intangible Cultural Heritage in Guizhou：A Case Study of Ethnic Songs，Dances and Operas"，*Advances in Social Science，Education and Humanities Research*，2020，pp：291-294.

［2］昌隽如：《文化创意产业研究》，天津科学技术出版社 2017 年版。

［3］高占祥主编：《中国民族节日大全》，知识出版社 1993 年版。

［4］郭浩、李健明：《中国传统色——故宫里的色彩美学》，中信出版集团 2020 年版。

［5］康乃、吴云编著：《民俗》，中国旅游出版社 2015 年版。

［6］李力：《中国文物》，五洲传播出版社 2004 年版。

［7］李树榕："怎样为文化资源分类"，载《内蒙古大学艺术学院学报》2014 年第 3 期。

［8］楼庆西：《中国园林》，五洲传播出版社 2003 年版。

［9］孙和平等：《四川红色文化资源开发与利用研究》，四川大学出版社 2010 年版。

［10］汪曾祺：《人间有味》，北京时代华文书局 2017 年版。

［11］王岩编著：《北京的遗址墓葬》，北京出版社 2018 年版。

［12］翁旭青：《文化创意产业与地区经济发展——以杭州市为例》，中国时代经济出版社 2019 年版。

［13］吴春华："网络文化产业发展趋势研判"，载《人民论坛》2018 年第 29 期。

［14］张妙弟主编：《中国国家地理百科全书·山东、安徽、江西》，北京联合出版公司 2016 年版。

［15］周志雄："网络文学如何传承中华文化"，载《光明日报》2020 年 1 月 8 日，第 16 版。

［16］朱宁虹主编：《中华民俗风情博览：礼仪生活》，中国物资出版社 2005 年版。

［17］朱瑞文等："从丧葬礼俗的演变看中国儒家文化的转型—以曲阜地区为例"，载《新西部》2018 年第 8 期。

第三章　文化资源形成及价值属性

学习目标：

1. 理解文化生产力的构成要素，并归纳其对文化资源价值形成的决定作用；

2. 理解文化资源价值的生产和积累的原理；

3. 解释文化资源转化为生产力要素的价值体现与转化原理；

4. 理解文化资源价值的特征；

5. 概括文化资源在社会经济发展中的作用；

6. 理解科技进步对文化资源价值的影响。

第一节　文化资源的要素

文化之所以成为资源有其特定的构成要素，相对于其他资源而言，文化资源具有以下要素特征。

一、文化资源品相要素

品相一般是用来表示收藏品的完好程度。诸如纸币、书法、国画、邮票、书籍等都可以用品相表示其保存的完好程度。文化资源尤其是历史文化资源，不同于一般自然资源、经济资源或者可具象化的任何其他资源，其关键的一点就是文化资源的内生性。外生的资源具有可以界定的清晰轮廊，比如矿产、水、森林、资本、设备等自然资源和经济资源等外生性资源具有清晰的指标和可以量化考察的前提，而内生性的文化资源则需要更为强烈的主观意志加以评价。文化资源的品相要素集中地浓缩了资源的特征和基本属性。一般地，文化资源的品相应包括文化特色、保存状态、知名度、独特性、稀缺性及分布范围等基本属性。

二、文化资源效用要素

大多数的文化资源虽然还算不上是文化产品，还称不上文化产业的成果，但是效用无疑是文化资源得以流传和发展的重要因素。文化资源效用大致包括社会效用、经济效用、民间风俗礼仪、公众道德、资源消费人群以及资源市场规模等方面。

值得考虑的是，文化资源的效用不同于经济资源或者其他直接用于人们生活和生存方面的资源，它具有强烈的可替代性和地域差异。这实际上就是丰富多彩的文化差异形成的关键因素。

在人类历史的长期发展中，资源的效用成为文化资源不同于经济资源而久久传承的动力。中国的书法艺术、剪纸艺术、民间戏曲艺术、风俗礼仪等，就从多方面满足了人们表达情感、信仰、生活态度的需求，从而逐渐固化成为人们所说的文化资源。

三、文化资源的发展预期

文化资源作为文化产业发展的核心要素，产业化的开发是其重中之重。这种发展关系到资源属地的经济发展水平、交通运输便利度、生活服务能力、商务服务能力等，也就构成了资源的整体发展环境。

金元浦先生指出，我们应该明明白白地主张文化的市场化和商业化。文化之所以可能在一定程度上商业化，是由于随着生产的发展和丰裕社会的到来，文化成了公众生活中的普遍需求和主要消费方向，并因而成为经济发展的巨大推动力。反过来，以复制技术和商业传播为基本内涵的文化产业，不仅为了自身的利润动机而渗透到了文化的原创环节，推动文化发展，也成了普遍落实公民文化权益的现实手段。

四、文化资源的传承能力

文化资源的传承能力主要是指资源规模、资源综合竞争力、资源成熟度、资源环境等。一般讲，发展规模大、传播范围广的文化资源具有较强的传承能力。京剧的资源规模就明显地大于许多地方剧种，因此发展规模决定了其传承能力强于许多地方戏。资源的综合竞争力则是指资源在产品、地域、人群、发展、竞争对手等方面集中表现出来的强于同类资源的竞争优势，这种优势从竞争的角度看，实际上就是竞争力。成熟的资源具有更好的发展空间和发展潜力，也更容易形成良好、健康的传承机制，同时对资源的环境也具有很大影响。

第二节　文化资源的形成

一、文化生产与再生产

（一）文化资源与文化生产力的关系

文化资源是精神产品，精神内容是脑力劳动的产物。文化生产是脑力劳动和体力劳动的结合，是人类凭借一定物质劳动工具，运用一定技术进行精神产品生产的过程。一定时期人类社会文化生产活动形成了特定时期的精神产品的产量规模和质量水平，这些精神产品的流通、消费、存储、收藏，使得精神内容得以被消费、传播、认识和积累，并逐步转化形成文化资源。因此，文化资源是人类社会文化生产活动的产出成果。文化资源的形成和文化资源的价值，是由一定历史时期的文化生产力决定的。

文化生产力是人类社会生产力的重要组成部分。但是人们对于文化生产力的认识，却经历了一个长期的过程。文化生产水平是由不同时期文化生产力决定的，是人类运用特定物质手段进行精神产品生产的过程。文化生产是指精神生产者以文化资源和物质资源为投入，运用特定精神劳动技能和特定劳动工具，对劳动对象进行改造，最终生产出文化产品的过程，是社会生产力的组成部分。

通常，我们将社会生产力定义为人类改造自然的能力。某一时期的生产力水平由构成生产力的要素决定，构成生产力的三个主要要素为劳动者、劳动资料和劳动对象。下面我们从生产力三要素来分析文化生产力的要素构成特点。

（二）文化生产力的构成要素

文化，有广义和狭义之分。在讨论文化资源时，此书采取的是狭义的文化概念，包括宗教、信仰、风俗习惯、学术思想、文学艺术、各种制度等。文化的生产，是指人类在宗教、信仰、风俗习惯、学术思想、文学艺术、各种制度等方面的创造和创新过程。这些文化生产的精神成果，通过精神内容与一定科学技术和物质载体的结合而呈现、传播和传承。因此，文化生产过程，实质上是人的精神活动的物化过程。所谓精神的物化过程，是指人们对在物质生产和社会实践中形成的知识、思想、观念、习俗、心理、情绪等进行创造加工，通过一定物质形态固定下来，便于复制、传播，以满足人们的精神需求和智力需求的过程。

例如，各类文学艺术作品是典型的准精神产品，这些精神产品必须通过与特定物质载体结合，形成图书、美术作品、音乐表演节目、设计产品、影视剧等具体的产品形式，才得以被传播和被人们观赏，并形成著作权等文化产权资源。

再如，风俗习惯、制度、宗教等，都是起源于人类的物质生产活动，并在长期发展中逐步分离出来。随着物质生产的发展，远古的人类精神活动得以发展，开始创造神话和歌谣以记载、解释自然和社会，并将之映射到器物生产，产生了岩画、骨笛、陶瓷、木器、原始祭祀和狩猎歌舞、图腾、原始宗教仪式等方面的艺术样式，逐渐形成了人类的精神产品的生产和传承，这是文化资源得以形成发展的基本条件。

文化生产力反映了文化生产中生产精神产品的劳动者与精神内容和物质材料等对象之间的关系，由文化生产中的生产精神产品的劳动者、文化生产所必需的劳动资料和文化生产的劳动对象三个要素决定。

文化生产的劳动者是具有特定知识和能力的劳动者，我们称之为脑力劳动者或者知识生产者，他们身上具有特殊的、异质性的劳动能力，这种能力需要经过长期学习和训练加以积累和养成，使他们能够从事特定的精神产品的创作和生产活动。这些劳动者身上具有的知识生产的能力，不同于一般的、同质化的体力劳动，我们通常又称之为人力资本。

例如，一个作家是专门从事文学写作的知识工作者，这位作家的写作技能，来自其长期的写作实践、社会体验和文学方面的学习与训练。同样，画家、音乐作曲家、设计师、电影导演等各类文化艺术生产者，都是经过长期学习和艺术实践，具备特定艺术创作技能和知识，从事专业的精神产品生产与创作的脑力劳动者。

文化生产的劳动资料是文化生产过程中所使用的劳动工具和技术。例如，以前作家借助的外部物质工具是笔和纸张，后来是打字机，现在是电脑和网络。当然在写作过程中，作家可能还需要借助图书馆和网络图书资源库等获取知识信息。如果他是一个影视剧的文学编剧，他还要借助大量的影视剧资料和影像工具来进行写作。文化生产中的劳动对象是指精神产品生产过程中被加工的东西，包括人类已经生产出的精神内容，劳动者从以往的文化生产和社会体验中获得的经历和知识，以及直接从自然界中获得的物质资料、经过劳动加工而创造出来的原材料等。例如，一个画家从事美术创作，所使用的劳动工具是绘画工具，他加工的对象是绘画颜料或者笔墨，这是文化生产过程中可见的劳动资料。但是在绘画过程中，作家的精神世界中不断加工的劳动对象还有其精神体验、构图、光和色彩等精神内容。真正决定一幅画作高度的，不是那些颜料的物理价值，而是画家脑中的精神内容。

（三）文化生产力是文化资源价值的决定因素

由于社会生产力发展，经济发展水平不断提升，文化生产力在人类社会经济与社会文化生活中的作用日趋凸显，人们对文化生产的认识也不断深化。文化生产力的发展水平，直接决定了精神产品的生产规模和产出水平，也直接决定了文化资源价值形成的结果和价值开发的途径。

1. 文化生产力是文化资源价值形成的原因

文化生产力中劳动者、劳动资料和劳动对象三要素是决定文化资源形成的关键因素。某一时期文化生产力发展水平直接决定了精神产品的生产方式，决定了文化资源形成的方式和速度。

首先，从事精神产品生产的劳动者的技能和知识创造能力，决定了精神内容的生产质量和规模，而精神内容是文化资源形成过程中的关键要素。

其次，劳动工具和文化生产中所凭借的劳动资料，是决定精神内容和物质载体结合程度和方式的关键要素。文化生产者通过自身掌握的技艺，使用劳动工具对劳动对象进行加工，使得精神内容与特定的物质载体结合，精神内容才能呈现出来。这些精神内容在转化为文化资源的过程中，也需要相应的材料和方法，使得这些精神内容能够被物化，并以精神产品的形式固化，才能积累和存续，转化为文化资源。

最后，文化生产的劳动对象中除了被加工的物质材料外，更为重要的是被加工的精神内容，诸如创作者的经验和知识，以及历史传承下来的精神内容等。利用这些劳动对象进行创作和改造形成的精神劳动成果，决定了文化资源中精神内容聚集和发展的水平。

因此，文化资源形成的主要动力，来自文化生产力的三个要素的不断提高与进步。随着文化生产力的发展，人的创造性不断得到解放，也带动生产技术不断进步，生产条件不断改善，生产技能不断提高，从而形成文化资源积累和规模不断扩大。

例如，纸张和印刷术的发明推动了文化发展，大大地提高了文学、宗教、社科哲学研究等文化资源形成与积累的规模和速度，而进入 20 世纪 90 年代以后，互联网的出现，互联网的视频、音频、图书等知识资源的存储、积累和创造的速度更加以几何级数的速度增长，人类所创造的精神内容不断以新的方式形成新的文化资源。再如，各国的博物馆、图书馆都已经将原本非常难以保存、濒临毁坏的纸质文化资源数字化，形成数字化的资源库；各类音乐、图像、视频得以通过数字化的方式通过互联网形成新的虚拟数字文化资源。

2. 文化生产力水平决定文化资源价值的开发水平

一定时期的文化生产力，取决于特定时期文化艺术发展水平、社会制度、文化生产组织水平、科学技术水平和文化生产者的素质。人类文化艺术生产受到这些条件的影响，形成了特定时期的文化生产力水平，并创造出该时期的精神内容，文化生产活动制造出的精神产品，是物化的精神内容。这些精神产品能够被人们所喜爱、消费、传播、保存，从而能够满足人们文化精神消费的需要。一方面，一定时期的精神产品的生产，是为了满足人们的精神文化需求；另一方面，文化资源是物化的精神内容长期积累而成，可以作为生产投入要素，具备利用开发以满足人们的精神文化需求的特质。

例如，随着经济发展水平不断提高，人们在满足基本物质需要后，越来越多的人热衷于旅行和观光，大量的历史人文景观成为旅游热点地区。一些原本安静、冷僻的古镇和老街，一下子热闹起来。近年来，各地兴起文化旅游热，古城、古镇、老街、名人故居、历史传说，这些在以前不被重视的资源如今成为各地争相开发的热点，有时为了一个文化名人和文化传说的归属地，多个地方政府争执不下。

不仅如此，一些历史名著、武侠经典和历史传说等文学资源，被不断地、多次改编成影视动画产品，有的正说、有的戏说、还有的续编。

凡此种种，不但证明了文化资源具有巨大的经济利用价值，也说明了当前人们可以运用更多的技术、更多的创意、更多的途径对文化资源进行开发利用。文化生产力不但决定了文化资源的形成，而且决定了对文化资源价值开发的能力。随着社会经济的发展和科技进步，文化生产力水平不断提高，文化产业成为新兴产业和支柱产业，产生了创意设计、影视动画、网络文化等新的文化生产方式，著作权、商标权和专利权等精神权利成为新的文化资源，可以作为生产要素，产生巨大的经济价值。

但是，我们也应看到，文化生产力并不是仅仅由物质生产技术条件和物质资源所决定。如上所述，文化生产力最重要的因素是劳动者，从事精神产品生产的劳动者所具有的见识、技能和思想境界，是决定文化生产的产出质量的关键因素。如果文化生产的组织者和主要策划执行者不具备相应的境界、见识和技能，那么即使他拥有再好的劳动工具、技术方法和物质材料，也无法对文化资源进行最佳的、最合理科学的利用和开发，甚至还会对文化资源造成毁灭性的破坏。例如，曾经火热的红色题材电视剧，以及一些以古典名著和重要历史人物或事件为题材的影视剧，由于主创者思想境界和艺术造诣不高，创作的作品不但达不到较高的水平，有的甚至靠歪曲历史和胡编乱造去搞噱头，这对文化资源是极大的损害。

二、文化资源形成的基本条件

文化资源是精神产品，是文化生产力所创造的精神内容与有形载体的结合。因此文化资源是文化生产力的物化。但并不是所有的精神产品都可以成为文化资源。人类所创造的精神产品在供人们消费和欣赏的过程中，有很多精神产品并不被人们所记忆和保存，逐步被人们遗忘，精神产品逐步消亡，精神内容逐步流失。

例如，我国每年生产将近 15 000 部的电视剧，将近 5000 部的电影，但是最终能够走上荧屏播出的电视剧也就不到 6000 部，进入电影院的电影也就几百部。很多影视剧在和观众见面前就已经成了垃圾，也就称不上文化资源。即使是播出和放映的影视剧，也有很多很快就被遗忘，真正能够获得很好的票房或者具有较高艺术价值，能够反复播放并具有版权衍生开发价值的影视剧并不多。同样，我们说名人故居和历史文化遗迹，历史上名人经过的地方很多，但并不是他待过的所有居所都可以成为名人故居，历史上发生的历史事件很多，建造的历史建筑也很多，但并不是所有的历史建筑、历史事件发生地都可以成为历史文化名胜资源。在民俗风情演变历史中，出现了很多歌谣和传说，但是很多歌谣和传说并没有流传下来，也有很多歌谣和传说即使流传下来，也不一定就具有代表性和民俗意义，不一定成为民俗文化资源。

因此，文化资源的形成具有其内在的机制和原理。文化资源是那些经过一定时期的积累，具有较高社会认同度，具有较强文化艺术价值，并以一定形式保存和传承的精神产品。很多优秀的文化艺术作品和文化成果，如果不能以较好的方式加以保存和传承，也会因精神内容的消失而消亡。例如一些传统技艺、歌谣因为传承人故去而从此消失，一些名人故居和历史遗迹因为拆除和毁坏而无法挽回。

文化资源的价值形成取决于两个方面：一是文化资源中所包含的精神内容的价值属性，二是这一精神内容与特定物质载体的结合方式。

（一）精神内容的价值属性是文化资源形成的基础

文化资源是精神内容物化的结果。文化资源中精神内容的独特内涵与意义，是决定文化资源价值的主要因素。如上所述，文化资源的主要价值取决于其精神内容的价值。文化资源中的精神内容反映了其所属时期、劳动者素养、审美情趣、经济和技术发展水平等因素的影响。

首先，不同时代的精神内容，代表了不同时代的文化价值观念、社会习俗和意义，以其特有的艺术形式加以表达、记载和传承，形成了不同性质、不同形式的文化资源。例如，不同时期的文学创作，题材、形式和内容都会不相同，具有明显的时代特征。在文学形式上，我国以唐诗、宋词、元曲、明清小说不同的文学形式而著称，这并不是说宋元清三代没有诗，元清没词，而是指该时代文化价值上此种文学资源具有代表意义；再如建筑，各个时代的建筑的风格、形式和结构特征也各有不同。

其次，不同的社会阶层和文化群体创造的艺术内容，审美情趣、形式和内容也不相同，从而形成不同层次的文化资源。例如，我国古代绘画以宫廷皇家赞助的宫廷职业画家为特点形成了院体画，主要迎合帝王宫廷需要，多以花鸟、山水、宫廷生活及宗教内容为题材，作画讲究法度，重视形神兼备，风格华丽细腻；以精英知识阶层带有的文人情趣，以画外流露着文人思想为特点形成了文人画，其特点是不在画里考究艺术的功夫，必须在画外看出文人之感想；而世俗文化和大众文化则形成了剪纸、年画、门画、灶头画、民间壁画等民间画特色。

最后，文化资源中所蕴含的精神内容，其表现形式和艺术风格还与地域有关系，不同地域、不同民族受到其自然因素和社会因素影响，形成不同的文化传统，创造出大量民族文化艺术资源。

总之，文化资源中的精神内容具有特定的时代、地域和阶层等文化意义，决定了该项文化资源的独特性、差异性和稀缺性，只有精神内容得以精神产品的形态稳固存在和积累，这些精神内容就可以长期积累、沉淀、保存，使得其所附着的精神产品具有转化为文化资源的可能性。

（二）精神内容与物质载体结合的方式是文化资源形成的必要条件

如上所述，精神内容需要以精神产品的方式，稳定地、持续地积累和存续，才能转化为文化资源。因为精神内容的表达、记载和传承需要与特定的物质载体结合，所以某一形式的精神产品，必须将精神内容与特定的物质载体以某种方式结合，使得精神内容得以呈现，可以被传播，并最终被保存和存续。精神内容和物质载体结合的方式是文化资源形式的必要条件。

精神内容与物质载体结合的方式，取决于一定时期的技术条件、物质材料、劳动者的观念意识，以及相关制度、法律等社会条件。例如夏商周时期，礼制是社会最重要的制度，青铜器作为重要的礼器，承载着当时祭祀、供奉的政治和宗教功能。在现在看来，这些文物资源不但反映了当时的社会制度，同时也是精美的艺术品，其造型、工艺和铭文等都具有极高的研究价值。

第三节　文化资源的价值属性及其特征

一、文化资源的价值

价值是指客体的存在、作用及变化对于主体的某种需要的满足。简单地说，价值就是有用性。自然资源有经济价值，文化资源同样有其价值表现。文化资源作为人类创造的物质文化、制度文化和精神文化的总和，不仅具有独特的科学价值、艺术价值，从资源对发展的有用性出发，它更具有经济价值。自然资源是天然的，而文化资源却是人为的，是人类从最早的文明逐步积累起来的。文化资源和自然资源一样，有很多是属于不可再生的，一旦被破坏，就永远无可挽回。

（一）文化资源的文化价值

文化资源的文化价值是其最显著的价值本体。文化价值作为文化资源的核心和本质，它体现了文化资源的社会性和人类活动赋予资源的深厚价值取向。一方面，有些文化资源本身就是文化，如非物质文化遗产就是鲜活的文化，具有原生态的文化基因，通过它人们可以认识一些民族独具特色的历史文化发展轨迹，了解这些民族本身的文化内涵。另一方面，一些纯粹的自然景观，有时因为人为的文化定义，也可能成为文化资源或者文化景观。

（二）文化资源的时间价值

分析文化资源的时间价值必须考虑以下几个因素。

1. 文化资源形成的历史久远性

一般历史年代久远的文化资源，其时间价值要高于年代较短的资源。

时间是检验文化资源生命力是否旺盛的重要尺度，是检验文化资源是否具有强大传承能力的试金石。从实践的角度看，一件东周列国时期的文物，其价值显然要高出隋唐以后的文物价值。因此，时间是文化资源评价与考察的一个重要指标。周口店北京人遗址、甘肃敦煌莫高窟、长城、秦兵马俑等世界文化遗产都体现了时间价值的重要性。这些文化资源的形成和成熟年代均处于我国历史的早期阶段，并具有较强的传承能力。

文化是人类劳动和思想意识的积淀，长期的劳动和思考凝结在这些巨大的文化载体上，就形成了今天的文化资源。越是久远的文化资源，其中蕴含的人类的文化因素越多，也就越具有高贵的价值。

2. 文化资源的稀缺性

物以稀为贵，因此稀缺的文化资源具有较高的可度量价值。一些文化资源由于时间久远，逐渐衰微，逐渐成为稀缺资源，也就因此具有了更加昂贵的度量价值，古代文物的价值就是如此界定的。对资源稀缺性的度量是相对的，目前还难以拿出一个很理想的稀缺性参数来客观地评价和衡量它的价值。比较可行的方法是比较这些资源的稀缺程度，并利用非参数的方法来进行资源的比较评价。

3. 文化资源生成年代的社会经济发展水平

一般文化资源的形成受到当时社会经济文化发展和政治稳定的极大影响，康乾盛世形成的文化资源就比较丰富，至今人们都可以在民间的许多地方看到当时流传下来的一些物件和钱币等。这就是说，只有发达的文化和社会经济状态，才有可能孕育和衍生具有丰富内涵的文化资源，也才可能形成文化资源历经朝代更替的传承。盛世的文化更能够体现出发达的社会经济对文化的滋养和贡献。

（三）文化资源的消费价值

消费性作为文化资源的重要特征，其不同于一般的物质消费，文化资源具有物质消费不可替代的功能取向。如一个人的人生观、价值观、社会观的体现更多地依托于文化产品的消费。近年来，随着我国全面建设小康社会的步伐加快，文化资源消费已成为推动经济发展的重要力量，文化资源消费成为国民消费增长最快的领域。例如，近年来我国国内旅游人数大幅增长，古代建筑、传统民间工艺、个人收藏等领域的消费能力显著攀升，这也表明了文化消费的蓬勃发展势头。

（四）文化资源的研究价值

文化资源作为人类发展过程中所创造的物质文化、社会文化和精神文化遗产，其自身就包含科学研究价值。文化资源作为历史的产物，是对历史上不同时期生产力发展状况、科学技术发展程度、人类创造能力和认识水平的保留和反映，是后人获取科技信息的源泉。它为人类进行科学研究、考古等历史研究提供了重要的依据。科学家通过对一些文化资源的研究可以了解世界，探知人类社会发展的历史与未来。拿非物质文化遗产来说，它经过历史的洗礼与沉淀传承又相对完整地被保留下来，为考古学家、历史学家、民俗学家、剧作家提供了考察研究的范本。

案例 3-1　错金云纹博山炉

博山炉又叫博山香炉、博山熏炉等，是中国汉、晋时期常见的焚香用器具，相传是西汉中期爱好道教的武帝亲自发明并命人制作的。常见的有青铜和陶瓷质地的。博山炉的造型其实是在"豆"的基础上发展而来。豆为陶器和青铜器的一种器形，高足，圆腹。博山炉只是在豆的基础上加上一个山形的盖。这个盖高而尖，其上被雕刻成层峦叠嶂的形式，层峦叠嶂间还雕有飞禽走兽，据说博山炉盖取这种山林的形式是为了表现传说中的道教仙山"博山"。

博山炉盖上有小孔，隐藏在山峰间的低洼处。博山炉使用时香料在炉内燃烧，缕缕香烟会通过盖上的小孔飘散四方，馨香扑鼻之余，"博山"上烟雾缭绕，更增添了传说中仙境一般的奇妙氛围。

这件错金云纹博山炉于 1968 年在河北满城陵山中山靖王刘胜墓出土，现藏于河北博物院。错金云纹博山炉造型稳重大方，通体以错金工艺装饰有流畅卷曲的云纹，即使历经数千年，这些金丝云纹依然熠熠生辉。其主人是汉武帝之兄中山靖王刘胜。刘胜是个有才气、有韬略的人，但他安心为王又无意皇位，把毕生大部分时间花在酒色享乐中，所以深得汉武帝的喜爱。其墓葬中出土了大量精美的文物，奢华至极。从这件错金云纹博山炉以及其他一些出土文物身上可见刘胜声色犬马的一生。

——节选自中青雄狮编著：《最美的中国古典艺术》，
中国青年出版社 2016 年版。

（五）文化资源的历史价值

文化资源从某一地区、某一民族深厚的传统文化、悠久的历史发展过程中，历经岁月沧桑，保存、流传下来，从而成为反映历史传统和文化变迁的载体。如古代建筑、非物质文化遗产等，它们历史悠久，本身承载着丰富的历史价值，是历史留给人类的精神财富。很多文化资源都远离都市，在相对闭塞的环境中得以比较完整地保留到现在，供人类参观和研究，如一些民俗民风、宗教信仰、节庆庙会等。这些文化资源为地方史、社会史、经济史、文化史等的研究提供了完整详细的资料，对于了解研究人类社会发展变迁的轨迹具有重要的参考价值。同时，还有很多文化资源被开发，通过旅游等形式使更多的人动态地了解文化、认识历史。

（六）文化资源的美学价值

文化资源经历史的选择传承至今依然保存较好，而且又各具特色，韵味不尽相同，都是源于其本身所体现和传承着人类对美的追求。如民族工艺品、民族表演艺术、民族服饰等，它们是历史上不同时代、不同民族人民劳动和智慧的结晶，展现着各民族的生活风貌、艺术创造力和审美情趣。历史对物的选择大都遵循"取其精华，去其糟粕"的规律，这些包含艺术价值、美学价值的文化资源当然不会被历史遗弃，而是通过这样或那样的方式展现在人类的各个历史时期，供人类观赏愉悦。比如陕西西府（宝鸡）地区的民间艺术工艺——彩绘泥塑作品，以其浓郁的乡土气息、大红大绿的色彩、舒畅淋漓的线条、浪漫神奇的纹饰给人以强烈的美感。他们所塑的十二生肖，形象生动逼真、制作变形夸张，给人以美的享受。又如我国传统的剪纸艺术、皮影、木板年画、石雕、青铜器复制品等，都具有观赏愉悦的审美价值。这些物品给人的美感不仅体现在形式上，而且体现在其内涵上，其作品反映的对象都是生活中的事物，不仅表现了当地淳朴的民俗民情，而且融入了创作人的思想情感和善恶的判断；既反映了人类对大自然和美好生活的热爱，也表现了对真善美的追求。就窗花来说，以象征、谐音等剪纸手法，充分调动各种民间工艺美术语言，使一幅幅小小的窗花在装扮生活的同时，寓进了安宁（鹌鹑）、祥和（鹤）、喜庆（磬）等美好愿望，使方寸之中的一张彩纸，融进了整个大千世界。

（七）文化资源的经济价值

文化与经济有着千丝万缕的联系，在新的历史条件下，文化是经济发展的重要媒介。许多地区利用当地特有的文化资源发展旅游业，变文化资源为经济资源，产生经济价值。我国有许多经典的红色文化资源，如革命老区，它们大多位于地势险峻、风景优美、生态宜人的山区。把红色文化与生态文化结合起来，寓思想道德教育于文化娱乐、观光旅游之中，二者相映生辉、相得益彰，既有利于传播先进文化，又有利于把红色经典文化资源转变为经济资源，推动当地的经济发展。又如非物质文化遗产，由于其具有原生态的文化特征，所以蕴涵着巨大的经济价值。通过对民间艺术真实的展演、对民俗文化的旅游开发，不断提高当地的知名度；与此同时，对传统工艺品进行重新设计包装成旅游商品，向游客展示推售也可对当地产生巨大的经济效益，从而拉动经济增长。

二、文化资源价值的特征

（一）文化资源价值的潜在性

文化资源价值的潜在性与文化的存在形式有关。价值计算的前提是对象化和具体化。物质产品，例如一支笔、一斤粮、一匹布，可以对象化，有明确的单价，价值计算比较容易。在庞大的文化体系中，只有一部分可以对象化，意识文化中的绘画、音乐、诗歌、小说等，可以对象化；物质文化中的建筑、园林、服饰等也可以对象化；纯意识文化、理论意识文化、制度文化等很难对象化。无法对象化的文化资源很难度量，然而它的巨大影响是客观存在的。优秀的文化具有强烈的冲击力、震撼力和感召力，能够升华思想，激扬精神，醇化道德，陶冶灵魂。正如有人所言优秀的文化，"犹如天空中的氧气，自然界的春雨，不可或缺却视之无形，飘飘洒洒，润物无声"。

（二）文化资源价值的滞后性

大多数文化产品的功能是在审美过程中释放的，是持久的。优秀的文化产品可以满足人们世世代代的需求，是全人类的共同财富，例如历经千年的唐诗仍在焕发灿烂的光辉。文化产品功能的持久性是文化资源价值滞后性的基础，关于文化资源价值的滞后性可以从以下三个方面进行分析。

1. 供需规律与古董效应

物以稀为贵。大部分文化产品，如绘画、雕塑、古建等，是不可再生的。这类文化产品经历一定年代后通常称作古董，其价值往往超常增加。真古董，一只明朝瓷瓶，价在几十万元。复制品叫假古董。假古董，一只仿明瓷瓶，几十元没有人要。少量错版邮票、错版纸币市价陡增，原因是物以稀为贵。当前出现拆毁真古建，修建假古建的现象。他们不知道假古建的价值远远抵不上真古建。以假代真，以假乱真，是倒行逆施的行为。有些文化产品是可遇不可求，开出天价、踏破铁鞋也找不到。

2. 认识过程

"白鹭立雪，愚者看鹭，聪者观雪，智者见白。"我国台湾地区诗人林清玄禅诗中说，不同文化素养的人群对同一个文化产品有不同的感受，人们对文化资源也有一个逐步认识的过程。不少文学家、艺术家，如曹雪芹、梵高等，生前穷困潦倒，死后作品价值连城。梵高生前只卖出过一幅画。1890年6月梵高创作《加歇医生像》时写道："人们也许会长久地凝视它们，甚至在100年后带着渴念追忆它们。"然而这个事情就是这么巧合，1990年5月15日纽约克里斯蒂拍卖行在3分钟内以8250万美元的价格拍卖给了日本第二大造纸商Ryoei Saito先生，正好被梵高的话预言中了。所以这幅画，不仅仅是因为画作的出色、大师的名气，还有带了那么一点点的神秘色彩。

3. 消费高层次化

对文化的需求程度是文明走向的重要标志。随着社会发展，人们的高层次消费需求增加，文化资源的价值逐渐被释放出来。人们追求真、善、美，科学求真，道德求善，艺术求美。真、善、美的基础是科学、道德和艺术，是文化。体验经济是对消费高层次化的注释，美国未来学家托夫勒在马来西亚看到一栋房子外面有许多人排队，导游说是进去看雪景。托夫勒认为这就是体验经济，马来西亚在热带，人们没有见过雪，愿意花钱体验雪景。他用喝咖啡说明体验经济概念。同样一杯咖啡，在市场上买咖啡豆自己煮，每杯 5 美分，街头咖啡店每杯 0.5 美元，五星级酒店每杯 5 美元。威尼斯圣马克广场弗里安咖啡店每杯 15 美元，因为那里可以体验文化古城壮丽景色。体验经济要强化对顾客感观的享受，要引起顾客的惊喜。高品位的文化资源有独具性，有新鲜感，最值得回味，最值得体验。进入体验经济阶段，文化资源的价值可以充分展现心理学家马斯洛（A. Maslov）提出的需求层次概念，他将人们的需求分成五个层次，其中较低层次是物质需求，较高层次是精神需求，文化是精神需求的主要内涵。

（三）文化资源价值的整体性

美学有两条重要原则。（1）调和原则，将相近的东西排列在一起，相近的色彩组合在一起，使人们在协调中感受美。（2）统一原则，将多种要素组合在一起，既不杂乱，又不单调，既活泼，又有序，形成和谐的整体。遵循这两个原则，文化资源的价值轨迹是 1+1 大于 2，违反这两个原则，文化资源的价值轨迹是 1+1 小于 2。历史文化资源具有整体性，它的价值要通过整体反映。历史文化资源整体性有三方面含义：

1. 建设风貌整体性。城市的格局、街坊和居住区格局都有整体性，不是单体建筑可以表达的。

2. 自然背景整体性。历史文化遗迹有特定的自然背景，有河、湖、山、丘的衬托，有古木花草的掩映。

3. 社会活动整体性。传统的民俗、宗教活动、文艺歌舞演出能够使文化资源熠熠生辉。

拓展阅读

萧红：找一个自己的房间

人们谈起萧红，好像谈起古人。

或者"才女"——中国文人专为女性划出的区域。这个词隐含了年轻、貌美、柔弱、情感等因素，把有艺术才能的女性制作成了蝴蝶标本，赏人如物，拒绝另一种理解：她们以写作为志业，严肃、孤绝，极其危险。

最迫切感受到这种危险的，应该是萧红那些同为作家的情人们。无论是当面，还是背地里，萧军都常贬低萧红的作品。一次，萧红睡觉时，听到萧军对朋友说："她的散文有什么好呢？"朋友应："结构也不坚实啊。"无须等到后世，当时的左翼文坛大佬鲁迅、胡风等就评论说，萧红的文学成就超越萧军。萧红与端木蕻良一路流亡到南方，端木在客人来访时翻开萧红的手稿，大笑说："这也值得写？"他翻开的是公认写鲁迅最好的文章《回忆鲁迅先生》。

从今天的观点来看，这是两段糟糕的感情。暴力、背叛、弃而不顾，亲密关系中最坏的部分分别上演。但这些对萧红文学才能的轻蔑，特别令人心酸与愤怒。被自己最信任、依赖的人贬抑，又是怎样的倔强自律，才能一直写下去，在个人生活的危机中，在战乱流离中，一直写。人们责怪萧军、端木对萧红的伤害，但他们值得一丝怜悯。和天才相处不易，爱情原本就滋生恨意，加上同行的竞争，他们按住她——这个苍白多病、光芒四射的"第二性"，保护自己可怜的自尊。

所谓天才，在于非常年轻就写出了可以传世的作品——23岁，《生死场》，30岁，《呼兰河传》，70年后人们在阅读萧红，100年、700年后，只要人类没有灭绝、阅读汉语的人没有灭绝，人们还将阅读她。

所谓天才，还在于，从一开始，萧红就表现出了喷薄欲出的个人风格，各种文体直觉地混融，精细的观察、漂亮的比喻，和直扑描写对象的浓郁情感，她和想象中的世界有最近的距离。

"谁规定了小说一定要怎样写呢？"萧红对萧军说。她把自己比作《红楼梦》里的香菱，为诗痴了。她又像香菱的老师林黛玉在说："这（写诗）有什么难的？"无论身体如何柔弱，个人生活是如何悲剧，提及文学，她们自信爽气。

对我来说，萧红是一个令人痛苦的作家。第一次读《生死场》，读到王婆卖马一节，大哭。多年后读到她死在香港时，喉管被切开，身边没有一个人，才 31 岁，又难以置信地泪流满面。她容纳底层的苦难、土地的悲伤，也许所有的痛苦都是相通的。既已无法为逝者分担，去理解她的痛苦与光芒，就是生者最大的道义。

10 年前，我到过黑龙江呼兰县。5 月了春天还没有来，江风浩荡，千里暮云。人们酒喝得厉害，食物味道很重。朋友说，想想祖先们在这么寒冷的地方生存，粗糙就粗糙吧。没有看到街上的大泥坑，倒是路过市集里的喝啤酒大赛，人们围看一个小伙子仰起脖子，啤酒流到他的嘴里像一个小喷泉。仿照小说建起的萧红故居，灰瓦白墙，地砖湿润整洁。院子里有一座萧红的雕像，穿着学生服，手托下巴，一派纯真的"五四"女学生形象。

除了血缘、几乎没有来往的妹妹写文章说，那张萧红叼烟斗的著名照片，是闹着玩的，姐姐根本不会抽烟。事实上萧红不仅会，而且烟瘾很大。有一种说法是，20 岁时怀孕的她被遗弃在哈尔滨旅馆，和妓女、无赖生活在一起，染上了鸦片瘾。如果说写作以黑暗和痛为食物，萧红被毒汁泡过的心，足够她写到 80 岁。她才仅仅吞食了童年。

——节选自郭玉洁：《众声》，人民大学出版社 2016 年版。

思考与练习

1. 为什么说文化生产力决定了文化资源的形成？

2. 文化生产力的构成要素有哪些？请对这些要素加以解释。

3. 思考文化资源的价值与文化资源开发之间的关系。

4. 思考文化资源价值的特征对于文化资源的保护与开发可能产生哪些影响。

参考文献

［1］陈青、王福生主编：《甘肃省文化资源名录》，中国书籍出版社 2017 年版。

［2］郭玉洁：《众声》，人民文学出版社 2016 年版。

［3］贾磊磊：《文化产业与文化软实力》，湖南大学出版社 2015 年版。

［4］李彦冰："北京西山红色文化的政治价值"，载《前线》2018 年第 2 期。

［5］牛淑萍编著：《文化资源学》，福建人民出版社 2012 年版。

［6］彭岚嘉主编：《西北文化资源大典》，民族出版社 2018 年版。

［7］秦枫编著：《文化资源概论》，中国科学技术大学出版社 2014 年版。

［8］王晨、章玳主编：《文化资源学》，南京大学出版社 2014 年版。

［9］王洪叶编著：《贵州红色文化资源与地域发展研究》，西南交通大学出版社 2015 年版。

［10］山西博物院、山西省考古研究所编，谢尧亭著：《發現霸國：講述大河口墓地考古發掘的故事》，山西人民出版社 2012 年版。

［11］赵尔奎、杨朔编著：《文化资源学》，西安交通大学出版社 2016 年版。

［12］中青雄狮编著：《最美的中国古典艺术》，中国青年出版社 2016 年版。

第四章　文化资源调查与价值评估

学习目标：

1. 掌握文化资源价值的多元属性；

2. 掌握文化资源调查的方法；

3. 掌握文化资源价值评估的基本原则；

4. 掌握文化资源使用价值的定量评估方法；

5. 掌握文化资源非使用价值的评估方法；

6. 理解并掌握文化资源评估指标体系的设计方法。

第一节　文化资源价值的多元性

文化资源是人类精神劳动创造的财富，文化资源不但具有文化价值，而且具有经济价值。然而，文化资源同一般的商品价值不同。普通的商品是为了满足人类社会的需求而被按照一定的市场交换的目的生产出来的。因此，普通商品的价值主要是其能够满足市场需求的使用价值，这一价值的体现，是商品在市场中交换价值，即反映在该商品的市场价格中。

文化资源不同于普通商品，文化资源的价值具有多重属性。一方面，文化资源同其他资源一样具有经济价值；另一方面，文化资源具有其特殊的文化和社会意义，还具有文化价值。因此，文化资源的价值具有多元性。在文化资源的利用过程中，我们不能片面地考虑其经济价值，而忽视文化资源本身的文化价值和社会文化传承意义。当我们进行文化价值的评估时，不但要评估文化资源的经济价值，还应当评估其在人类社会文化发展中所产生的文化社会价值。

一、文化资源的经济价值

文化资源的经济价值，是指文化资源可以作为投入要素，被投入到文化生产中，转化为文化产品，最终创造的价值。文化生产的过程，就是精神劳动作用于物质材料，将精神内容与物质载体结合，创造出文化产品的过程。这一过程中，物质材料只是作为载体的可见部分，而精神劳动作为不可见部分，是对文化资源投入要素的加工和改造的内容。文化资源不但可以作为文化生产的投入要素，也可以作为物质生产的投入要素。文化资源具有广泛的经济用途，可以被投入到物质生产中，对普通的物质产品注入精神内容，从而提升物质产品的价值。这一过程，我们通常称为产业的文化化。例如，随着传统产业市场竞争日益激烈，产品已经由简单的物质功能和质量竞争，转向服务、品牌的竞争，将品牌文化、设计等文化要素注入传统产业，可以塑造企业和产品的品牌形象，大大地提高其在市场中的竞争力。

作为文化资源的内容和载体可以一并作为投入资源，也可以将文化内容分离出来作为投入品。一般来说，文化资源的经济价值，是这种文化资源转化为商品后创造的总价值，减去其中其他投入要素的价值贡献。文化资源中包含的精神内容的价值，是由精神劳动决定的，是文化资源价值的主要部分。由于精神内容可以被复制，而且复制成本极低，甚至为零，所以当这一精神内容成为品牌、设计等元素被植入到产品中，产品因为品牌和设计的元素在市场中便具有了不可替代性和稀缺性，能够维持较高的价格，这样，由于精神内容的注入，就能够为产品带来超额的利润。

二、文化资源的文化价值

文化资源的文化价值是这一资源在社会文化发展和传承上的重要意义和价值。一国一地区的文化资源，无论其是以建筑物、遗址或者文物状态存在的物质性文化资源，还是以民间工艺、传说、音乐舞蹈等非物质形态存在的文化资源，都代表着某一民族和国家地区的人们长期劳动和社会实践的成果，代表的是国家民族文化身份，具有重要的文化价值。从保持文化多样性和民族文化生存发展的角度来看，需要对文化资源进行保护和传承。长期以来，各国都非常重视文化历史遗迹和文物资源的保护，这些历史文化资源并不是仅仅能够满足旅游观光的需要，而是对一国文化保存和传承具有重要意义。通过保存、展示和普及，使得一国和一民族的文化能够被更多的人认识，并延续发展下去。正是因为文化传承和发展的需要，当前，非物质文化遗产也越来越受到重视，然而代表民族民间文化的传统手工艺、仪式传说、歌舞表演、传统戏曲等，因为受到现代文化娱乐和社会变迁的冲击，正面临着生存的危机，其消亡必然会造成民族和国家历史文化记忆的缺失。

三、文化资源的文化研究价值

文化资源还具有极高的文化研究价值，通过对文化资源进行考证和研究，可以形成新的发现和学术研究成果。即使是普通爱好者，也希望对文化资源增加了解和认识。诸如文学名著、各类艺术品、历史遗迹等，不但是学术研究和专业人才教育方面的重要文化资源，而且也是大众文化普及和学习的重要资源。例如，书法技艺和大量存世的历代书法精品，是宝贵的中华传统文化资源，并被列入世界非物质文化遗产名录。研究书法的学者、书法爱好者都希望能有临摹、品鉴传世书法字帖的机会，书法这一文化资源具有非常重要的研究价值。再如，《红楼梦》小说是我国的文学资源，不但产生了专门研究红学的学问，具有较高的研究价值和意义，而且作为经典文学作品，《红楼梦》以图书的形式，被大量地复制和广泛销售，以满足人们文化研究和文化欣赏的需要。

四、文化资源的社会价值

公共文化资源是满足和服务社会大众文化需求的公共设施，这些文化资源在文化建设和发展方面具有重要的意义。例如，图书馆馆藏文化资源、博物馆馆藏文物资源等，具有公共文化属性，起着重要的文化教育和文化普及的功能。特别是很多博物馆、图书馆、美术馆属于国家基础的公共文化部门，其中所收藏的大量文化资源，主要是为社会提供教育、研究和文化普及的公共文化服务。

此外，对于一些文化著作权资源，由于文化内容具有较强的知识性和普及教育的社会意义，即使在强调对知识产权的法律保护的环境下，文化版权资源通过所有者的授权可以产生巨大的经济价值，但是，在世界各国，对用于研究和教育的文化版权资源，都有相关优惠和免费使用的原则。对于超出保护期的文化版权资源，例如，超过保护周期的文学作品可以免费开发和使用。这些措施，就是考虑到了文化资源在文化发展方面的积极作用，以保障这些文化资源能够被正确地、合理地、更好地用于满足文化发展和社会公众的文化需求。

文化资源的文化价值和经济价值关系如何呢？通常文化资源的文化价值越高，其可开发的潜在经济价值也越大。但是，文化资源的文化价值和经济价值并不总是一致。有的文化资源具有较强的文化历史价值、研究价值，但是不一定具备经济价值，我们也要对其加强保护。例如，我国现存的大量传统戏曲，它们都是非物质文化遗产，由于这些文化资源所面向的市场观众群体不断缩小，艺人难以掌握而且掌握这些非物质文化资源相关内容、诀窍和技巧的艺人也日渐衰老，同时，由于市场的萎缩，他们也难以依赖传统的技艺为生，愿意学习的学徒也不多。所以，这类文化资源无法以产业化的方式获取巨大的经济利润。但是，因为这些资源文化价值的重要性要远远大于其经济价值，还需要政府及社会投入对这些文化资源和传承人进行保护的资金。

此外，由于一些文化资源的不可再生性和不可复制性，在对这些文化资源进行开发时，容易因为错误的开发策略或者过度开发，导致资源的耗竭和损失。因此，对这些文化资源首先应当强调保护。例如，在各地文化旅游资源的开发中，存在着过度开发和滥开发的情况。一些风景名胜区，应当以维持其原来风貌和遗迹为主，却为了获取短期经济利益滥造概念，建设很多没有文化价值的人造景观，对原有的文化遗迹和文化景观造成损害。再如，一些地方建设很多质量低劣、设计粗糙的仿古建筑和人造古镇，制造了大量的文化垃圾，浪费了经济资源，也无法创造任何经济效益。

最后，文化资源中所包含的精神内容，往往会带有意识形态的色彩，各国政府都会对文化实施一定程度的管制，并不能一味地为了经济利益的驱动而忽视了意识形态方面的管制。即使在所谓标榜自由的西方国家，也会有色情、暴力、民族主义、恐怖主义、环保主义等方面的文化管制和限制。而且，由于文化资源本身所承载的文化意义，一些文化内容也不能够过于娱乐化和庸俗化，例如对文学作品的改编和历史题材的戏说，变戏说为歪说和胡说，出现了歪曲事实、胡编乱造的现象，这些拙劣的影视作品，不但对原著造成价值损害，而且会错误地引导大众在文化、历史方面的认识。

第二节　文化资源调查

一、文化资源调查的概念、作用及原则

（一）文化资源调查的概念

调查，是人们对事物进行感性认识的方法，它要求人们深入现场进行考察，通过观察、实验、访谈和问卷等方法获取事物的相关信息。所谓文化资源调查，是指在特定区域范围内，在既定时间段，调查者在既定目的驱动下，以科学的理论为指导，运用科学的方法和手段，系统地收集、记录、整理、分析和总结文化资源及其相关因素的信息资料，以确定文化资源的存量状况，并为文化经营管理者提供客观决策依据的活动。

（二）文化资源调查的作用

1. 描述作用

通过文化资源调查，可以了解一个区域文化资源的现存量，摸清情况，掌握文化资源的类型。

2. 诊断作用

通过文化资源调查，可以认清文化资源的价值特征、空间特征、时间特征、经济特征、文化特征、主要功能，以及各种特征形成的原因和环境背景。

3. 预测作用

文化资源调查可以充实和完善文化资源信息资料，为市场预测、决策奠定基础，为寻找新的文化资源、开发新的文化产品、开拓市场提供帮助。

4. 管理作用

重视文化资源调查是文化资源管理部门从传统的经验管理向现代的科学管理转化的重要标志。

（三）文化资源调查的原则

1. 客观性原则

客观性原则要求：第一，要从文化资源所在地具体情况出发；第二，认识文化资源的差别和变化，把握文化资源所处的具体时间、空间和其他条件；第三，充分占有客观材料，分析文化资源的发展形成过程。

2. 科学性原则

科学性原则要求：第一，文化资源调查研究成果要用数据、资料说话，观点、意见、建议等不能凭空臆造；第二，文化资源调查的资料必须有效地证明调查者所要说明的观点；第三，调查结论与调查资料之间要有严密的逻辑性。

3. 系统性原则

系统性原则要求：第一，要注重文化资源的整体性；第二，界定系统的界限应明确清晰；第三，注意系统的内在结构与外在的联系；第四，要注意全过程的层次性和顺序性；第五，要注意系统的自我调节以及与外部环境的平衡适应功能。

二、文化资源调查的设计

调查的总体方案设计是对调查工作各个方面和全部过程的通盘考虑，包括了整个调查工作过程的全部内容。文化资源调查总体方案是否科学、可行，是整个调查成败的关键。调查总体方案设计主要包括下述几方面内容。

（一）确定调查目的

明确调查目的是调查设计的首要问题，只有确定了调查目的，才能确定调查的范围、内容和方法，否则就会列入一些无关紧要的调查项目，或者漏掉一些重要的调查项目，无法满足调查的要求。

（二）确定调查对象和调查单位

明确了调查目的之后，就要确定调查对象和调查单位，这主要是为了解决向谁调查和由谁来具体提供资料的问题。调查对象就是根据调查目的、任务确定调查的范围以及所要调查的总体，它是由某些性质上相同的许多调查单位所组成的。调查单位就是所要调查的社会经济现象总体中的个体，即调查对象中的一个一个具体单位，它是调查中要调查登记的各个调查项目的承担者。例如，为了对某一地区的历史文化资源分布状况进行调查，就需要对该区域文化资源分布情况进行全面调查，那么，该区域所有文化资源就是调查对象，每一个文化资源的保护部门就是调查单位。

（三）确定调查项目

调查项目是指调查单位所要调查的主要内容，确定调查项目就是要明确向被调查者了解些什么问题，调查项目一般就是调查单位的各个标志的名称。例如，在文化消费者调查中，消费者的性别、民族、文化程度、年龄、收入等，其标志可分为品质标志和数量标志。品质标志是说明事物质的特征，不能用数量表示，只能用文字表示，如上例中的性别、民族和文化程度；数量标志表明事物量的特征，它可以用数量来表示，如上例中的年龄和收入。

（四）制定调查提纲和调查表

当调查项目确定后，可将调查项目科学地分类、排列，构成调查提纲或调查表，方便调查登记和汇总。

文化资源的调查提纲应能体现调查者分析问题的方法和逻辑性，简明扼要，思路清晰。一般思路可以是：研究文化资源过去的发展，发展到现在的状况（发展成绩），综合过程要求找出发展中存在的问题。

调查表一般由表头、表体和表脚三个部分组成。

表头包括调查表的名称和调查单位（或填报单位）的名称、性质和隶属关系等。表头上填写的内容一般不作统计分析之用，但它是核实和复查调查单位的依据。

表体包括调查项目、栏号和计量单位等，它是调查表的主要部分。

表脚包括调查者或填报人的签名和调查日期等，其目的是明确责任，一旦发现问题，便于查询。调查表式分单一表和一览表两种。单一表是每张调查表只登记一个调查单位的资料，常在调查项目较多时使用。它的优点是便于分组整理，缺点是每张表都注有调查地点、时间及其他共同事项，造成人力、物力和时间的较大耗费。一览表是一张调查表式可登记多个单位的调查资料，它的优点是当调查项目不多时，应用一览表能使人对相关情况一目了然，还可将调查表中各有关单位的资料相互核对；其缺点是对每个调查单位不能登记更多的项目。

调查表拟定后，为便于正确填表、统一规格，还要附填表说明。其内容包括调查表中各个项目的解释、有关计算方法以及填表时应注意的事项等，填表说明应力求准确、简明扼要、通俗易懂。如表 4-1 所示。

表 4-1 资源调查表样例 文化馆基本情况调查表

填表人： 　　　　　　　　　　　　　　　　填表日期：

文化馆名称：				
馆长姓名：_____ 性别：_____ 年龄：_____ 联系电话：_____				
馆舍情况	是否单独建设			
	馆舍面积（m²）			
	其中：	业务用房（m²）		
		公用（m²）		
		出租（m²）		
		挪用、挤占等（m²）		
人员情况	总人数			
	其中：	业务人员（人）		
		博士以上人数（人）		
		45 岁以上人员（人）		
		30 岁以下人数（人）		
		高级职称（人）		
		中级职称（人）		

人员结构	美术（人）		
	音乐（人）		
	舞蹈（人）		
	戏剧（人）		
	摄影（人）		
	书法（人）		
	文学（人）		
	理论研究（人）		
	其他（人）		
财政拨款（万元）	财政供给体制		
	全年财政拨款	馆内人员经费部分	
		业务活动经费	
		免费开放补助	
馆内专用设备总额（万元）			

（五）确定调查时间和调查工作期限

调查时间是指调查资料所属的时间。如果所要调查的是时期现象，就要明确规定资料所反映的是调查对象从何时起到何时止的资料。如果所要调查的是时点现象，就要明确规定统一的标准调查时点。

调查期限是规定调查工作的开始时间和结束时间。其包括从调查方案设计到提交调查报告的整个工作时间，也包括各个阶段的起始时间，其目的是使调查工作能及时开展、按时完成。

为了提高信息资料的时效性，在可能的情况下，调查期限应适当缩短。

（六）确定调查地点

在调查方案中，还要明确规定调查地点。调查地点与调查单位通常是一致的，但也有不一致的情况，当不一致时，尤有必要规定调查地点。例如，人口普查，规定调查登记常住人口，即人口的常住地点。若登记时不在常住地点或不在本地常住的流动人口，均须明确规定处理办法，以免调查资料出现遗漏和重复。

（七）确定调查方式和方法

在调查方案中，还要规定采用什么组织方式和方法取得调查资料。搜集调查资料的方式有普查、重点调查、典型调查、抽样调查等。具体调查方法有文案法、访问法、观察法和实验法等。在调查时，采用何种方式、方法不是固定和统一的，而是取决于调查对象和调查任务。在市场经济条件下，为准确、及时、全面地取得市场信息，尤其应注意多种调查方式的结合运用。

（八）确定调查资料整理和分析方法

采用实地调查方法搜集的原始资料大多是零散的、不系统的，只能反映事物的表象，无法表达事物的本质和规律性，这就要求对大量原始资料进行加工汇总，使之系统化、条理化。目前这种资料处理工作一般由计算机进行，这在设计中也应予以考虑，包括采用何种操作程序以保证实现必要的运算速度、计算精度及特殊目的。

随着经济理论的发展和计算机的运用，越来越多的现代统计分析手段可供人们在分析时选择，如回归分析、相关分析、聚类分析等。每种分析技术都有其自身的特点和适用性，因此，应根据调查的要求，选择最佳的分析方法并在方案中加以规定。

（九）确定提交报告的方式

需要确定的内容主要包括报告书的形式和份数、报告书的基本内容、报告书中图表量的大小等。

（十）制订调查的组织计划

调查的组织计划，是指为确保实施调查的具体工作计划。主要包括调查的组织领导、调查机构的设置、人员的选择和培训、工作步骤及其善后处理等。必要时候，还必须明确规定调查的组织方式。

三、文化资源调查的方法

想要成功地完成一次调查活动，选择一种良好的方法是最为重要的。

只有正确而便捷的方法，才能得到真实可靠的信息，保证提出观点的正确性和分析问题的深刻性，提升政策研究和决策水平，才能为调查工作带来保质保量的成果，从而达到调查研究的目的。常见的调研方法有以下几种。

（一）典型调查法

典型调查是指从调查对象的总体中选取一个或几个具有代表性的单位，如个人、群体、组织、社区等，进行全面、深入、周密的调查研究。该种调查法较为细致，适用于对新情况、新问题的调研。使用典型调查法时需注意所选的对象要具有代表性，能够集中、有力地体现问题和情况的主要方面。

正确地选择典型对象是进行典型调查的关键。典型对象选得适当，调查的结果可以真实地反映同类事物的一般属性。典型对象选错了，调查的结果就不可能真实地反映同类事物的共性，只会得出错误的结论。典型对象是客观存在的，不是调研者主观选就的。调查者选择典型的过程，是根据调研目的，在调查对象中发现和确定典型的过程。

典型调查的目的不在于认识少数的几个典型，而在于借助少数个体认识它所代表的同类事物的共性。这就要求对个别典型进行深入、全面的直接调查，来认识同类事物的一般属性和规律。

（二）抽样调查法

抽样调查是指从调查对象的总体中抽取一些个人或单位作为样本，通过对样本的调查结果推断出总体情况。抽样调查法较普查法有方便、快捷的优点，适用于调查范围较广但又资源有限的情形。运用抽样调查法时要保证一定的样本数量，注意样本的平均分配，防止以偏概全。与典型调查相比较，抽样调查一般是标准化、结构式的社会调查，它具有综合定性研究和定量研究的功能，因此，抽样调查已成为现代社会调查的主要方式。

抽样调查的调查对象一般要求采取随机抽样的方法确定。随机样本的代表性较少受到抽样者主观因素的影响，其代表性是由随机抽样方法来保证的。因此抽样调查的信度和效度首先依赖于科学的抽样方法。

根据调查任务的具体要求，确定总体的范围，这个范围就是抽样的范围。如果不能明确抽样的具体范围，就不能采取随机抽样的方法进行抽样。

（三）重点调查法

重点调查是通过对重点样本的调查来大致地掌握总体的基本数量情况的调查方式。所谓"重点"，是指总体中那些在某一或某些数量指标上占有较大比重的单位或个体。

重点调查与典型调查一样，它们都不是采取随机抽样的方法确定具体的调查对象，因此，其选择都易受主观因素的影响。但它们调查对象的数量都较少，因此都比较省时、省力、方便易行。两者的差异在于：重点调查的具体对象是重点，而重点不一定要有代表性或典型性，而要求在总体中具有重要地位或在总体的数量总值中占有较大比重，而典型调查的对象则要求其代表性或典型性；另外，重点调查主要是数量认识，而典型调查主要是性质认识。

（四）个案调查法

个案调查有两种情形，一是专项调查，即调查的对象只有一个个体，调查的目的只是为了了解这一个体的状况。二是从某一社会领域中选择一两个调查对象进行深入细致的研究，这种研究的主要目的就是认识所选调查对象的现状和历史，而不要求借此推论同类事物的有关属性。因此，个案调查如需选择具体的调查对象，则并不要求其代表性或典型性，但要求个案本身具有独特性。

（五）问卷调查法

问卷调查是指根据调查内容设计调查问卷，对调查所得数据进行统计分析，最终得出结论。问卷调查法能使调查者更好地把握所需要了解的问题，具有极强的针对性，是使用得最广泛的一种调查法。

案例4-1　北京博物馆夜游需求分析问卷调查

此次北京博物馆夜游需求数据采集分线上和线下两种途径，线下主要集中在故宫博物院、北京自然博物馆、国家博物馆等9个博物馆和西单、国贸、蓝色港湾等人口密集区。调研共收回有效问卷332份。调查内容主要为：受访者对博物馆夜游的了解程度和了解途径；受访者夜游博物馆的时间意愿、支付意愿和产品偏好；限制博物馆夜游的因素等。

受访者年龄以18岁~29岁比例最大，占58.4%，其次为30岁~40岁，比例为26.5%；职业以大学生居多，占36.6%，其次为企事业单位人员，占32.0%；受教育程度普遍偏高，本科（含在读）及以上学历占94.0%；本次调查将在京大学生、在京居住人群均视为本地游客，因此本地游客占80.7%，外地游客占19.3%。基于以上数据，调研反映了生活在北京的年轻群体对博物馆夜间文化旅游的消费需求。

表4-2 样本基本信息

样本基本资料		人数	百分比	样本基本资料		人数	百分比
性别	男	158	47.6	文化程度	高中及以下	20	6.0
	女	174	52.4		本科（含在读）	195	58.7
年龄	18岁以下	8	2.4		硕士	77	23.2
	18岁~29岁	194	58.4		博士	40	12.0
	30岁~40岁	88	26.5	月收入	5000元及以下	117	35.2
	40岁~50岁	27	8.1		5000元~10 000元	97	29.2
	51岁及以上	15	4.5		10 000元~30 000元	82	24.7
职业	大学生	122	36.6		30 000元以上	36	10.8
	企事业单位人员	106	32.0	客源	居京（含大学生）	268	80.7
	政府公务员	48	14.5		非居京	64	19.3
	个体经营者	26	7.8	年夜游次	1~4	16	4.8
	自由职业者	22	6.6		5~10	110	33.1
	其他	8	2.4		11~15	154	46.4
					15以及以上	52	15.7

——节选自范文静："北京博物馆夜游需求分析与发展建议"，

载《可持续发展》2020年第2期。

（六）访谈法

访谈法是指用访问或座谈会的方式获取相关资料和数据的一种深入的、面对面的互动式调研方法。访谈法适用于调查对象数量较少，需专门作深入调研的情况。此方法要求调查人事先作好充足准备，以应对各种可能出现的状况。

（七）普查法

目前，文化资源除了个别类别外，大部分文化资源的开发还处在无序状态，文化资源的管理缺位、错位、越位现象严重，个别地方未经规划审批擅自开发，严重降低甚至破坏了文化资源的价值，特别是一些商业资本进入文化领域对文化资源的开发利用过度追求经济利益。普查法指的是对调查范围内的每个样本进行毫无遗漏的全面调查。文化资源普查，是全面盘清文化资源情况、准确掌握文化资源状况、科学评价文化资源价值、建立分类分级管理制度、明确管理职责的客观需要，是对文化资源进行有效保护、理性挖掘、展示传承和开发利用的基础，是推动文化事业繁荣、文化产业发展的基本前提。

第三节　文化资源价值评估

一、文化资源价值评估的理论基础

文化资源价值评估是指通过一定的方法和指标体系的设计，对文化资源的资源禀赋和市场潜力进行价值评价的过程。在操作层面上，文化资源价值的判断，特别是它的经济价值的评估，涉及资源价值的量化问题，价值量化实际上就是文化资源价值的价格表现。

文化资源的价值评估主要内容包括资源禀赋（文化特色、保存状态、知名度、独特性、稀缺性和分布范围）、资源效用（社会效用、经济效用、风俗效用）、发展预期（消费人群、市场规模、资源属地经济发展水平、交通便利度、服务能力）、传承能力（资源规模、资源综合竞争力、资源成熟度和资源环境）等。

（一）资源价值论

资源价值的界定必须建立在实践的基础上，以客体对主体的效应为理论依据。在社会经济的发展过程中，资源的自然存量与国民经济发展的关联性大体有三种表现：一是资源量的增加快于经济产值的增长；二是资源量与国民经济产值同步增长；三是资源基础不断削弱，经济的发展后劲和基础遭到破坏，开始形成衰退的经济发展趋势。只有在资源量减少到一定程度，以至于资源无法投入再生产，只能依赖其自然更新能力修复，从而导致经济无法保持一定的发展速度的时候，人类才能重新认识到资源的存在价值。由于资源的再生产有其自身独特的规律，充分认识其特点对于我们考察、制订正确的资源价格及其管理办法都具有重要的现实意义。

（二）环境价值论

苏联学者麦德维杰夫在其主编的《政治经济学》中指出："自然资源和人类生态环境的再生产是再生产的一个组成部分，也是经济长期稳定增长的前提。自然界无论怎样富有，它的贮藏也不是无限的，为了无论是当时还是未来不间断地更新生产，都必须不断再生产出自然资源。"人类在运用资源环境的时候，必须以这样或那样的方式进行适当的补偿。环境价值论将社会经济放在生态系统中进行考察，克服了以前只顾向大自然索取，缺乏对自然投入，忽视经济发展对自然依赖关系等传统的价值理论和再生产理论的缺陷。环境价值论突出表现为人文中心环境伦理观，该伦理观以人类为中心，将环境和其他生命有机体看成是与人类均等的内容；环境伦理上的公平或均等，还包括了同代社会成员间（代内）的均等和不同代社会成员间（代际）的均等。环境价值论对于重新认识和估量文化资源的价值具有重要意义。

（三）劳动价值论

劳动价值论是物化在商品中的社会必要劳动量决定商品价值的理论。亚当·斯密在其著作《国民财富的性质和原因之研究》中，最先区分了商品的使用价值和交换价值，首次系统地阐述劳动价值论。马克思在批判地继承了古典政治经济学的劳动价值论的基础上，论述了使用价值和交换价值间存在的对立统一关系，指出价值与使用价值共处于一个商品体内；使用价值是商品的自然属性，由具体劳动创造；价值是商品的社会属性，由抽象劳动创造。"物的有用性使物成为使用价值"，价值"只是无差别的人类劳动的单纯凝结"，价值是"抽象人类劳动的体现或物化"，"这些物现在只是表示，在它们的生产上耗费了人类劳动力，积累了人类劳动，这些物，作为它们共有的这个社会实体的结晶，就是价值即商品的价值"。

（四）边际效用价值论

边际效用价值论又称主观价值论，是现代西方价值理论中最主要的流派。边际效用价值论认为，商品的价值指标是人对商品的心理感受，价值取决于人的欲望以及人对物品的估价，而人的欲望和估价会随着物品数量的变动而变化，随着欲望不断被满足而递减。如果供给无限则欲望可能减至零甚至产生负效用，即达到饱和甚至厌恶的状态，此后物品的价值即效用会随供给继续增加而减少甚至消失。边际效用价值论认为"效用"是价值的源泉，但效用必须与"稀缺性"结合，才构成价值形成的充分条件。因为物品只有在相对于人的欲望来说是稀缺的时候，才构成人的福利甚至生命的不可缺少的条件。总体看来，边际效用价值论强调需求因素和心理作用，认为一种商品的边际效用和价值，取决于消费者或购买者的主观评价，价值纯粹是一种主观心理现象，"价值就是经济人对于物品所具有的效用所下的判断"，而市场价格则是在竞争条件下，买卖双方对物品价值的主观评价彼此均衡的结果。

（五）均衡价值论

均衡价值论是新古典学派创始人阿弗里德·马歇尔的价值理论，是马歇尔经济学说的核心和基础。马歇尔在《经济学原理》一书中提出并以大量篇幅阐明均衡价值论。马歇尔认为，价值是由生产费用论和边际效用论两个原理共同构成的。一方面，商品的边际效用可以用买主愿意支付的货币数量即价格加以衡量；另一方面，他还研究了生产费用是如何转化为供给价格的，即商品的供给价格等于其生产要素的价格。当供求均衡时，所生产的商品量叫均衡产量，商品售价叫均衡价格。

二、文化资源价值评估的作用

不论是从政府与公民的角度，还是从文化资源评估的目的、用途、意义或作用的角度，都涉及这样的问题——什么时间、为什么要对文化资源进行评估？

在什么情况下需要对文化资源进行评估？主要考虑四个方面的条件：

1. 文化资源管理过程的需要。为了有效地认识文化资源管理的过程，了解相关信息、需要对文化资源的管理对象进行一定的价值判断。

2. 文化资源保护的需要。对文化资源采取什么形式的保护，需要对文化资源的情况进行全面的认知。

3. 文化资源开发的需要。任何文化资源开发的活动都需要相应的投入与产出，并且要顾及文化产业发展的实际效果。对文化资源进行开发可能会投入可观的资金，会有风险，这就需要对文化资源的价值进行评估以判断开发的成效，从而决定如何对文化资源进行开发。

4. 发展文化产业的需要。发展文化产业需要对文化资源进行重新审视，为了衡量文化资源的价值和开发的效果，进行文化资源评估就显得尤为重要。

文化资源评估作为文化管理过程的重要环节，在文化资源管理中发挥着重要的作用，主要表现在以下四个方面：

1. 开发文化资源，发展特色文化产业，将资源优势转换为经济优势。首先需要对地域文化资源进行调查、统计和评估，摸清基本情况。根据评估结果挖掘文化资源的经济价值，制定文化资源产业化开发的政策和战略。

2. 对文化资源进行统计评价有利于明确资源价值，指出资源开发和发展的方向，对于文化资源的进一步产业化发展具有重要意义。历史文化资源、地理文化资源、民俗民风文化资源等不同的资源具有不同价值。有的文化资源只具有单一的产业价值，而有的文化资源则可能具有多重文化价值。只有科学地界定文化资源的产业价值，才能在进行产业化开发时，统筹规划，联动开发，不至于造成对文化资源的"滥砍滥伐"。

3. 文化资源评估有利于不同资源之间的横向比较，对于明确资源开发的重心，决定资源取舍具有重要价值。如对文化资源的不同种类、不同地域、不同朝代形成的文化资源进行比较优势评价，可以得到资源的综合性排序以及资源间相对量化的差异，有利于明确资源开发的重心。

4. 从产业角度看，文化资源产业化的前提首先必须进行客观的分析。文化资源是文化产业发展的基础，但并不是所有的文化资源都可以进行产业化经营。发展文化产业要从资源禀赋和市场潜力等方面对文化资源进行评估。理清哪些是可开发的，哪些是现时不能开发的，为文化资源保护和开发的科学、合理规划提供重要参考。

三、文化资源评估的特点

（一）文化资源本身具有不确定性

文化资源的不确定性，主要是指随着时间推移，文化资源所表现出来的强烈的社会属性具有不确定性。当这种不确定性主要表现在时间、地域、人群、历史等方面的差异时，这些差异就外化为不确定性，这给评价工作带来了很大难度。例如浙江普陀山、山西五台山、安徽九华山、四川峨眉山和乐山都属于佛教名山，文化价值相差不大，但是由于这些名山所处的地理位置不同，旅游价值有很大的差别，这就给外化的资源价值评价提出了严肃的问题：是文化还是经济决定文化资源的存亡。

（二）文化资源形成过程的巨大差异

文化资源形成过程的巨大差异也对资源的合理评估造成了影响。一些文化资源受众群体较少，资源密集度不够，缺少更多的社会认同，因此，其外在的价值概念就不是很清晰，这对资源的评价产生了一定的负面制约。例如云南、贵州以及广西等少数民族聚居的地区，民族文化的差异使当地的文化资源十分丰富，也会给评估带来不便。人们很难在两个不同的民族文化之间做出好坏取舍，很难对现有的文化资源做出详实的优劣度量。

不同文化资源的形成过程差异，导致评价结果的巨大反差。就像臭豆腐一样，虽然气味难闻，但对于特定人群来说，依然颇具吸引力。因此，在文化资源评估的时候，也要充分地注意这一点，在选择评估方法和手段时就不能受到这些因素的干扰。

（三）资源所属人群的差异

目前，学术界有一个观点，认为文化资源是一种消费品，但是这种消费品具有强烈的受众特性。对于某些人群，某项资源可能是有价值的，而对另外一个人群，这个资源可能就没有价值。

针对文化资源的这种属性，在对其进行评价的时候，就必须充分注意到不同人群对文化资源消费的效用差异。比如我国各地的饮食文化，就具有一定的可替代性，因此，饮食文化的差异相对就会少一些。而比如民俗文化，则存在显著差异，包括各地的婚丧嫁娶习俗等。这使得文化差异具有相当的人群差异，因此，也给文化资源综合评估带来了很大的局限性。

（四）邻近文化资源的可评价属性

文化资源的生成不同于任何其他社会性资源，有着强烈的共生特征。一般情况下，文化资源的发端和传承与相邻的文化现象有着深刻的、必然的联系。邻近文化资源是否可以评价，是否可以与相关的资源一起形成文化产品，与特定文化资源的评价属性有着紧密的关系。

四、文化资源评估的原则

（一）客观性

客观性是文化资源评价的首要原则。然而，由于人的思维形成和所生活的文化环境存在紧密关系，作为文化资源评价主体的人的思维，必然会影响对文化资源评价的客观性要求。一个人生活的文化环境对本人的文化思维取向产生不可忽略的影响，这种影响是长远和巨大的。要想客观地评价自己文化体系中长期以来被贬低或压抑的部分，这是很困难的。一个可取的方法是利用客观化评价来降低个人对文化资源评价的影响力，从统计学的角度看，降低单个样本的影响，取得统计概念上的评价结论，而不是过度依赖专家或个人的意见。

（二）无宗教性

评价者的宗教信仰同样会对文化资源的评价产生较大影响。因此，在评价一个带有宗教色彩的文化资源时，必须使得这种资源的本质属性得以被客观反映，而不是主观性地得到一个失之偏颇的评价。

一般的，具有宗教背景的文化资源，在形成过程中，会对个人生活的方方面面产生深远的影响，甚至会波及个人的生活态度、价值体系、社会观点。因此，具有一定宗教信仰和宗教倾向的评价者，对宗教类文化资源的评价势必会产生一些偏差。消除这种偏差的方法就是改善评估方法，客观设计指标，选择与宗教信仰相距较远而又不相悖逆的评价主体。

（三）数量化

文化资源可评估的一个重要标志就是获得可量化的指标。一般地，数量化是统计学的基本特征，利用统计学方法对文化资源进行评价，重要的一点就是活的数量化评价的指标体系和相应的分析方法。这样，就可以获得相对客观和准确的评价结论。

（四）可比性

针对不同的文化资源，可以借鉴生物学上对生物种群的分类，做出一个简单的类比分类，以便从中获得简化的评价思路。

第四节　文化资源价值评估综合指标评价法

一、文化资源价值评估的基本指标

对于大多数历史文化资源、文物资源和旅游文化资源来说，很难以定量的方法确定这些资源的价值。通常采用定性与定量结合的方式，设立相应的评价指标，进行综合评价。它是把多个描述评价对象不同方面且量纲不同的定性和定量指标，转化为无量纲的评价值，并综合这些评价值以得出对该评价对象的一个整体评价。多指标综合评价法具有多指标、多层次特性，能较好地处理大型复杂系统的资源评价问题，因而得到了广泛的应用。我们选择这个方法对文化资源进行评价，也是考虑到了这个方法的综合性、多层次、多指标、复杂性等方面的优势，能够对文化资源进行持续的、动态的监测和评估，同时能够对文化资源进行客观地评级和评分。评价文化资源价值应该考虑的因素很多，而且不同的资源还具有不同的个性化测量标准。这些指标之下还必须进一步分解出细化的二级或三级指标。

评价步骤包括：（1）明确评价对象；（2）建立评价指标体系；（3）定性与定量指标评价值的确定；（4）评价指标权系数的确定；（5）确定指标间合成关系，求综合评价值；（6）根据评价过程得到的信息，进行系统分析和决策。

其中，最为关键的问题是指标体系的建立、指标评价值和权系数的确定以及合成关系的处理。只有解决好上述问题，才能得到较为切合实际的评价结果。这里只给出一些文化资源的共性指标，对于特定的文化资源，往往还要根据资源的特殊属性确定一些特定的指标。

通常，评估一项文化资源，我们需要考虑以下几个方面：

1. 存续状态指标。文化资源存续状态，是指文化资源的规模、密集度、特色、保存状态、知名度、独特性、稀缺性及分布范围等一般存在属性和基本特征。通常这些指标可以从资源普查、统计和田野考察中得到有关信息。

2. 资源区位指标。区位指标包含物理的地理区位和文化地理两个方面的指标。物理区位是指文化资源的地理区位、交通条件、经济发展水平等。文化地理是指资源所处地区的文化、历史和风俗的特色等。例如，同样是民间文化资源，织锦工艺有四大名锦，云锦、蜀锦、宋锦和壮锦，分别出自不同的文化地理条件，"云锦"是南京传统提花丝织物的总称，在明清时代非常流行，专为宫廷织造，主要用作"御用供品"，故通常称为"南京云锦"；蜀锦起源于四川成都，主要分布于四川地区，花样繁多；宋锦是由苏州织造府主持生产的宋式锦，主要产于杭州、湖州、苏州等地；壮锦是广西壮族自治区传统的著名丝织物。四种织锦分布于不同地区，在这些资源的开发利用方面，这些地区具有不同的地理条件和经济发展水平，而更为重要的是由于历史发展、民族风俗、艺术风格等方面文化地理差异，使得四种织锦呈现出不同的艺术特色，因此也就具有不同的发展条件和发展路径。

3. 资源价值指标。文化资源的价值包含了多方面的因素，我们考虑以下几个方面：

一是资源的文化价值。这是文化类资源最为显著的价值本体。文化一旦成为资源的核心和本质，就表明了这种资源的社会性和人类活动赋予资源的深厚的价值取向。这是文化资源之所以区别于其他资源的本质。

二是文化资源的时间价值。主要考虑文化资源形成的历史久远性、文化资源的稀缺性、文化资源生成年代的社会经济发展水平以及文化资源的比较优势和可替代性，还包括文化资源的复制和传承能力。

三是文化资源的消费价值。文化资源传承的一个重要的内在动力，就是其消费性。文化具有显著的社会功能，公众的文化消费导向就具有一定的社会性。这也是文化资源区别于其他资源的又一个重要标志。文化消费不同于一般的物质消费，我们难以直接地把文化消费的功能同衣食住行的人类第一需要联系起来，但是，文化消费又具有物质消费不可替代的功能取向，包括信仰、人生观、价值观、社会观、习俗、家族、风尚等方面的功能，更多地依托文化产品的消费。

四是历史文化资源的保护等级。联合国教科文组织等国际组织和国内的有关机构，经常性地对相关文化资源的保护做出等级评审。比如人类文化遗产的评级、国家级保护文物等。据了解，这些评定的依据主要考虑了资源生成、传承与现状，充分地考虑了这些资源的未来发展，从人类文化传播的角度，理性地给出了文化资源的保护等级。这种评价结论是定性的，却是有价值的。所不足的地方是缺乏国际或者不同部类之间的可比性。

4. 资源可持续性指标。文化资源的可持续性，是指文化资源存续时间、再生性和可重复利用性等方面的特性。不同的文化资源可持续性不相同。例如，对于文化版权资源，一般法律规定是 50 年的保护期限。如果考虑到保护期内，同类产品的竞争性和替代性文化版权资源，其可存续性还会少于 50 年。但是，文化版权资源具有较高的可复制性，理论上可以无限次地被授权使用。而文化遗迹和文物等历史文化遗产，因为受到自然侵蚀和人为因素的损害，其存续有一定期限，而且难以移动，不可以被复制，属于不可再生资源。

文化资源评价指标体系的确立是一个庞大而复杂的工程。由于各地文化资源描述的对象不同，所采用的指标变化较大，所以，评价的指标体系有很多的不确定性，难以统一。目前较为完备、影响较大的是山西省文化产业研究中心课题组所建立的指标体系，此体系包括 5 个一级指标、25 个二级指标、若干三级指标（参见表 4-3）。

表 4-3　指标体系

一级指标	二级指标
资源品相指标	1. 文化特色；2. 保存状态；3. 知名度；4. 独特性；5. 稀缺性；6. 分布范围

续表

一级指标	二级指标
资源价值指标	7. 文化价值；8. 时间价值；9. 消费价值；10. 遗产保护等级；11. 资源关联价值
资源效用指标	12. 社会效用；13. 经济效用；14. 民间风俗礼仪；15. 公众道德；16. 资源消费人群；17. 资源市场规模
发展预期指标	18. 资源属地的经济发展水平；19. 交通运输便利度；20. 生活服务能力；21. 商务服务能力
传承能力指标	22. 资源规模；23. 资源综合竞争力；24. 资源成熟度；25. 资源环境

二、专家打分法

专家打分法是一种定性描述定量化方法。它首先根据评价对象的具体要求选定若干个评价项目，再根据评价项目制订出评价标准，聘请若干代表性专家凭借自己的经验按此评价标准给出各项目的评价分值，然后对其进行集结。

专家打分法一般按照如下的几个步骤完成：

1. 首先是选择专家。在专家的选择上，必须选择对所评估的文化资源较为了解，具有评估经验的专家。同时，还要注意专家们不同的学科背景和学术观点，以保持意见多样性和评价观点的多元性，从而能够保证评价的全面性。

2. 确定影响文化资源价值的因素，设计价值分析对象征询意见表。这是定性分析法的最基本的环节，也是专家评分法是否成功的关键一步。要通过对文化资源深入的调查、分析，对文化资源的属性和特点进行分析，找出影响文化资源价值的一般因素，并设计出相应的指标。对每个指标设计相应的权重和分值，形成意见征询表。

3. 向专家提供文化资源的背景资料，征询专家意见。要求专家在打分的同时，给出相关意见和评语。

4. 对专家意见进行分析汇总，将统计结果反馈给专家。通常，专家第一次的打分和意见都有较强的主观性。因此，要经过多轮的打分。在第一轮收集回专家的打分和意见后，可以对打分情况进行统计，并将统计结果和其他专家的观点反馈给专家，让专家在综合评估意见和结果的情况下，进行第二轮打分。

5. 专家根据反馈结果修正自己的意见。这样经过多轮匿名征询和意见反馈，形成最终分析结论。

三、德尔菲法

德尔菲法（Delphi Method）又名专家意见法，是依据系统的程序，采用匿名发表意见的方式，即团队成员之间不得互相讨论，不发生横向联系，只能与调查人员发生关系，以反复地填写问卷，来集结问卷填写人的共识及各方意见，经过科学合理的总结评审，做出最后评价的方法。德尔菲法是20世纪40年代由赫尔姆和达尔克首创，经过戈尔登和兰德公司进一步发展而成的。

（一）德尔菲法的特点

1. 匿名性

从事预测的专家并不知道还有哪些人参加预测，他们是在完全匿名的情况下交流思想的。德尔菲法采取匿名的发函调查形式，它克服了专家会议调查法易受权威影响，易受会议潮流、气氛影响和其他心理影响的缺点。专家们可以不受任何干扰地独立对调查表所提问题发表自己的意见，而且有充分的时间思考和进行调查研究、查阅资料。匿名性保证了专家意见的充分性和可靠性。

2. 反馈性

由于德尔菲法采用匿名形式，专家之间互不接触，仅靠一轮调查，专家意见往往比较分散，不易做出结论，为了使受邀的专家们能够了解每一轮咨询的汇总情况和其他专家的意见，组织者要对每一轮咨询的结果进行整理、分析、综合，并在下一轮咨询中反馈给每个受邀专家，以便专家们根据新的调查表进一步发表意见。

3. 统计性

在应用德尔菲法进行信息分析与预测研究时，对研究课题的评价或预测既不是由信息分析研究人员做出的，也不是由个别专家给出的，而是由一批有关的专家给出的，并对诸多专家的回答必须进行统计学处理。因此，应用德尔菲法所得的结果带有统计学的特征，往往以概率的形式出现，它既可反映专家意见的集中程度，又可反映专家意见的离散程度。

（二）德尔菲法的构成要素

德尔菲法由三个要素组成，即协调人、与决策问题有关的专家以及特制的咨询调查表和程序。协调人的主要工作是确定要咨询的问题，挑选专家，寄出咨询调查表，收集、归纳、综合、整理反馈调查结果，进行下一轮的意见再征询，提出预测报告或者决策意见。

（三）德尔菲法的程序

德尔菲法的程序是分轮进行的，每一轮中，组织者和专家都有不同的任务。

第一轮：（1）由组织者发给专家不带任何附加条件只提出资源评价问题的开放式的调查表，请专家围绕资源评价提出评价主题和事件。（2）组织者汇总整理专家调查表，归并同类事件，排除次要事件，用准确术语提出资源评价一览表，并作为第二步的调查表发给专家。

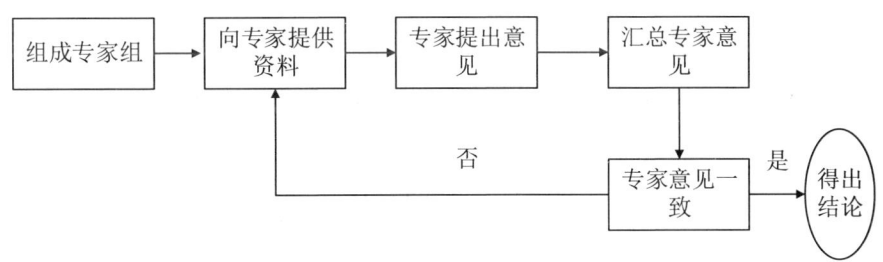

图 4-1　德尔菲法流程

四、层次分析法

层次分析法（Analytic Hierarchy Process）简称 AHP，在 20 世纪 70 年代中期由美国运筹学家托马斯·塞蒂（Thomas Saaty）正式提出。它是一种定性和定量相结合的、系统化、层次化的分析方法。由于它在处理复杂的决策问题上的实用性和有效性，很快在世界范围得到重视。

层次分析法是将决策问题按总目标、各层子目标、评价准则直至具体的备设方案的顺序分解为不同的层次结构，然后用求解判断矩阵特征向量的办法，求得每一层次的各元素对上一层次某元素的优先权重，最后再加权求和的方法递阶归并各备择方案对总目标的最终权重，此最终权重最大者即为最优方案。层次分析法比较适合于具有分层交错评价指标的目标系统，而且目标值又难于定量描述的决策问题。

层次分析法的步骤：

1. 建立层次结构模型。在深入分析实际问题的基础上，将有关的各个因素按照不同属性自上而下地分解成若干层次，同一层的诸因素从属于上一层的因素或对上层因素有影响，同时又支配下一层的因素或受到下层因素的作用。最上层为目标层，通常只有 1 个因素，最下层通常为方案或对象层，中间可以有一个或几个层次，通常为准则或指标层。当准则过多时（譬如多于 9 个）应进一步分解出子准则层。

2. 构造成对比较阵。从层次结构模型的第 2 层开始，对于从属于（或影响）上一层每个因素的同一层诸因素，用成对比较法和 1~9 比较尺度构造成对比较阵，直到最下层。

3. 计算权向量并做一致性检验。对于每一个成对比较阵计算最大特征根及对应特征向量，利用一致性指标、随机一致性指标和一致性比率做一致性检验。若检验通过，特征向量（归一化后）即为权向量；若不通过，需重新构造成对比较阵。

4. 计算组合权向量并做组合一致性检验。计算最下层对目标的组合权向量，并根据公式做组合一致性检验，若检验通过，则可按照组合权向量表示的结果进行决策，否则需要重新考虑模型或重新构造那些一致性比率较大的成对比较阵。

案例 4-2 运用德尔菲法和层次分析法对黄河石林地质遗迹资源进行评价

黄河石林位于甘肃省白银市景泰县东南部，地处甘、蒙、宁三省区交界处，距县城 60km，与宁夏回族自治区和内蒙古腾格里沙漠接壤。研究区距兰州市、白银市、武威市和银川市的距离分别为 170km、70km、261km 和 352km。

基于"黄河石林地质遗迹资源评价"建立专家库和所得结果的准确可靠性，景点生态旅游适宜性评价采用德尔菲法和层次分析法，将评价分为总目标层、项目评价层、因子评价层3个层次，其中项目评价层分为景观价值、自然属性、开发利用条件3个项目，表4-4为黄河石林地质生态旅游适宜性评价指标。

表4-4 黄河石林地质生态旅游适宜性评价指标及权重

总目标层	项目评价层	权重	因子评价层	权重
黄河石林地质生态旅游适宜性评价	景观价值	0.0567	科学研究价值	0.0457
			科普教育价值	0.0733
			历史文化价值	0.0769
			社会经济价值	0.1320
			环境保护价值	0.0333
			美学观赏价值	0.2067
	自然属性	0.0339	典型性	0.0911
			稀有性	0.1540
			原真性	0.0676
			完整性	0.0213
	开发利用条件	0.0982	安全性	0.0379
			环境容量	0.0172
			可进入性	0.0125
			管理工作	0.0218
			与周边景点联合程度	0.0034
			基础设施	0.0055

——节选自范文静："甘肃黄河石林地质景观可持续发展研究"，中国地质大学2014年博士学位论文。

第五节 文化资源使用价值定量评估方法

文化资源的使用价值是文化资源具有可以被利用和开发以满足人们的文化精神消费需求的属性。对使用价值的评估，有成本法和收益法两种方法。成本法是根据对文化资源加以利用和开发的投入成本来计算开发和利用文化资源，转化为人们可消费的精神产品的价值总和；收益法的原理是根据人们满足精神需求是通过支付相应的价格来获取精神产品的消费，按照市场等价交换的原理，使用价值等于交换价值，因此，对文化资源的使用价值的评估，就是对其能够满足人们文化精神需求，而可能带来的各种开发和利用的收益总和进行评价。

一、成本法

在生产或形成一项文化资源的成本可以确定的情况下，可以用成本核算的方法计算文化资源的价值。把一定时期内对文化资源利用和开发过程中所发生的费用，按其性质和发生地点，分类归集、汇总、核算，计算出该时期内生产经营费用发生总额，以此作为确定资源使用价格的依据。其基本任务是正确、及时地核算产品实际总成本和单位成本，提供正确的成本数据。

例如，在文化产业经营中，版权是一项非常重要的文化资源。当投资购买一项版权资源时，买卖双方需要对版权的价值进行评估，以确定版权的交易价格。通常可以对版权形成过程中投入成本和费用加以计算，这些成本可以从会计上的人力成本、物质资源的投入成本等相关费用汇总来计算；再如，在影视剧项目中，剧本是编剧创作的一项文化资源，这项资源对于整个影视剧项目的成功发挥着至关重要的作用。剧本的价值，通常是通过翻片方支付编剧相应的编剧费用来定价的。

案例 4-3 疫情之下影视剧制作成本严控

2020 年 2 月广电总局发布《关于进一步加强电视剧网络剧创作生产管理有关工作的通知》，要求申报备案公示时，制作机构须向有关广电主管部门承诺已基本完成剧本创作；电视剧网络剧拍摄制作不超过 40 集，鼓励

30 集以内短剧创作；每部电视剧网络剧全部演员总片酬不得超过制作总成本的 40%，其中主要演员片酬不得超过总片酬的 70%。

随后，中国电视剧制作产业协会和首都广播电视台节目制作业协会联合发布最新倡议书，指出目前各电视平台、视频网站平台，购片与自制订购价格已经下降 30%~40%，建议我国电视剧、网剧制作成本应控制在一集 400 万元以内，摄制人员酬劳同步降低 30%，编剧、导演、男女主演片酬最高不超过制作成本的 10%，全体演员酬金不超过制作成本的 40%。也意味着主演单集片酬不超过 40 万，总片酬不超过 1600 万。

——节选自陈汉辞："疫情之下影视剧制作成本严控 主演片酬不超过10%"，载 http://finance.china.com.cn/whcm/20200428/5261707.shtml，最后访问日期：2020 年 11 月 3 日。

二、收益法

1. 时间价值与现金流的折算。收益法的基础建立在资本的时间价值原理上。通常，等量的货币回收额度由于产生回报的时间不同，其对当前来说，价值也不相同。正如货币具有时间价值，需要计算利息一样，明年的 100 元与今年的 100 元相比其价值量不同，如果利息是 5% 的话，当前的 100 元，一年以后的价值应该是加上利息值后的 105 元。而一年后的 100 元，在现在看来，应该按照 5% 利息，折算为现在的 95.23 元。

在对文化资源的投资中，经常要估算投入产出的经济效益，涉及对一项文化资源投资的时间的价值。即将一项文化资源作为一项经济意义上的资产，考察这一资产在一定的开发用途上，在一定时期不同阶段时间点上可以产生的经济回报。

案例 4-4 44 年前存单，还能取出钱吗？

2017 年 8 月厦门市民陈女士持一张存有 1200 元的老存单，存款时间为 1973 年。这笔存单的利息计算涉及 1972 年、1980 年、1993 年的多次储蓄管理制度变革、至少 16 次的利率调整，还要考虑到利息个人所得税的多次变化。经过多方计算确认，在支取日这笔存单本息合计为 2684.04 元，其中利息 1484.04 元。

20 世纪 70 年代是计划经济，普通职工工资每月 20 多元钱。当年，好一点的大米约 1 角 3 分钱 1 斤，猪肉 7 角钱 1 斤。当年家里若有 12 口人，一天只需要 1 元钱左右的伙食费。也就是说，这 1200 元，在当年堪称一笔"巨款"。有人提出，"甚至可以盖两栋楼房"，只可惜，44 年的利息终究敌不过经济发展和收入增长，如今，这 2600 多元只相当于一名基层工人一个月的收入。

如果按照厦门 2016 年平均月薪 5715 元算，5 年工资则达到 34.3 万元。按房价算，至少相当于 2017 年的 30 万元，是存银行的 100 多倍。按猪肉价格算，相当于 2017 年的 3.4 万元。按黄金价格算，相当于 6 万元，是存银行的 22 倍多。于是有网友评价"原来盖座小洋房，现在买个单人床！"

——节选自林毅彬："44 年前存单，还能取出钱吗？"，载《海峡导报》

2017 年 8 月 21 日，第 10 版。

2. 现金流折算法。收益法的应用，实际上就是对被评估资产未来预期收益进行折现或本金化过程，通常又叫作现金流折算法。现金流折算法，就是将文化资源作为资产，将对文化资源的利用看作一个项目，去定量地计算这一项目所产生的经济效益。通常一个文化资源开发和利用的项目，要经历较长的周期，要评估这一项目在不同时间点产生的现金回报，通常都以一个会计年度为周期，计算每一会计年度产生的净现金流，即现金流出量和现金流入量的差值，作为每个资产项目的投资收益和投资回收期。

在资产未来预期收益具有得定的期限的情形下，通常预测有限期限内各期的收益额，以适当的折现率进行折现，各年预期收益折现值之和，即为评估值 V，假设净收益每年不变，收益为有限年期的公式：

$$V = \frac{a}{r} \left[1 - \frac{1}{(1+r)^n} \right]$$

其中：

V：资源的价格；

a：对资源开发每年产生的收益；

r：折现率；

n：开发期限；

在收益法中，关键是对每年的收益额、收益期限和折现率三个指标的确定。收益额是将文化资源作为一项资产,对其进行开发和使用带来的未来收益的期望值,是通过预测分析获得的。

折现率是将未来有限期的预期收益折算成现值的比率,用于有限期预期收益还原。

确定折现率,首先应该明确折现的内涵。一般来说,折现率应包含无风险利率、风险报酬率和通货膨胀率。

收益期限由评估人员根据未来获利情况、损耗情况等确定,也可以根据法律、契约和合同规定确定。

案例4-5: 不同计算方法下文化资源价值

由于可以度量价值的文化资源,通常比较容易转化为文化产品,或者比较容易被投资开发成为某一文化项目。因此,这类文化资源价值通常又可以根据不同的要求和情况,以现金流折算方法和成本法来核算。

例如,从事创意设计的张晨设计了一件家居文创产品,获得了研发专利。如果某厂家一次性购买了张晨的设计,适合成本法。如果采用专利授权的方式,按照每年收取一定的专利费和版税来支付张晨的设计,适合收益法。

假设一项家具的设计专利的版权可以盈利的有效期限为10年,每年该设计专利实际产品家具的销售数为5000件,每件家具可在市场上以价格1000元销售,双方约定的版税是8%,同期的银行10年期存款利率是5%。那么可以得知设计师张晨出售设计版权后,可以每年从这项版权获得的收益额为1000×8%×5000=400 000元;收益期限是10年,按照10年期的利率折现,那么这件设计专利的价值是:$V = \dfrac{400\,000}{5\%} \times \left(1 - \dfrac{1}{(1+5\%)^{10}}\right) = 3\,088\,693$ 元。

第六节 文化资源非使用价值的评估方法

文化资源的非使用价值是指文化资源在不进入市场交易,没有市场的参考价格,也没有未来的收益测算的情况下文化资源的存在价值。此时,通常很难用上述使用价值的定量评估方法计算非使用价值的货币价。

条件价值法（Contingent Valuation Method，CVM）是评价非使用价值的主要方法，亦称为权变估值法、意愿价值评估法、调查评价法等，由戴维斯（Davis）于 1963 年提出。1970 年以来逐渐地被用于评估自然资源的休憩娱乐、狩猎和美学效益的经济价值。条件评估法是通过向公众询问因文化资源的保护与改善而愿意支付（Willingness to Pay，WTP）的价格；或者因文化资源损失和毁灭而愿意接受（Willingness to Accept Compensation，WTAC）的赔偿数额来计算文化资源经济价值的方法。这种方法的主要思想是基于特殊的假设市场，假设调查对象有机会购买文化资源使用权，而真实市场并不存在。

CVM 应用步骤通常分为三步：首先是建立假象市场，确定调查对象；其次进行市场调查，调查者通过调查工具（通常是问卷或者访谈）给予调查对象有关文化遗产的主要信息，让调查对象对文化资源进行评价，给出支付价格让调查对象选择；最后是将问卷数据输入效用函数和概率公式计算预测 WTP 或 WTAC。

拓展阅读

AHP 与 CVM 在旅游资源评估研究中的应用

在传统聚落旅游资源评估的研究领域中，随着定量研究方法的引入，基于定量分析的研究日益增多，成为当前研究热点。在量化方法中，目前较为常用的为层次分析法（Analytic Hierarchy Process，AHP）。在基于 AHP 的旅游资源评价研究中，评价流程一般为首先从多方面选取评价指标，再利用 AHP-Delphi 法确定权重，从而建立评价体系，对传统聚落的旅游资源进行综合评价。相关学者在此基础上，引入甘恩旅游系统功能模型，游客心理感知等理论使评价结果更具有针对性。基于层次分析法的旅游资源评价体系具有普适性强，认可度高的优点，但需要指出的是，这种方法在指标权重赋值步骤中存在一定的主观性，可能导致评价结果出现偏差，同时针对不同聚落中的旅游资源难以进行横向比较。条件价值评估法（Contingent Valuation Method，CVM）是由美国学者 Davis 首次提出，最早应用于林地旅游地的休憩价值评估，而后被广泛应用于各种旅游资源的评估研究中。其基本原理为通过建立假定市场，通过对受访者的支付意愿，用货币支付的方式来定量描述旅游资源的价值。目前基于 CVM 对传统聚落旅游资源的研究较少，近年来万萍萍与徐东文分别以三坊七巷、阆中古城对其非使用价值进行评估，但研究对象局限于整体旅游资源的非使用价值，对聚落内不同种类旅游资源的重要性未能进一步揭示。基于此，本研究结合 AHP 法与 CVM 法对喀斯特传统聚落旅游资源进行综合评价。首先通过文献查阅、专家咨询等多种方式选取旅游资源指标，运用 AHP 法构建旅游资源指标体系，再通过实地调查与问卷访谈获取基础数据，利用 CVM 法对不同旅游资源进行定量评估。研究从游客角度出发，通过大样本的问卷调查方法避免了使用 AHP 法在专家赋值过程时的主观性。研究利用 AHP 法将喀斯特聚落旅游资源进行分类，分别对聚落内的不同旅游资源进行价值评估，揭示了各项旅游资源的重要程度与价值，有利于不同旅游资源乃至不同聚落进行横向比较，为喀斯特传统聚落的旅游开发评估提供科学依据。同时研究得出支付意愿的影响因素，可作为制定喀斯特聚落的旅游开发策略时的重要参考，使开发策略更具针对性。

一、样地选择与研究方法

（一）样地选择

本文选择贵阳市青岩古镇（E106°37′~106°44′，N26°17′~26°23′）作为研究对象。古镇的气候类型属于亚热带季风气候，气候宜人，年平均降水量约 1250ml，日照时间长达 2200h，平均气温在 14℃~15℃，地形地貌为典型的喀斯特地形，有丘陵、河谷、平坝绵延其中，自然景色优美。古镇始建于明朝洪武十一年（1378 年），至今古镇内原有空间布局仍较为完整，保留了大量的明清传统建筑，同时具备较深的历史、文化、宗教底蕴，人文、景观等多方面的旅游资源极为丰富。青岩古镇先后被评选为"贵州省省级历史文化名镇""中国历史文化名镇""中国特色小镇"，2017 年被评选为国家 5A 级旅游景区，作为典型的喀斯特传统聚落，青岩古镇的旅游开发较为成功，具有一定的参考价值与研究意义。

（二）研究方法

1. 问卷调查研究

采用随机抽样的调查方法，结合面对面访谈方式对受访者进行问卷调查，对调查问卷中出现的专业术语，调查者应予以解释使受访者确切了解调查相关内容。同时调查者阐明调查问卷仅用于科研用途，不作他用，向受访者保证问卷不涉及个人隐私，确保引导受访者说出真实想法。本次调查从 2017 年 9 月 20 日到 10 月 5 日，共向游客发放 250 份，收回问卷 230 份，收回率为 92%（见表 4-5）。

表 4-5　发放及回收问卷情况

发放问卷数量	收回问卷数量	未收回问卷数量	收回率
250	230	20	92%

问卷内容主要分为三部分：

支付意愿。通过构建支付意愿市场，询问为保护青岩古镇内各项旅游资源继续存在，受访者是否愿意支付相应费用。

各项旅游资源的支付意愿金额。该部分从 1 元~500 元共设置 13 个每年支付金额选项，作为青岩古镇各项旅游资源的非使用价值评估依据。

受访者个人信息。包括常住地、职业、性别、收入、文化程度，用以测定支付意愿与游客属性之间的关联。

2. 层次分析法（AHP）

为构建旅游资源分类指标体系，选取指标时，需遵循简约性、独立性、代表性、可比性、可行性的原则，通过文献查阅、专家咨询、现场调查的方法初步选定指标体系。然后采用专家调研法，向专家咨询青岩古镇旅游资源指标的意见，并反馈咨询结果，通过多轮咨询直至专家意见趋于一致，确定具体旅游资源类别体系。最后确定青岩古镇旅游资源指标体系由目标层（A）、准则层（B）、要素层（C）构成。

3. 条件价值法（CNM）

CVM 法对资源的评估标准有为评估对象继续保留的支付意愿（Willingness to Pay，WTP）和放弃该评价对象而愿意接受的赔偿意愿（Willingness to Accept Compensation，WTAC）两种，从而了解被调查对象对环境资源的偏好。已有研究表明，WTAC 值要远远大于 WTP 值，导致评估价值过大。所以本研究中，采用 WTP 值作为青岩古镇旅游资源价值的评价标准。按照支付意愿法的原理，旅游资源价值可用总支付意愿值，即调查样本的平均支付意愿值与相关群体总人数的乘积来估算，公式如下：

$$T(WTP) = \sum_{i=1}^{w} AM P_i \frac{n_i}{N} M$$

公式中，T（WTP）值是游客对青岩古镇旅游资源的综合支付意愿值；AMP_i 为被调查地区游客针对第 i 项旅游资源的平均支付意愿值，n_i 为被调查者总数中有支付意愿的人数，N 为被调查者总数；M 为青岩古镇的年接待游客总数（数据采用 2016 年青岩古镇接待游客数）。

4. Pearson 相关性分析

在统计学中，皮尔逊积矩相关系数（Pearson Product-moment Correlation Coefficient），用来衡量两个变量之间的关系，取值范围介于-1 和+1 之间，被广泛应用于各个领域，用以测量两个变量线性相关的强弱程度。为了解游客个人特征（所在省区、职业、文化程度、收入、性别）对支付意愿的影响，我们对游客属性变量分别进行编码处理。

二、结果与分析

（一）基于 AHP 法的旅游资源分类体系

根据构建旅游资源分类的研究方法，共选取 C 层 12 项旅游资源，B 层3 项旅游资源，并列举青岩古镇中每项旅游资源的典型代表（见表 4-6）。

表 4-6　青岩古镇旅游资源指标表

目标层（A）	准则层（B）	要素层（C）	典型代表
总体旅游资源（A1）	自然景观资源（B1）	山水格局（C1）	山水交融的自然景观
		喀斯特地貌（C2）	溶洞、天坑、喀斯特岩石、化石山
		传统民居（C3）	重檐悬山式民居、一颗印式民居
		名木古树（C4）	青岩冷杉、宅间植被、庭院古树

目标层 （A）	准则层 （B）	要素层 （C）	典型代表
总体旅游资源 （A1）	聚落景观资源（B2）	遗址建筑及构筑物（C5）	军事、交通遗址、牌坊、宗教建筑、名人故居
		农业景观（C6）	农田、农业用具及场景、农业物产
		古镇空间及布局（C7）	街巷空间、户外休憩空间、庭院空间、整体空间布局
		历史街区（C8）	背街、状元街、书院街
		风水营造（C9）	背山面水、藏风蓄水等观念在建筑与聚落中的体现
		民俗节庆（C10）	民族舞蹈、歌剧、民族习俗
	人文景观资源（B3）	历史底蕴（C11）	历史渊源、历史名人与事件、邮政文化
		宗教文化（C12）	基督教、佛教、道教、儒家文化四教合一

由表4-6可知：总体旅游资源由自然景观资源、聚落景观资源、人文景观资源3大类旅游资源构成，其中聚落景观资源下属小类旅游资源数量最多，共5类，分别为：遗址建筑及构筑物、农业景观、古镇空间及布局、历史街区、风水营造；自然景观资源由山水格局、喀斯特地貌、传统民居、名木古树4类构成；人文景观资源则由民俗节庆、历史底蕴、宗教文化3小类旅游资源构成。同时，研究列举了各类旅游资源的典型代表，如遗址建筑及构筑物的典型代表包括军事遗址、牌坊、宗教建筑、名人故居等。

在230份调查问卷中，剔除9份无效答卷，占总调查样本的3.91%，有效问卷共221份，根据青岩古镇游客的支付意愿及金额统计表明，愿意为三坊七巷的永续存在而支付一定的费用的游客有167人，占总调查样本的72.61%，其中最大支付意愿值为500元/年，最小支付意愿值为1元/年；不愿意支付人数为54人，占总调查样本的23.48%（见表4-7），计算得到各分项及综合旅游资源T（WTP）值（如表4-8）。

表 4-7　调查问卷统计情况

	无效问卷	不愿意支付问卷	愿意支付问卷	总问卷
问卷数量/份	9	54	167	230
占总问卷比例/%	3.91	23.48	72.61	100.00

表 4-8　各旅游资源 T（WTP）值

旅游资源类型	T（WTP）万/年	旅游资源类型	T（WTP）万/年	旅游资源类型	T（WTP）万/年
总体旅游资源（A1）	273 030.51	自然景观资源（B1）	39 803.77	山水格局（C1）	19 951.66
				喀斯特地貌（C2）	19 852.12
				传统民居（C3）	27 451.93
				名木古树（C4）	20 427.73
总体旅游资源（A1）	273 030.51	聚落景观资源（B2）	144 253.57	遗址建筑及构筑物（C5）	33 813.96
				农业景观（C6）	15 969.99
				古镇空间及布局（C7）	20 968.73
				历史街区（C8）	25 621.23
				风水营造（C9）	13 018.35
		人文景观资源（B3）	88 973.16	民俗节庆（C10）	19 709.29
				历史底蕴（C11）	32 931.06
				宗教文化（C12）	23 314.45

（二）旅游资源评估

根据青岩古镇旅游资源 T（WTP）值可知（见表 4-8）：青岩古镇总体旅游资源评估值为 273 030.51 万元/年，第二层旅游资源评估值排序为：聚落景观资源为（144 253.57 万元/年）>人文景观资源（88 973.16 万元/年）>自然景观资源（39 803.77 万元/年），自然景观资源中山水格局旅游资源价值最高（19 951.66 万元/年），聚落景观资源中遗址建筑及构筑物旅游资源价值最高（33 813.96 万元/年），人文景观资源中历史底蕴旅游资源则价值最高（32 931.06 万元/年）。在共 12 项分项旅游资源中，遗址建筑及构筑物旅游资源评估价值最高（33 813.96 万元/年），风水营造资源评估价值最低（13 018.35 万元/年）。

结果表明，在青岩古镇的第二层旅游资源中，游客对聚落景观资源有较强的支付偏好，在第三层旅游资源中，则对遗址建筑及构筑物旅游资源认可度最高，风水营造资源则认可度最低，揭示各项旅游资源的保护与开发价值。

（三）WTP 影响因素分析

通过青岩古镇游客的 WTP 值与游客属性的相关分析可知（见表 4-9）：12 项旅游资源中，游客月收入均与 WTP 值呈显著相关（P<0.01），这说明游客的收入越高，其愿意支付的 WTP 值越高，这可以解释为收入越高，其支付能力越强，从而愿意为青岩古镇的各项旅游资源的支付意愿越强烈。同时在 12 项旅游资源中，受访者月收入与传统民居的 WTP 值之间相关性最为显著，说明不同收入人群对传统民居的支付意愿金额有较大的差异，而与宗教文化、风水营造、历史底蕴的 WTP 值相关性较低，说明不同收入人群对人文类旅游资源的支付意愿差异性较其他类旅游资源低，认知趋于一致。在喀斯特地貌旅游资源中，游客所在省区与 WTP 值呈显著相关（相关性 0.295），说明贵州省外游客对喀斯特地貌有较强的支付意愿，可解释为省外游客对古镇内特有的喀斯特地貌有较强的兴趣与支付偏好。除上述喀斯特地貌旅游资源中，游客所在地与 WTP 值有显著相关，针对 12 项旅游资源的 WTP 值与游客文化程度、职业、所在地、性别均无显著相关。

表 4-9 游客属性与支付意愿金额的相关分析

旅游资源类别	所在省区	性别	文化程度	职业	月收入
山水格局	0.109	0.229	0.052	-0.190	0.310**
喀斯特地貌	0.295**	0.159	0.046	-0.126	0.329**
传统民居	0.244	-0.099	0.205	-0.115	0.412**
名木古树	0.231	-0.100	0.158	-0.102	0.344**

续表

旅游资源类别	所在省区	性别	文化程度	职业	月收入
遗址建筑及构筑物	0.166	-0.138	0.176	0.018	0.326**
农业景观	0.212	-0.005	0.176	0.018	0.316**
古镇空间及布局	0.166	-0.138	0.082	-0.076	0.326**
历史街区	0.204	-0.044	0.138	-0.132	0.362**
风水营造	0.166	-0.018	0.065	-0.082	0.265**
民俗节庆	0.236	0.075	0.094	-0.001	0.279**
历史底蕴	0.200	-0.064	0.202	0.006	0.304**
宗教文化	0.120	-0.014	0.109	0.037	0.268**

注："**"为在 0.01 水平（双侧）上显著相关。

结果表明，支付能力是游客对各项旅游资源的支付意愿的重要影响因素。除在喀斯特地貌资源的支付意愿方面所在省区为重要影响因素，其他的游客个人属性（性别、文化程度、职业、所在省区）在各项旅游资源中，均不属于支付意愿的明显影响因素。

——节选自李凯等："基于 AHP 与 CVM 法的喀斯特传统聚落旅游资源评估研究——以贵阳市青岩古镇为例"，载《山地农业生物学报》2018年第 1 期。

思考与练习

1. 文化资源调查的前期准备工作有哪些？

2. 成本法主要用于哪些文化资源的价值评估？

3. 收益法评价的原理是什么，收益法与成本法评价方法有何不同？

4. 什么是资源的非使用价值（存在价值），为什么要评价资源的存在价值？

5. 文化资源的非使用价值评价方法的基本原理是什么？

参考文献

［1］陈汉辞："疫情之下影视剧制作成本严控 主演片酬不超过 10%"，载 http://finance.china.com.cn/whcm/20200428/5261707.shtml ，最后访问日期：2020 年 11 月 3 日。

［2］范文静："北京博物馆夜游需求分析与发展建议"，载《可持续发展》2020 年第 2 期。

［3］范文静："甘肃黄河石林地质景观可持续发展研究"，中国地质大学 2014 年博士学位论文。

［4］李凯等："基于 AHP 与 CVM 法的喀斯特传统聚落旅游资源评估研究——以贵阳市青岩古镇为例"，载《山地农业生物学报》2018 年第 1 期。

［5］林俊华主编：《丹巴民族传统文化资源调查报告》，四川大学出版社 2013 年版。

［6］卢政营：《供给侧改革：旅游文化资源创意机制研究》，旅游教育出版社 2017 年版。

［7］林毅彬："44 年前存单，还能取出钱吗?"，载《海峡导报》2017 年 8 月 21 日，第 10 版。

［8］王广振：《地方文化产业发展策略系统研究》，福建人民出版社 2013 年版。

［9］项福库：《渝东南民族地区红色文化资源的调查、开发与利用研究》，西南交通大学出版社 2015 年版。

［10］张宜春主编：《数字文化资源运行模式研究》，中国传媒大学出版社 2016 年版。

第五章　文化遗产保护与开发

学习目标：

1. 理解文化遗产资源保护的意义；
2. 掌握文物古迹的含义和保护范围；
3. 掌握历史建筑的含义和保护范围；
4. 掌握工业遗产的价值表现及工业遗产保护的意义；
5. 掌握历史文化名镇名村保护的意义和保护原则；
6. 理解历史文化街区的概念及保护原则；
7. 掌握历史文化名城的概念及审定标准。

第一节　文物古迹保护

文物古迹是具有历史价值、科学价值、艺术价值的遗存在社会上或埋藏在地下的历史文化遗物和遗迹。国际上文物主要指百年以上并具有历史艺术价值的物品。中国根据文物古迹的价值高低，将文物分为国家级、省级和市县级三级重点文物保护单位。

一、文物古迹保护的背景和意义

市级文物保护单位分别由设区的市、自治州和县级人民政府核定公布，并报省、自治区、直辖市人民政府备案。

省级文物保护单位由省、自治区、直辖市人民政府核定公布，并报国务院备案。

全国重点文物保护单位由国家文物局在省级、市级文物保护单位中，选择具有重大历史、艺术、科学价值者确定为全国重点文物保护单位，或者直接确定，并报国务院核定公布。

截至 2019 年 10 月，国务院已公布八批全国重点文物保护单位，核定国保单位 5054 处（50 处与此前已核定公布的国保单位合并），包括古遗址1188 处，古墓葬 420 处，古建筑 2162 处，其他 1284 处。

表 5-1　全国重点文物保护单位批次

批次	时间	数量（处）
第一批	1961 年 3 月 4 日	180
第二批	1982 年 2 月 23 日	62
第三批	1988 年 1 月 13 日	258
第四批	1996 年 11 月 20 日	250
第五批	2001 年 6 月 25 日	518
第六批	2006 年 5 月 25 日	1080
第七批	2013 年 5 月 3 日	1944
第八批	2019 年 10 月 16 日	762

案例 5-1　北京站车站大楼被列入第八批国保单位

北京站位于北京市东城区毛家湾胡同甲 13 号，紧邻明城墙遗址公园，前身叫"正阳门东车站"，位于前门，修建于清光绪二十七年（1901 年）。当时清朝政府签订了丧权辱国的《辛丑条约》，英国军队为了军事运输需要和加强对北京城的控制，强行将铁路从永定门修至前门。

1901 年 12 月 10 日，第一台机车驶达没有站舍的正阳门东车站。直到1906 年，这里的站舍才正式竣工并开通使用，车站全称为"京奉铁路正阳门东车站"。

100 多年前，正阳门东车站只有三座站台，候车室总面积 1500 平方米，1907 至 1910 年间，日办理列车 8 对，只能在白天运行。但在当年，已是全国最大的火车站，也是最大的交通枢纽。

此后，北京站数次易名。

1937 年"卢沟桥事变"后，正阳门东车站被日军占领，更名为"前门站"，第二年 6 月 10 日又易名为"北京站"。1945 年，日本宣布无条件投降，同年 10 月，再次更名为"北平站"，第二年，又一次改为"北平东站"。

1949 年，北京和平解放。1949 年 9 月 30 日，"北平东站"正式改为"北京站"，沿用至今。

新中国成立后，北京站作为"国门"和"首都迎宾门"，承担了大量重要接送工作。随着首都城市建设的日新月异，以及越来越繁重的运输任务，新建一个北京站迫在眉睫。1959 年，为庆祝新中国成立十周年，北京站重新建设。当时《人民日报》发表社论盛赞，北京站等一批建筑"是我国建筑史上的创举"。从 1958 年 9 月 5 日确定国庆工程任务，10 月 25 日陆续开工，仅用不到 1 年的时间，1959 年 9 月，一座雄伟壮观、富丽堂皇、具有民族及古建筑风格的大厦就矗立在世人眼前。当时，苏联专家鲍尔特在北京站落成记者会上说："中华民族是个了不起的民族，我们认为办不到的事，你们办到了。"1959 年 9 月 15 日，毛泽东主席在视察北京站时，对车站建设盛赞不已，他应工程总指挥李岳林的请求，题写了"北京站"三个字，成为北京站的一大特点。

新建的北京站比之前前门的老北京站大了 8 倍。大楼内候车面积达 1.4 万平方米，可以同时容纳 14 000 名旅客候车。中央大厅设有 4 架自动扶梯，每小时可运送 6000 人次。周恩来总理在审定设计方案时，提出在主楼两翼各增加一座角楼，设计人员采纳了周总理的建议。楼顶两座钟楼，每座都是镶嵌着大理石面的四面大钟。每个钟面 4 米见方，大小针分别长 1.9 米和 1.6 米，每天早上 7 点到晚上 9 点，它会在正点时分播放出嘹亮的"东方红"乐曲声和清脆的钟声。

——节选自石玉林：《北京站往事——北京站老站长手记》，中国铁道出版社 2014 年版。

二、文物古迹保护的原则

文物古迹保护必须坚持"保护为主、抢救第一、合理利用、加强管理"的文物保护工作方针，运用多学科理论、立足保护、重点展示、分步实施、逐步完善的指导思想，将文物古迹保护与城市历史文化保护相结合、文物古迹保护与文物古迹合理利用相结合、文物古迹保护与城市发展相结合、文物古迹保护与生态环境建设相结合、文物古迹保护与城市风貌建设相结合、文物古迹保护与考古和历史研究相结合，做好文物古迹的保护与管理工作。在文物古迹保护工作中必须坚持以下基本原则。

1. 原址保护原则。只有在发生不可抗拒的自然灾害或因国家重大工程建设的需要，使迁移保护成为唯一有效的手段时，才可以原状迁移，易地保护。易地保护要依法报批，在获得批准后方可实施。

2. 少干预原则。凡是近期没有重大危险的文物古迹，除日常保养以外不应进行更多的干预。必须干预时，附加的手段只用在最必要部分，并减少到最低限度。采用的保护措施，应以延续现状，缓解损伤为主要目标。

3. 日常保养原则。日常保养是最基本和最重要的保护手段。要制定日常保养制度，定期监测，并及时排除不安全因素和轻微的损伤。

4. 真实性原则。真实性，即保护文物古迹原生的、本来、真实的面貌。保护项目和措施不得改变文物古迹原状，并且要与文物古迹周边历史环境风貌相协调。真实性是相对的，只要对文化遗产价值形成有贡献，就可认为符合真实性原则。

5. 完整性原则。完整性就是要保护文物古迹拥有的全部内容与历史信息，也包括文物周围的环境。第一，必须保护文物古迹现有的各类遗存，保护文物古迹实物原状与历史信息；第二，保护文物古迹环境的完整性，尽量保持原有的环境面貌与环境氛围，处理好与周边环境的关系。但是，我们必须注意真实性和完整性是相对的，必须与其价值相联系。和真实性原则一样，完整性也是一个相对概念。

第二节 历史建筑保护

历史建筑是指经市、县人民政府确定公布的具有一定保护价值，能够反映历史风貌和地方特色，未公布为文物保护单位，也未登记为不可移动文物的建筑物、构筑物，是城市发展演变历程中留存下来的重要历史载体。

一、历史建筑保护的背景和意义

随着城市旧城改造，许多地方老城大规模拆建，导致城市的历史随着拆迁而丧失，新建筑越建越多，城市却越来越雷同。于是，人们呼吁要对反映城市历史的街区和建筑进行保护。另外，从文物的保护方面来看，要达到文物保护工程"全面地保存、延续文物的真实历史信息和价值"的目的，必须"保护文物本体以及与之相关的历史人文和自然环境"。保护文物，必须连同其周边的环境一起保护，否则，仅仅保护文物本身，脱离了其存在的环境，文物单位的价值和意义便大打折扣。

二、历史建筑保护原则

历史建筑的保护与文物古迹的保护不同，历史建筑保护首先是不得拆除其有意义的部分，对其所作的维修改善都应保持原有外形和风貌特征，但是可以在使用功能上更加灵活。如允许在历史建筑内部进行设施改造甚至改变内部结构。2017年住房和城乡建设部《关于加强历史建筑保护与利用工作的通知》中对历史建筑的保护提出如下要求：

1. 做好历史建筑的确定、挂牌和建档。各地要加快推进历史建筑的普查确定工作，摸清家底，多保留不同时期和不同类型的历史建筑。要注重改革开放前城市近现代建筑遗产的保护，做到应保尽保。建立历史建筑保护清单和历史建筑档案，对历史建筑予以挂牌保护。

2. 最大限度发挥历史建筑使用价值。支持和鼓励历史建筑的合理利用。要采取区别于文物建筑的保护方式，在保持历史建筑的外观、风貌等特征基础上，合理利用，丰富业态，活化功能，实现保护与利用的统一，充分发挥历史建筑的文化展示和文化传承价值。积极引导社会力量参与历史建筑的保护和利用。鼓励各地开展历史建筑保护利用试点工作，形成可复制、可推广的经验。同时探索建立历史建筑保护和利用的规划标准规范和管理体制机制。

3. 不拆除和破坏历史建筑。各地应加强对历史建筑的严格保护，严禁随意拆除和破坏已确定为历史建筑的老房子、近现代建筑和工业遗产，不拆真遗存，不建假古董。

4. 不在历史建筑集中成片地区建高层建筑。在历史文化街区以及其他历史建筑集中成片地区，禁止在对其历史风貌产生影响的范围内建设高层建筑和大洋怪的建筑。新建建筑应与历史建筑及其历史环境相协调，保护好历史建筑周边地区的历史肌理、历史风貌，严格按照保护规划要求控制建筑高度。

三、历史建筑的开发利用

历史建筑是宝贵的文化资产，必须用心呵护。但是，将历史建筑用铁栅栏围起来、仅供游客远远观望，并不是合理的保护方式。有很多历史建筑正是因为疏于管理、与普通人的距离太远，缺少文化和心理上的亲近感，才逐渐无人问津，最终湮灭在了历史的尘埃里。允许在一些有条件的历史建筑周围开设传统作坊、传统商铺、民宿客栈，能让公众直观感受特定年代的历史文化氛围，本身就是一种文化教育。全国多地已有的经验表明，让历史建筑"活起来"与保护历史建筑并不矛盾，若做得好还有助于历史文化的传播与继承。此外，合理开发利用还能提供资金、强化监管，对保护工作大有裨益。历史建筑在开发利用中，其保护责任人可以依法合理利用历史建筑，并要求城乡规划主管部门提供保护、修缮方面的信息和技术指导。历史建筑的开发利用可以总结为如下要点：

1. 鼓励、支持保护责任人利用历史建筑发展文化创意、旅游产业、地方文化研究，开办展馆、博物馆，开展经营活动，以及以其他形式对历史建筑进行保护和合理利用，但应符合有关消防技术标准和规范，并按照有关规定办理审批手续。

2. 历史建筑所在地的区（县级市）人民政府可以收购历史建筑，并通过公开招标等方式选择符合历史建筑保护利用要求的单位对历史建筑进行保护和合理利用。

3. 历史建筑的利用不得违反保护规划；不得在历史建筑内堆放易燃、易爆和腐蚀性的物品，不得随意增加荷载、从事损坏建筑主体承重结构或者其他危害建筑安全的活动。

4. 历史建筑的现状使用用途违反保护规划的，应当在规定期限内予以调整；历史建筑的现状使用用途违反保护规划但与房屋权属证明文件载明的房屋用途一致的，依法调整后对历史建筑保护责任人造成的直接损失，应当予以补偿。

5. 历史建筑所在地的区（县级市）人民政府可以根据历史建筑的类型、地段和用途等因素制定补偿的指导性标准，历史建筑所在地的区（县级市）人民政府依据指导性标准或者合理、适当的原则与保护责任人协商确定具体补偿数额。

四、历史建筑物保护与开发的观念转变

1. 观念转变。要改变保护就是赔钱的观念，保护历史建筑需要政府投入，但政府不可能包办，发达国家也是如此。利益往往是保护的动力和经济保障，要遵循经济规律，作经济效益核算。西方国家旧城建筑更新常采用的保留外观改造内部的做法，除了为保护历史环境外，往往比拆除重建更经济。

2. 功能转变。通过调整使用功能，提高建筑的使用价值。应重视发挥一般历史建筑的使用价值，并以其历史、艺术、科学价值，提升使用价值。一般历史建筑的原有功能往往不适应今天的要求，改作文博建筑就是改变功能的做法，还可以考虑由单一功能变为多种功能。

3. 用地转变。历史建筑所在地段经历了长期的开发建设，土地和房产价格较高甚至很高，原有产业通过迁往新区带来的地价级差，加上政府的政策倾斜，历史建筑的保护可以在经济上得到有力的支持。

4. 产权转变。政府出资收购少数极为重要的历史建筑，以利于保护和改作文博建筑；同时可以出让部分原属于政府资产的一般历史建筑，获得保护资金，并使一般历史建筑的保护成为业主的事，政府负责公用设施建设维护以及对历史建筑的日常监督管理。

案例 5-2:　人民大会堂拟列为本市第一批历史建筑——429 处建筑物名单正在市规自委网站公示

2019 年北京市第一批历史建筑以具有一定时代特征和保护价值、承载了真实和相对完整历史信息的建筑为主，主要集中在西城、海淀、东城三区，集中体现了北京作为国家首都丰富的历史遗存和建筑物类型。其中核心区 273 栋，体现了北京作为千年古都特别是明清及近现代以来丰富的历史内涵，是体现古都风貌及共和国发展历史的建筑代表；海淀区 146 栋，主要集中在清华、北大校园内，集中承载了近现代以来一大批知识分子求学报国的历史信息。

从建筑功能上看，北京市第一批历史建筑主要包括居住建筑、办公建筑、文化教育建筑、医疗建筑、商贸建筑、工业建筑等，涉及传统四合院、近现代公共建筑、近现代住宅等不同的建筑类型，体现了北京多元的历史文化遗存。

——节选自蒋若静："人民大会堂拟列为本市第一批历史建筑——429 处建筑处名单正在市规自委网站公示"，载《北京青年报》2019 年 6 月 22 日，第 4 版。

第三节　工业遗产保护

一、工业遗产保护的兴起

1994 年，世界遗产委员会（UNESCO）发起了均衡的、具有代表性的与可信的《世界遗产名录》全球战略，特别强调了工业遗产类型的重要性。国际工业遗产保护委员会于 2003 年 7 月 10 日至 17 日通过了《关于工业遗产的下塔吉尔宪章》，提出了工业遗产的定义、工业遗产的价值、鉴定、记录和研究的重要性以及应法定保护及维护等内容。

2005 年 10 月 17 日~21 日，在中国西安召开了国际古迹遗址理事会（ICOMOS）第 15 届年会，将 2006 年 4 月 18 日国际古迹遗址日的主题确定为"工业遗产"。自此以后，工业遗产项目越来越受到各国的重视，国际工业遗产保护与再利用开始进入一个新阶段。

二、工业遗产的内涵及特征

国际工业遗产保护委员会（TICCIH）通过的《关于工业遗产的下塔吉尔宪章》指出，工业遗产是指工业文明的遗存，它们具有历史的、科技的、社会的、建筑的或科学的价值。这些遗存包括建筑、机械、车间、工厂、选矿和冶炼的矿场和矿区、货栈仓库，能源生产、输送和利用的场所，运输及基础设施，以及与工业相关的社会活动场所，如住宅、宗教和教育设施等。国际工业遗产保护委员会主席伯格伦（L. Bergeron）认为："工业遗产不仅由生产场所构成，而且包括工人的住宅、使用的交通系统及其社会生活遗址等。但即使各个因素都具有价值，它们的真正价值也只能凸显于一个整体景观的框架中。"综合各方观点，工业遗产应以工业遗存为核心元素，同时具有丰富的形态特征和多种功用价值；除了物质性要素外，还应包括工业遗产所在场地的自然、经济和社会等方面的复杂问题。

三、工业遗产的价值

国际工业遗产保护委员会的《关于工业遗产的下塔吉尔宪章》指出，工业遗产具有社会价值、历史价值、科学价值、技术价值和美学价值。从工业遗产作为工业景观存在出发，工业遗产还具有经济价值。

从文物学的角度分析，工业遗产具有物与信息的双重价值。物的价值就是工业遗产作为一般物的使用价值，是工业遗产能满足人们物质生活需求与情感需求的具体的、基本的价值；信息价值则是工业遗产作为工业文明和科学技术发展承载物的特殊见证价值。

（一）使用价值

工业遗产作为一种近现代的遗产，距离现在的时间较近。另外，工业类建筑一般采用大型的承重骨架结构，构造复杂且技术要求高，建筑坚固耐用，建筑内部大空间利于变更调整，所以一般而言，工业建筑的物质寿命长于其功能寿命，可在其物质寿命之内经历多次使用功能的变更；同时由于工业往往代表了当时先进的技术和文化，所以往往处于城市优势地段，工业遗址的地块具有再利用的潜在价值。因此工业遗产具有较高的物质上的使用价值，这是不同于其他传统的历史文化遗产的一个特征。尤其是现在提倡"节能、环保"理念，发展循环经济，建设节约型社会的背景下，工业遗产的物质使用功能往往首先被关注并加以利用。

工业遗产的使用价值还包括精神方面，它包含了相关人群对生产和生活的记忆，具有场所文化的认同感和归属感。比如一些大体量的工业厂房、大烟囱、大型煤气储气罐、矿坑、井架等，常常会成为所在地区的地标建筑。国内外大量工业遗产保护与利用的实践活动，可以说主要是利用了工业遗产的物质和精神两方面的使用价值。大量工业遗产被改造再利用为展馆、艺术区、旅游景点等，具有文化价值、社会价值、经济价值等。

（二）见证价值

工业遗产见证了工业时代的生产和生活以及工业对历史和今天所产生的深刻影响。《中华人民共和国文物保护法》中将文物的价值概括为艺术价值、历史价值、科学价值三种类型，可以理解为文物的信息种类。工业遗产的见证价值也可以从这三个信息种类来认识，其中科学范畴的工业遗产价值主要表现为技术价值，所以工业遗产的见证价值可以表述为"艺术价值、历史价值、技术价值"三种类型。

1. 工业遗产的艺术价值

艺术价值主要体现在工业建筑以及空间规划的审美价值，它形成了特殊的城市肌理。工业建筑及其所构成的空间体系一反古典主义的繁复，充分体现机械时代简洁、明快、高效的大生产的特征；工业建筑也是曾经先进工业技术的空间载体，造型往往比较新颖独特，有些甚至成为地区的标志性建筑。比如具有典型包豪斯风格的北京"798"厂房建筑；具有英国古城堡风格的上海杨树浦水厂厂房建筑；德国鲁尔区埃森市关税同盟煤矿的包豪斯建筑风格厂房；多特蒙德市措伦煤矿的古典风格建筑，都具有建筑美学的艺术价值。此外，工业生产的炼钢高炉、大烟囱、焦化炉等体量高大的巨型工业构筑物，也往往成为城市中的地标，功能与艺术的结合成为工业美学的代表物。

2. 工业遗产的历史价值

工业遗产的历史价值在于它见证了工业社会生产方式、生产关系的发展和变化，我们可以从设备工艺中了解当时的生产状态，从厂房车间的结构中了解工人之间的关系，从空间布局关系中了解工人与企业主的关系，从工业产品中了解当时社会的生产能力和消费水平，工业遗产是工业文明的见证。英国学者帕墨·玛丽莲在其《工业考古的原则与实践》一书中有这样一段描写，从中可以看出工业区的空间规划如何反映出特定的生产关系：

"18 世纪晚期后的多数工业社会中，以特定目的进行的工业区空间规划，非常典型地展现出如何以获取最大利润为目标来对时间加以节约的。无论是以水车还是蒸汽机作为动力，企业主必须对其劳动力施以一定程度的社会控制才可以达到夜以继日的生产目标。从工业考古学家对生产操作与所提供的居住住所的空间配置中可以观察出这一点。例如在钢铁工业中，熔炉常需花一年以上鼓风作业，要长期不断地监控，为方便供料至熔炉，并可使人员在现场能不断地调换与配置，会在铁工厂熔炉的进料桥下设小屋，以方便工人临时居住。"

3. 工业遗产的技术价值

工业遗产的技术价值反映在它是工业技术及其发展的见证。工业设备、技术流程、工业产品以及工业操作技能，都记载了当时的科技进步和创新，从中我们可以了解工业时代科技发展的脉络。比如德国鲁尔区埃森的关税同盟矿区遗址曾是欧洲最大的无烟煤矿区，保存的运矿机、翻车机等庞大的机器和传送设备，见证了当时的采矿运输技术。在工业遗产的多重价值中，只有科学技术价值是独特的、有别于其他文化遗产的价值，所以我们认为工业遗产的核心价值是技术价值。

四、工业遗产保护与利用

我国正处于社会转型期，城市化进程不断加快，曾为我国近代化、现代化作出重大贡献的大批老工业企业面临改组、搬迁，其设备、产品也不断在淘汰更新。工业遗产的保护与再生利用研究是工业遗产研究的一个重要组成部分，相对于其他方面的研究，这部分研究与实践的关系更为紧密。

我国工业遗产研究起步较晚，大致始于 20 世纪 90 年代中后期，从

2001 年的第五批全国重点文物保护单位开始，近现代工业遗产逐渐出现在此类名单中。在理论研究方面，国内学者的研究范围主要是工业遗产的历史研究和工业遗产的保护与利用研究两个方面。前者涉及的领域主要是工业通史、阶段性工业史、地方工业史、地方志、科学技术史、行业史、企业史和民族资本家研究等；后者涉及的领域主要是近代建筑保护对工业遗产的启示、工业遗产的调查及价值评价、工业遗产再利用、城市工业用地更新、工业旅游、工业景观、工业遗产保护的策略和机制、工业遗产的法律保护、工业遗产保护更新规划与建筑和景观的再利用设计。目前学界对工业遗产的价值研究已经进入到针对不同城市的具体情况研究各城市工业遗产的独特价值的阶段。

2018 年 1 月 27 日，由中国科协调宣部主办，中国科协创新战略研究院、中国城市规划学会共同承办的"中国工业遗产保护名录（第一批）"发布会在中国科技会堂举行。发布会公布了 100 处工业遗产，其中包含创建于洋务运动时期的官办企业，也含有新中国成立后的"156 项"重点建设项目，覆盖了造船、军工、铁路等门类。2019 年 4 月 12 日，《中国工业遗产保护名录（第二批）》公布，共包含 100 处工业遗产。

成为国家工业遗产有六方面的条件：一是，在中国历史或行业历史上有标志性意义，见证了本行业在世界或中国的发端、对中国历史或世界历史有重要影响、与中国社会变革或重要历史事件及人物密切相关，具有较高的历史价值；二是，工业生产技术重大变革具有代表性，反映某行业、地域或某个历史时期的技术创新、技术突破，对后续科技发展产生重要影响，具有较高的科技价值；三是，具备丰富的工业文化内涵，对当时社会经济和文化发展有较强的影响力，反映了同时期社会风貌，在社会公众中拥有广泛认同，具有较高的社会价值；四是，其规划、设计、工程代表特定历史时期或地域的风貌特色，对工业美学产生重要影响，具有较高的艺术价值；五是老工业城市、大运河沿线、黄河沿线、革命老区的工业遗产项目优先推荐；六是，具备良好的保护和利用工作基础。

案例： 5-3 北京"798" 艺术区

北京"798"艺术区可谓文化创意园区的典型。"798"艺术区因北京

798 工厂而得名。"798"工厂是 20 世纪 50 年代苏联援助中国建设的一家大型工厂，位于北京朝阳区酒仙桥街道大山子地区，由东德负责设计建造，秉承了包豪斯建筑设计的理念。当该厂生产停止以后，经过北京大学张永和教授的改造，一批全新的创意产业入驻，包括设计、出版、展示、演出、艺术家工作室等文化行业以及餐饮、酒吧等服务业。在保护原有历史文化遗物的前提下，对原有的工业厂房内部进行了重新设计与改造。由于老工业厂房地处市中心，租金却较为便宜，更由于这些老厂房、旧仓库所积淀的工业文明，能够激发创作的灵感，加之工业建筑开阔宽敞的结构，可随意分割组合，重新布局，因而"798"受到创意产业从业者的青睐。"798"艺术区内分为艺术空间、文化空间、消费空间和交易空间。艺术空间主要为各类画廊和艺术工作室，59% 占地 $200m^2 \sim 500m^2$，大多为2007 年~2008 年入驻，独立经营、独立投资。文化空间以书店为主，一半以上的书店小于 $50m^2$，以艺术类图书为主，国外书籍占 35%。消费空间以酒吧、咖啡厅和餐厅为主，60% 为 2005 年~2008 年入驻，以吸引外国食客的西餐为主要经营内容。交易空间以各类原创时尚店铺为主，80% 为 2007年~2008 年入驻，77% 以原创商品交易为主，价格集中在 100 元~500 元不等。如今，"798"已经成为国际著名的文化产业创意园区。它一方面通过展览、论坛等集结中外美术界、艺评界、文化界的学术力量，增强"798"艺术区的艺术实力，不断提炼中国当代艺术的价值追求；另一方面通过各种公众活动，提高中外游客和北京市民参与当代艺术的文化兴趣，让更多的人了解当代艺术，特别是中国当代艺术的创作成果。

第四节　历史文化名镇名村保护

一、历史文化名镇名村保护的意义

历史文化名镇名村，是我国文化遗产保护体系的重要组成部分。许多历史文化名镇名村至今仍然保持着较为完整的空间格局和历史环境，大量具有鲜明民族传统和地域特色的文物古迹分布其中，蕴藏着丰富的历史信息和文化内涵，集中反映了我国传统文化的民族性、地域性和多元性。切实保护好历史文化名镇名村，充分展现其重要历史文化价值，对于促进我国经济社会文化全面、协调、可持续发展，具有重大而深远的意义。

二、历史文化名镇名村遴选

中国历史文化名镇名村，是由原建设部和国家文物局从 2003 年起共同组织评选的，保存文物特别丰富且具有重大历史价值或纪念意义的、能较完整地反映一些历史时期传统风貌和地方民族特色的镇和村。

历史文化名镇名村的标准与评选依照《历史文化名城名镇名村保护条例》，申报名镇、名村的基本条件是：

1. 保存文物特别丰富；

2. 历史建筑集中成片；

3. 保留着传统格局和历史风貌；

4. 历史上曾经作为政治、经济、文化、交通中心或者军事要地，或者发生过重要历史事件，或者其传统产业、历史上建设的重大工程对本地区的发展产生过重要影响，或者能够集中反映本地区建筑的文化特色、民族特色。

5. 申报历史文化名城的，在所申报的历史文化名城保护范围内还应当有 2 个以上的历史文化街区。

表 5-2 中国历史文化名镇名村批次及数量

批次	时间	名镇	名村
第一批	2003	10	12
第二批	2005	34	24
第三批	2007	41	36
第四批	2008	58	36
第五批	2010	38	61
第六批	2014	71	107
第七批	2019	60	211

2003 年 10 月 8 日第一批历史文化名镇名村公布，其中 10 个中国历史文化名镇，12 个中国历史文化名村，总数 22 个。

表5-3 第一批中国历史文化名镇名村

中国历史文化名镇	中国历史文化名村
1. 山西省灵石县静升镇 2. 江苏省昆山市周庄镇 3. 江苏省苏州市吴江区同里镇 4. 江苏省苏州市吴中区甪直镇 5. 浙江省嘉善县西塘镇 6. 浙江省桐乡市乌镇 7. 福建省上杭县古田镇 8. 重庆市合川区涞滩镇 9. 重庆市石柱县西沱镇 10. 重庆市潼南区双江镇	1. 北京市门头沟区斋堂镇爨底下村 2. 山西省临县碛口镇西湾村 3. 浙江省武义县俞源乡俞源村 4. 浙江省武义县武阳镇郭洞村 5. 安徽省黟县西递镇西递村 6. 安徽省黟县宏村镇宏村 7. 江西省乐安县牛田镇流坑村 8. 福建省南靖县书洋镇田螺坑村 9. 湖南省岳阳县张谷英镇张谷英村 10. 广东省佛山市三水区乐平镇大旗头村 11. 广东省深圳市龙岗区大鹏镇鹏城村 12. 陕西省韩城市西庄镇党家村

概念辨析：中国历史文化名镇名村、中国传统村落、特色文化小镇

"中国历史文化名镇名村"是由原建设部和国家文物局从2003年起共同组织评选的，历史文化保存文物特别丰富并且具有重大历史价值或革命纪念意义的，能较完整地反映一些历史时期传统风貌和地方民族特色的镇和村（主要指建制镇和行政村）。自2003年第一次评选出22个历史文化名镇名村开始，到2019年共评选了7批次，有799个村镇入选。据住建部公布的数据显示，截至2017年，全国共有建制镇18 085个，行政村533 017个，合计551 102个。对比来看，入选中国历史文化名镇名村名录的不到1.45‰。

"中国传统村落"是从"古村落"的概念转化而来的。按照传统村落保护和发展专家委员会的意见，传统村落是为了突出古村落的文明价值及传承的意义而决定更名的。2012年4月，《住房城乡建设部、文化部、国家文物局、财政部关于开展传统村落调查的通知》指出："传统村落是指村落形成较早，拥有较丰富的传统资源，具有一定历史、文化、科学、艺术、社会、经济价值，应予以保护的村落。"截至2019年6月已有5批次，共6819个传统村落被列入"中国传统村落名录"名单。对比2017年全国行政村的数量来看，仅占1.28%。

"特色文化小镇"上海交通大学城市科学研究院课题组在项目研究成果中提出了狭义和广义两种统计概念：广义上的特色文化小镇是指围绕文化产业的某个或某些门类，集聚融合众多上游、中间和下游产业，发展形成跨行业、跨领域的完整价值链，如文化旅游小镇、文化体育小镇等；狭义的特色文化小镇主要指文化产业内部企业、产品高度集聚，生产、销售的专业化、规模化程度高，在文化产业的某个或某些门类形成具有核心竞争优势的产业集群，如音乐小镇、非遗小镇等。以2016年住房和城乡建设部公布的国家级特色小镇和各省市公布的省级特色小镇（共计1286个）为研究对象，得出共有广义的特色文化小镇为798个，在特色小镇总数中的占比为62.1%；狭义上的特色文化小镇为60个，占比为4.7%。因为特色小镇绝大多数都有深厚的历史传统，同时也都重视发展文化旅游业。因而，特色文化小镇应是中国文化村镇的重要组成部分。

在以上三类中有不少交叉或重复，如不少历史文化名镇名村陆续入选为"特色小镇"或"中国传统村落"，同时也有一些条件很好的文化村镇，由于申报审批等原因未能列入其中，所以这三个数据只是一种大概的参考。

——节选自王晓静、刘士林："中国文化村镇的理论问题与历史变迁研究"，载《山东大学学报（哲学社会科学版）》2020年第5期。

三、历史文化名镇名村的保护

（一）确定保护原则

为提升历史文化名镇名村保护效果，应在考虑其发展趋势和各项基础因素的情况下确定保护原则，并在各项合理原则支持下开展保护工作，确保该项保护工作的实施效果。其主要原则包括全面性原则、刚性原则和弹性原则这三种，并加强各项原则在历史文化名村保护实施过程中的作用，避免各类问题的出现，这对于保障历史文化名镇名村综合保护效果和分类保护水平至关重要。此外，不同历史文化名镇名村的保护要求存在一定差异，这就应在考虑各项基础要求条件下强化各项原则在历史文化名镇名村保护实施过程中的作用，确保历史文化名镇名村保护水平的提高。

（二）做好规划编制工作

对于历史文化名镇名村，要严格按照《历史文化名城名镇名村保护条例》中的要求编制保护专项规划，保护规划中应具体划定核心保护范围和建设控制地带，并纳入镇村的总体规划中。重点保护镇村的传统格局、历史风貌，不得随意改变历史建筑，镇村中的传统街道要严格控制其尺度、断面结构以及街道所铺设的传统材料，在道路两侧的所有建筑物也要控制其与街巷的整体比例关系，保留与镇村历史风貌相统一的建筑物。在核心保护区内，对传统建筑的保护与修缮要明确功能、形式、尺寸、材质、色彩等因素与镇村的历史传统环境相一致。建设控制地带的建设行为也要保证与镇村的传统风貌相符合。要着重挖掘历史文化名镇名村中的文化、社会、历史等因素，保护好历史镇村的整体风貌与环境，其中既有自然地理环境，又有社会文化环境。

第五节 历史文化街区保护

一、历史文化街区概念的提出

1933 年国际现代建筑协会在雅典通过的《雅典宪章》中首次提出了"历史街区"的概念："对有历史价值的建筑和街区，均可妥为保存，不可加以破坏。"1964 年《威尼斯宪章》首次提出了"原真性"保护的概念，明确"保护与修复古迹的目的是旨在把它们既作为历史见证，又作为艺术品予以保护"。1966 年美国《国家历史保护法》中提出，"国家的历史和文化遗产应该作为社区生活与发展的一部分加以保护"。

1987 年国际古迹遗址理事会在华盛顿通过的《保护历史城镇与城区宪章》中提出了"历史城区"的概念，认为历史性建筑的外形、内在装饰，街区的历史功能都应该作为保护内容。

中国 1986 年国务院公布第二批国家级历史文化名城时正式提出"历史街区"这一概念。2002 年，在修订的《中华人民共和国文物保护法》中正式将历史街区列入不可移动文物范畴。2008 年，在《历史文化名城名镇名村保护条例》中将"历史文化街区"定义为"文物特别丰富、历史建筑集中成片、能够较完整和真实地体现传统格局和历史风貌，并具有一定规模的区域"。

2015 年 4 月 21 日，国家住房和城乡建设部、国家文物局对外公布第一批中国历史文化街区，北京市皇城历史文化街区等 30 个街区入选。

表 5-4 第一批历史文化街区名单

序号	名　　称	序号	名　　称
1	北京市皇城历史文化街区	16	浙江省绍兴市蕺山（书圣故里）历史文化街区
2	北京市大栅栏历史文化街区	17	安徽省黄山市屯溪区屯溪老街历史文化街区
3	北京市东四三条至八条历史文化街区	18	福建省福州市三坊七巷历史文化街区
4	天津市五大道历史文化街区	19	福建省泉州市中山路历史文化街区
5	吉林省长春市第一汽车制造厂历史文化街区	20	建省厦门市鼓浪屿历史文化街区
6	黑龙江省齐齐哈尔市昂昂溪区罗西亚大街历史文化街区	21	福建省漳州市台湾路-香港路历史文化街区
7	上海市外滩历史文化街区	22	湖北省武汉市江汉路及中山大道历史文化街区
8	江苏省南京梅园新村历史文化街区	23	湖南省永州市柳子街历史文化街区
9	江苏省南京市颐和路历史文化街区	24	广东省中山市孙文西历史文化街区
10	江苏省苏州市平江历史文化街区	25	广西壮族自治区北海市珠海路-沙脊街-中山路历史文化街区
11	江苏省苏州市山塘街历史文化街区	26	重庆沙坪坝区磁器口历史文化街区
12	江苏省扬州市南河下历史文化街区	27	四川省阆中市华光楼历史文化街区
13	浙江省杭州中山中路历史文化街区	28	云南省石屏县古城区历史文化街区
14	浙江省龙泉市西街历史文化街区	29	新疆维吾尔自治区库车县热斯坦历史文化街区
15	浙江省兰溪市天福山历史文化街区	30	新疆维吾尔自治区伊宁市前进街历史文化街区

概念辨析：中国历史文化街区和中国历史文化名街

中国历史文化街区是由相关国家政府机构（住建部和国家文物局）组织开展的一项认定工作，旨在保护城市中风貌完整、传统建筑集中、历史文化遗存丰富的历史文化街区，是我国历史文化名城、名镇、名村、街区保护管理工作的一个重要组成部分。

中国历史文化名街是经原文化部和国家文物局批准，由非国家政府机构（中国文化报、中国文物报和中华民族文化促进会）组织的评选活动，主要是对全国各地的历史文化街区进行宣传推广。

案例5-4： 三坊七巷历史文化街区保护与传承创新

在三坊七巷文物保护规划中，我们除了针对9个文物建筑、院落的保护整修提出规划措施以外，还将近40公顷范围的整个街区作为文物不可分割的环境背景一并予以考虑，并使规划内容与已经编制的历史文化街区保护规划相衔接，将文物建筑、院落与周边的院落及街巷环境加以整体保护。其中最重要的一点是，规划除了明确保护9个文保建筑院落和其他省保、市保单位建筑、院落外，还将能够完整反映街区历史的、各时期的建筑作为保护对象加以保护。在很长一段时间里，对于南后街以及福州很多其他街道两侧的"柴栏厝"建筑的认识存在很大争议。有的观念认为，三坊七巷的精华是明清院落式大厝建筑，"柴栏厝"建筑是19世纪末至20世纪上半叶，遭受战争或台风等灾害后出现的一些临时性的建筑，其用材简单廉价，建造工艺简陋，不具备文化艺术价值，不能代表福州的历史和风貌。但从街区历史和整体风貌来看，我们认为这些建筑是街区历史演变的一个重要时期的见证，历史上生活在这些建筑中的人群与居住在深宅大院的士大夫有着密切的联系，南后街两侧的"柴栏厝"建筑是三坊七巷街区完整社会历史的一部分。这类建筑以及街区其他各种类型建筑一样，都应该成为街区的保护对象。基于这一认识，在整个保护规划工作中我们一直坚持，不但要保护好那些精美的民居大厝，还要把街区多元的建筑类型、完整的历史街巷环境、丰富的人文信息作为一个整体加以保护。所以，保护规划将街区内其他大量有价值的院落大厝、"柴栏厝"、近代小洋楼、民居大院等，都列为三坊七巷风貌的组成要素，并制定了沿街建筑风貌管控措施，以保护街区整体风貌的真实、丰富与完整。现在人们可以看到，三坊七巷各种类型的历史建筑都得到了保留，历史人文信息极为丰富。南后街的"柴栏厝"建筑与坊巷中的大厝院落相映成趣。今天，以商业为主、热闹的南后街与以居住为主的宁静的坊巷，真实地反映了福州三坊七巷的传统面貌。

案例： 5-5 北京大栅栏历史文化街区

前门大栅栏兴起于明代，明定都后为了发展京城内外的商业，由朝廷出钱，在钟楼、鼓楼以及各处城门周边修建铺房。铺房多用于堆放货物，又被称为"廊房"。廊房头条、廊房二条等胡同名字皆源自此意。大栅栏最初的名字即为廊房四条。清代时，前门大栅栏地区已经成为百业俱全、商贾云集的地方，曾有"京师之精华尽在于此，热闹繁华莫过于此"的美誉。全聚德的烤鸭、都一处的烧卖、功德林的素菜、月盛斋的酱肉、聚庆斋的糕点、长盛魁的干果、六必居的酱菜、张一元的茶叶、同仁堂的中药等琳琅满目，五味俱全。还有众多娱乐场所，广德楼、庆乐园、三庆园、广和园、同乐园等，红飞翠舞，热闹非凡。1900年义和团运动一把大火将大栅栏付之一炬，前门大栅栏的繁华落下帷幕。

20世纪60年代，前门大栅栏迎来第一次整修，修筑了北京第一条柏油路，再次成为当时的北京商业中心。此后，随着北京营商环境改善，前门大栅栏因消费档次不高、购物环境差等原因逐渐萧条。20世纪90年代末，前门大栅栏进行了第二次路面整修和环境整治。2008年奥运会前，前门大栅栏进行了第三次大规模改造。改建后的商业街店铺、牌匾、街道等都尽力展现北京古城风貌。2011年北京市启动"大栅栏更新计划"，摒弃之前整体搬迁的刚性模式，采用居民自愿腾退，微循环有机更新的模式，实线城市的软性生长。

如今，前门大栅栏在建筑艺术、民居饮食、商贸制度、民风习俗、曲艺娱乐等方面均表现出古都文化特征。古都文化传承过程可归纳为：风貌改造整改如旧，力求展现沧桑古城风貌；恢复和繁荣老字号，传承商业文化灵魂；保护会馆故居，活化文物利用；依托非遗资源，传承京味文化；商业业态开放包容，满足现代与传统多元需求。

二、历史文化街区的保护原则

（一）原真性的原则

对原真性的评价主要从设计、材料、工艺、环境四个方面考察，传统民居还要考虑外观和功能的统一性。历史街区的保护要强调整体性和发展性的统一。为保证具体实施的可操作性，可根据建筑与环境的价值、质量、特点等因素，分层次采取维修、改建、新建等不同处理方法。历史街区的保护应建立在对整体传统风貌系统规划的基础上，据此划定重点保护区、建设控制区和环境协调区，从而使保护中有发展，实现保护进程的有机更新。

（二）稳定社会结构和优化城市功能相结合的原则

保护历史街区不仅要保护原有的空间环境、文化环境、视觉环境，还应保护原有的社会结构等所谓历史文脉，又符合改善人居环境的现实需要。为此，必须加强对传统居住形态的研究，创造出新的改良模式，使之既维持历史传统风貌，又充分发挥其优良居住模式、组织形态和生活方式的使用功能，从而实现保护和使用的和谐共存。

（三）保护原状与"有机更新"相结合的原则

历史街区应尽量维护原有肌理。在历史街区内，不能轻率地大规模拆建，必须整体规划，有机更新，滚动建设。历史街区的整体保护规划可借用"主景"和"背景"的关系来研究处理，即可把巨大的纪念性建筑视为"主景"，把传统民居等历史环境视为"背景"。过去的保护多着眼于"主景"，现在还应同时注重对"背景"的保护。

（四）长期系统整治的原则

整治是指对构成历史街区的建筑、环境以及其他相关因素进行整理、修缮与调整的行为和过程。历史街区的整治是一个不断完善、不断深入的过程，整治过的环境随着社会、经济、文化等的发展，又会出现新的问题、新的矛盾，还要继续去解决，因此，整治是永久持续的。历史街区的整治不是推倒重来，建仿古一条街，更不应是大拆大建地整旧变新，而应是一种以逐步恢复街区历史传统风貌为目的，渐进式的整旧更新行为。

第五节　历史文化名城保护

一、历史文化名城的含义

历史文化名城是一个特定的概念，是经过一定的程序，由国务院核准并公布的城市。

1982 年的《中华人民共和国文物保护法》第 8 条中规定："保存文物特别丰富、具有重大历史价值和革命意义的城市，由国家文化行政管理部门会同城乡建设环境保护部门报国务院核定公布为历史文化名城。"据此，历史文化名城的定义为"保存文物特别丰富、具有重大历史价值和革命意义的城市"，其选定主要依据城市的历史文化、科学研究、保存状况和今后发展等方面的价值来进行，经主管部门和各有关方面的专家学者、社会人士研究、实地考察之后由国务院核准并公布。2002 年 10 月 28 日，第九届全国人民代表大会常务委员会第三十次会议通过了修订后的《中华人民共和国文物保护法》，其中第 14 条第 1 款规定"保存文物特别丰富并且具有重大历史价值或者革命纪念意义的城市，由国务院核定公布为历史文化名城"，对历史文化名城的概念再次进行了法律意义上的表述。

二、历史文化名城的审定标准

基于更好地弘扬民族文化、保护和发展名城的目的，历史文化名城的审定标准经历了一个完善与发展的过程，即从"四个必备条件"到"三项审定原则"的转变。

在 1982 年 11 月通过的《中华人民共和国文物保护法》中对"历史文化名城"给出了明确定义，然而，在 1982 年 2 月我国公布首批历史文化名城时，《中华人民共和国文物保护法》尚未出台，此前国家基本建设委员会、国家文物事业管理局、国家城市建设总局等部门向国务院提交的《关于保护我国历史文化名城的请示》报告中也没有给历史文化名城下定义，只说道："许多历史文化名城是我国古代政治、经济、文化的中心，或者是近代革命运动和发生重大历史事件的重要城市。在这些历史文化名城的地面和地下，保存了大量的历史文物与革命文物，体现了中华民族的悠久历史，光荣的革命传统与光辉灿烂的文化。"这段话提到了历史文化名城应具备的两个基本特征：一是历史上有重要价值，二是保存有大量文物。

在选择第一批名城时，曾考虑到历史文化名城所必须具备的四个条件：第一，要有悠久的历史或是有特殊重大的历史事件（包括革命史或其他重大历史事件）；第二，要有较多的历史文化遗存，也就是要有丰富的文物古迹或革命遗址和文物；第三，要有较多的文化传统内容，如诗歌、曲艺、戏剧、工艺美术、土特名产、风味食品、民俗风情、历史文化名人等；第四，这个城镇长期以来一直在使用和发展着，而且今后还要继续发展。这四个条件或者完全具备，或者大部分具备才能构成历史文化名城。这四个条件是围绕着"历史文化名城"的四个概念要素"历史"（历史悠久或历史地位突出、历史遗存丰富）、"文化"（有较多的历史文化遗存和文化传统内容）、"名"（重要的历史地位、丰富的文化内容带来的城市的高知名度）、"城"（过去、现在、将来都是活生生的城市有机体而非废弃的城市废墟或遗迹）提出的。第一批公布的 24 个历史文化名城都是大家熟知且公认应该加以保护的。

第一批名城公布之后的几年中，保护历史文化名城的思想逐步推广开来，许多城市纷纷争做名城，名城的审定标准有必要具体化和明确化。国务院 2008 年 4 月公布的《历史文化名城名镇名村保护条例》中提出了申报国家历史文化名城的五项条件：

第一，保存文物特别丰富；

第二，历史建筑集中成片；

第三，保留着传统格局和历史风貌；

第四，历史上曾经作为政治、经济、文化、交通中心或军事要地，或发生过重要历史事件，或其传统产业、历史上建设的重大工程对本地区的发展产生过重要影响，或能够集中反映本地区建筑的文化特色、民族特色；

第五，在所申报的历史文化名城保护范围内还应当有 2 个以上的历史文化街区。

三、历史文化名城的保护

国务院于1982年、1986年和1994年先后公布了三批国家历史文化名城，共99座。此后，分别于2001年增补2座，2004年增补1座，2005年增补1座，2007年增补7座，2009年增补1座，2010年增补1座，2011年增补6座，2012年增补2座，2013年增补4座，2014年增补2座，2015年增补3座，2016年增补3座，2017年增补2座，2018年增补1座，2020年增补1座，截至2020年12月7日，总计136座国家历史文化名城。

案例：5-6《北京历史文化名城保护条例》

2021年1月27日，北京市第十五届人民代表大会第四次会议表决通过了《北京历史文化名城保护条例》。此条例共七章七十七条，分为总则、保护体系、保护规划、保护措施、保护利用、法律责任、附则。主要内容包括：

第一，建立健全工作机制。建立党委领导、政府统筹、单位实施、公众参与、社会监督的名城保护工作机制。强化名城保护委员会的职责，明确名城保护委员会负责名城保护工作的总体谋划、统筹协调、整体推进和督促落实。

第二，明确保护范围，落实应保尽保。条例坚持名城保护的整体性、全覆盖，明确北京历史文化名城的范围涵盖本市全部行政区域，做到应保尽保。把老城整体保护作为重中之重，严格落实老城不能再拆的要求。同时，加强对三山五园地区和三条文化带的重点保护。

第三，完善保护制度和措施。构建保护规划体系，建立保护责任人、保护名录制度。区分核心保护范围、建设控制地带、成片传统平房区及特色地区等，实施分类管控。对于破坏历史格局、街巷肌理、传统风貌以及不符合保护规划要求的建筑物，可以依法组织实施腾退或者改造。

第四，促进活化利用。条例坚持先保护后利用的原则，鼓励和支持历史建筑等保护对象的合理利用和有序开放。主管部门根据历史文化保护传承的需求，制定保护利用正面或者负面清单，明确鼓励、支持或者限制、禁止的活动。工业遗产等历史建筑在符合规划、正面清单等要求的前提下，可以申请变更使用用途。

第五，强化公众参与，以保护促民生。历史文化名城保护是全社会的共同责任，鼓励单位和个人以志愿服务等方式，参与历史文化名城保护工作。鼓励通过多种形式开展名城保护宣传活动，增强社会公众的保护意识。在加强历史文化名城保护的同时，注重改善人居环境。鼓励历史文化街区、成片传统平房区和特色地区的房屋所有权人、使用人通过申请式退租、房屋置换等方式改善居住条件。

第六，展示传承传统文化。历史文化是城市的灵魂，条例注重延续城市历史文脉，让城市留下记忆，让人们记住乡愁。鼓励结合重大历史事件等，依托革命史迹组织开展纪念活动，弘扬爱国主义和革命传统精神。鼓励历史建筑结合自身特点和周边区域的功能定位，引入图书馆、博物馆、美术馆、实体书店、非遗展示中心等文化和服务功能。鼓励历史名园采取多种方式开放，使历史名园贴近市民生活。加强对传统节日、特色民俗、传统工艺、方言的研究记录工作；合理布局非物质文化遗产传承空间，为其提供生存、传播和发展的空间；鼓励老字号原址、原貌保护。鼓励通过现代科学技术手段，实现保护对象的展示与管理。

——节选自"《北京历史文化名城保护条例》解读"，载《北京日报》
2021年2月25日，第7版。

思考与练习

1. 关注身边的文物古迹、历史建筑等，保护文化资源从身边做起。

2. 历史建筑的开发要注意哪些关键因素？

3. 学习首钢工业文化遗产保护的途径。

4. 探讨历史文化名镇名村、历史街区、历史文化名城与文化资源保护之间的关系。

5. 多去考察一些历史文化名城，看一看历史与现代的碰撞下，不同历史文化名城的保护特色。

参考文献

［1］《设计质》编辑部编：《设计质：历史街区的改造与利用》，华中科技大学出版社 2016 年版。

［2］Marilyn Palmer，*Industrial Archaeology——Principles and Practice*，Routledge，1998.

［3］Wenjing Fan，Xueqing Dai，"Research on the Inheritance of Beijing's Ancient Capital Cultural from the Perspective of Nighttime Economy：A Case Study of Qianmen and Dashilan"，*Advances in Social Science*，*Education and Humanities Research*，2020，pp. 256-261.

［4］蔡晴：《基于地域的文化景观保护研究》，东南大学出版社 2016 年版。

［5］初妍：《青岛近代工业建筑遗产及其价值评价研究》，天津大学出版社 2019 年版。

［6］丁杰：《苏皖古村落建筑与环境比较研究》，中国环境出版社 2014 年版。

［7］郭海林：《徐州历史文化溯源》，河海大学出版社 2015 年版。

［8］郝磊："济南历史文化名城获立法保护"，载《济南日报》2020 年 8 月 26 日，第 1 版。

［9］贾鸿雁、张天来编著：《中华文化遗产概览》，东南大学出版社 2015 年版。

［10］蒋楠、王建国：《近现代建筑遗产保护与再利用综合评价》，东南大学出版社 2016 年版。

［11］雷钢："历史文化名村保护整治的实施探究"，载《房地产世界》2020 年第 18 期。

［12］李继军、贾雄飞：《开封古城 历史文化名城的保护与复兴》，东方出版中心 2017 年版。

［13］周瑜、刘春成主编：《"文化创意+"产城融合发展》，知识产权出版社 2019 年版。

［14］廖春花：《全球化下城市历史街区的地方性实践研究——以潮州古城区为例》，武汉大学出版社 2017 年版。

［15］廖启鹏：《绿色基础设施与矿区再生设计》，武汉大学出版社 2018 年版。

［16］林志宏：《世界文化遗产与城市》，同济大学出版社 2012 年版。

［17］刘慧：《历史文化名城与数字媒体广告创意研究》，东北师范大学出版社 2017 年版。

［18］吕建昌：《近现代工业遗产博物馆研究》，学习出版社 2016 年版。

［19］潘君瑶：《从文化资源到文化品牌》，四川大学出版社 2018 年版。

［20］孙敬宇主编：《小城镇街道与广场设计指南》，天津大学出版社 2014 年版。

［21］孙克勤编著：《世界文化与自然遗产概论》（第 2 版），中国地质大学出版社 2012 年版。

［22］唐月民编著：《文化资源学》，山东大学出版社 2014 年版。

［23］汪幼海：《软创新与全球竞争力》，上海社会科学院出版社 2017 年版。

［24］王国伟：《城市微空间的死与生》，上海书店出版社 2019 年版。

［25］王晓静、刘士林："中国文化村镇的理论问题与历史变迁研究"，载《山东大学学报（哲学社会科学版）》2020 年第 5 期。

［26］卫才华：《北京隆福寺商业民俗志》，商务印书馆 2018 年版。

［27］徐洪涛主编：《南宁历史建筑与传统聚落》，广西科学技术出版社 2018 年版。

［28］严昌洪：《武汉历史文化风貌概览》，武汉出版社 2017 年版。

［29］杨大辛：《碎思录》，天津人民出版社 2017 年版。

［30］杨凡主编：《叙事：福州历史文化名城保护的集体记忆》，福建美术出版社 2017 年版。

［31］张松：《城市笔记》，东方出版中心 2018 年版。

［32］张廷栖：《保护与传承——南通文史存稿》，苏州大学出版社 2017 年版。

第六章　非物质文化遗产保护与开发

学习目标：

本章学习目标：

1. 掌握非物质文化遗产的类型；

2. 认识我国历史非物质文化遗产保护面临的问题；

3. 了解非物质文化遗产的保护历史与发展现状；

4. 掌握非物质文化遗产数字化保护的方法；

5. 理解非物质文化遗产商业开发的原则和意义。

第一节　非物质文化遗产的概念和类型

非物质文化遗产既是历史发展的见证，又是珍贵的、具有重要价值的文化资源。非物质文化遗产蕴含了一个区域、一个民族特有的思维方式和文化意识，承载着一个国家、一个民族或族群文化生命的密码。珍贵、濒危并具有历史、文化和科学价值的非物质文化遗产得到有效保护，并得以传承，对人类的生存与发展具有独特的价值与意义。厘清非物质文化遗产的概念及其分类，有利于对其进行更加科学的管理，并且可依此区分文化遗产的内在特质和外在功能，有利于文化遗产各种功能的发挥。

一、非物质文化遗产的概念

"非物质文化遗产"概念的产生有个演变的过程。"非物质文化遗产"的概念源于 1950 年日本通过的《文化财保护法》，《文化财保护法》中首次启用了"无形文化财"的概念。20 世纪 70 年代，"无形文化财"的概念逐渐影响到联合国教科文组织及国际社会。1972 年由联合国教科文组织公布《世界遗产公约》，将对人类的整体有特殊意义的文物古迹、风景名胜、文化及自然景观列入了世界遗产名录。但是，这个公约不适用于非物质遗产。

1989 年 11 月联合国教科文组织第 25 届大会上通过了《保护民间创作（或译为民间文化）建议案》，提出了"民间创作"（或民间文化）的概念，从理论与实践两方面推进了非物质文化遗产概念的确立。

1998 年 10 月联合国教科文组织发布了《人类口头和非物质遗产代表作条例》，提出了人类"口头和非物质遗产"（另一译名"无形文化遗产"）的概念。2001 年 11 月，联合国第 31 届成员国大会通过决定，以"非物质文化遗产"代替"民间文化"的概念。

2003 年 10 月，联合国教科文组织通过了《保护非物质文化遗产公约》，该公约对"非物质文化遗产"（Intangible Cultural Heritage）的概念做了明确界定，即非物质文化遗产是指："被各群体、团体，有时为个人视为其文化遗产的各种实践、表演、表现形式、知识和技能及其有关的工具、实物、工艺品和文化场所。"

作为对《保护非物质文化遗产公约》的回应和补充，2005 年，我国国务院发布《关于加强文化遗产保护的通知》，国务院办公厅发布《关于加强我国非物质文化遗产保护工作的意见》，制定了相应的保护办法。从此，"非物质文化遗产"这一外来概念被学术界所启用，认为非物质文化遗产是指各种以非物质形态存在的与群众生活密切相关、世代相承的传统文化表现形式，包括口头传统、传统表演艺术、民俗活动和礼仪与节庆、有关自然界和宇宙的民间传统知识和实践、传统手工艺技能等以及与上述传统文化表现形式相关的文化空间。

案例 6-1 世界非物质文化遗产的遴选标准

被宣布为人类口头和非物质遗产代表作的文化场所或形式应有特殊的价值，应证明：

1. 具有特殊价值的非物质遗产的高度集中；

2. 从历史、艺术、人种学、社会学、人类学、语言学或文学角度来看是具有特殊价值的民间和传统文化表现形式。

在评估有关遗产的价值时，应考虑下述标准：

1. 其是否有作为人类创作天才代表作的特殊价值；

2. 其是否扎根于有关社区的文化传统或文化史；

3. 其是否具有确认各民族和有关文化社区特性之手段的作用，其是否具有灵感和文化间交流之源泉以及使各民族和各社区关系接近的重要作用，其目前对有关社区是否有文化和社会影响；

4. 其是否杰出地运用了专门技能，是否发挥了技术才能；

5. 其是否具有作为一种活的文化传统之唯一见证的价值；

6. 其是否因缺乏保护和保存手段，或因迅速变革的进程、或因城市化、或因文化适应而有消失的危险。

——节选自《人类口头和非物质遗产代表作条例》

二、非物质文化遗产的类型

2001 年 11 月，联合国教科文组织在采用了非物质文化遗产的新定义同时，还宣布了非物质文化遗产的两种表现形式：一种是有规可循的文化表现形式，如音乐和戏剧表演、宗教仪式或各类节庆仪式；另一种是文化空间。关于口头和非物质文化遗产所涵盖的具体门类，联合国教科文组织《保护非物质文化遗产公约》大致做了规定性的说明。具体包括五个方面，即：

1. 口头传说和表述，包括作为非物质文化遗产媒介的语言；

2. 表演艺术；

3. 社会风俗、礼仪、节庆；

4. 有关自然界的知识和实践；

5. 传统的手工艺技能。

2011年6月《中华人民共和国非物质文化遗产法》实施，所称非物质文化遗产，是指各族人民世代相传并视为其文化遗产组成部分的各种传统文化表现形式，以及与传统文化表现形式相关的实物和场所。包括：

1. 传统口头文学以及作为其载体的语言；

2. 传统美术、书法、音乐、舞蹈、戏剧、曲艺和杂技；

3. 传统技艺、医药和历法；

4. 传统礼仪、节庆等民俗；

5. 传统体育和游艺；

6. 其他非物质文化遗产。

中国根据自己的国情，对非物质文化遗产的对象范围划定了十大类，即民间文学，传统音乐，传统舞蹈，传统戏剧，曲艺，传统体育、游艺与杂技，传统美术，传统技艺，传统医药，民俗。

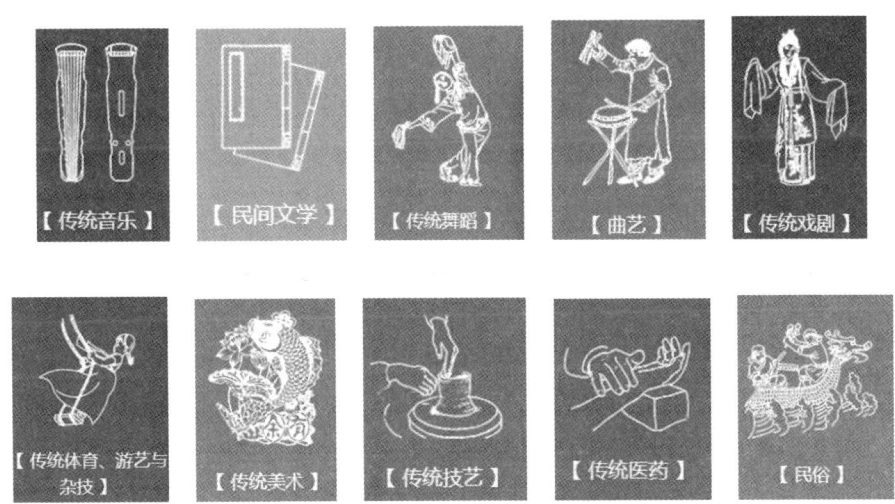

图6-1　中国十大非物质文化遗产类别（来源：http://www.ihchina.cn/）

三、非物质文化遗产的特征

非物质文化遗产是人类的一种特殊遗产。其与人类物质文化遗产相比，有自己的特殊性。

（一）非物质性

非物质性是非物质文化遗产最根本的属性。《保护非物质文化遗产公约》指出，非物质文化遗产概念中的非物质性的含义，是相对于满足人们物质生活基本需求的物质生产而言的，是指以满足人们的精神生活需求为目的的精神生产这层含义上的非物质性。所谓非物质性，并不是与物质绝缘，而是指其偏重以非物质形态存在的精神领域的创造活动及其结晶。如上所述，古琴乐器本身是物质文化，而古琴的制作工艺、弹奏古琴的手法和技巧、口传心授的乐曲调式、传统记谱方式方法、演奏形式或仪式等综合在一起形成的文化的链接，具有非物质性。

（二）民间性

非物质文化遗产是不同民族、不同社群的民众在历史的长河中创造和传承的。它既非单个人的行为，也非政府指令的行为，而是一种民间自主的行为。非物质文化遗产往往是民间口传心授，打上了鲜明的民族、家庭的烙印。非物质文化遗产一方面能满足老百姓物质方面的需要，如传统制醋工艺，就是满足生活需要的；另一方面的非物质文化遗产满足老百姓精神方面的需要，如一些表演艺术、民俗活动和礼仪节庆等。

（三）活态性

非物质文化遗产的活态性是指非物质文化遗产具有生命力，可以通过人的行为得到传播和创新。非物质文化遗产适应不断变化着的社会文化环境而得以传承，这在非物质文化遗产的口头传说和表演艺术、社会风俗、礼仪、节庆以及传统工艺技能中，表现得尤为突出。非物质文化遗产随着人们生活实践的发展而发展并适应人们生活和社会发展需要。非物质文化遗产的文化内涵，基本上是通过人的互动活动展现出来，所以具有活态性。

（四）多样性

非物质文化遗产是人类世代相传的精神财富，体现了不同地区、民族、信仰的群体、个体的精神继承和发展过程。因而，不同时期、不同地域、不同民族的非物质文化遗产具有不同的形态。非物质文化遗产内容丰富，渗透在人类社会生活的各个方面，具有鲜明的地方特色。

（五）传承性

非物质文化遗产的传承性是由遗产的本质所决定的。非物质文化遗产需要以人的行为活动为载体，通过人们的实践活动，不断地得到传播，主要依靠世代相传，一旦停止了传承活动，也就意味着死亡。例如很多传统手工艺、技艺等，这些一般都是以代代相传的方式继承下去的，如果传统手工艺找不到合适的传承人，那非物质文化遗产便会面临绝迹的危险。

第二节　非物质文化遗产保护的历史和现状

人类社会对非物质文化遗产的保护可谓历史悠久。联合国教科文组织及各非物质文化遗产保护先进国在对保护什么、如何保护的问题上，经过不断探索、长期实践，在世界非物质文化遗产保护运动中发挥了重要作用。为了保护人类文化遗产，世界各国从中央机构到民间团体，从宣传教育到科学研究，从社会人文到市场经济，采取不同层次，不同方面的多种手段和方式，极大地推进了人类非物质文化遗产的保护事业。

一、非物质文化遗产保护历史

（一）国外非物质文化遗产保护历史概述

在世界上，第一个对非物质文化遗产实施活态保护的国家是日本。1950 年，日本颁布了《文化财保护法》，用"无形文化财"一词，表明对文化遗产的保护从原有的物质层面延展到了非物质层面。在非物质文化遗产保护过程中。日本十分重视传承人及传承群体的保护。他们不但在经济上对那些技艺超群的艺人、匠人给予必要的经济补贴，同时还赋予他们以相当高的社会地位，以激励他们在表演技艺、传统工艺方面进行传承。

20 世纪 60 年代，在有识之士的呼吁下，韩国政府开始意识到保护传统的重要性。引进日本文化遗产管理模式，制定了《文化财保存委员会规程》，成立了文化财保护委员会。1962 年，韩国正式出台了《文化财保护法》，要求作为非物质文化财传承人，文化财持有者将自己的技艺或技能传承给别人。为保证传统文化后继有人，韩国政府还特设奖学金，资助有志于学习非物质文化遗产项目的年轻人。韩国十分重视利用非物质文化遗产来促进旅游业的发展。

"文化遗产日"是法国人的首创。每年 9 月的第 3 个周末,法国各大博物馆向公众开放,公立博物馆免门票,私立博物馆门票半价。截至 2009 年,法国有近 2 万个文化协会在保护和展示历史文化遗产。在法国"文化遗产日"活动的影响下,欧洲文化遗产保护活动也蓬勃开展起来。

1976 年,美国通过了《民俗保护法案》,该法案认为,美国民俗所固有的多样性对丰富国家文化做出了巨大贡献,并培育了美国人民的个性和特性。《民俗保护法案》通过后的第一个成果,便是在美国国会图书馆中建立了美国民俗中心,为保存、展示和研究美国民俗提供方便。

联合国教科文组织主要通过颁布国际公约、宪章、建议案对非物质文化遗产进行保护。联合国教科文组织对非物质文化遗产的保护起于 20 世纪 70 年代。联合国教科文组织在保护非物质文化遗产的立法方面经过了四个重要阶段:第一阶段,提出关于保护传统和民间文化的议案;第二阶段,建立"活的文化财产制度";第三阶段,建立"人类口头和非物质遗产代表作"公告制度;第四阶段,通过《保护非物质文化遗产公约》。《保护非物质文化遗产公约》的宣布,标志人类非物质文化遗产保护运动进入一个崭新的历史时期。联合国教科文组织对非物质文化遗产的认识不断加深,实践不断深入。

(二) 国内非物质文化遗产保护历史概述

国内非物质文化遗产保护工作启动较晚。19 世纪末,中国当时的一些仁人志士开始着力于将西方民俗学理论介绍到中国。1918 年北京大学开设歌谣征集处,一些民俗学先驱们深入田野,收集、记录了大量的民间故事、歌谣、民俗等非物质文化遗产事项。

1949 年中华人民共和国成立,对部分民族民间文化遗产进行调研,记录整理各种流派传统剧目。1966 年,"文化大革命"爆发,中国的许多传统文化遗产遭受了大量损失,非物质文化遗产搜集工作处于停滞状态。1978 年中共十一届三中全会以后,非物质文化遗产搜集工作步入正轨。2003 年中国民间文艺家协会正式启动"中国民间文化遗产抢救工程"。

2003 年，中国民间保护工程全面启动，标志着开展非物质文化遗产保护工程的启动。2004 年 8 月我国正式加入了联合国《保护非物质文化遗产公约》，成为较早加入公约的国家之一。2005 年 3 月，国务院办公厅发布《关于加强我国非物质文化遗产保护工作的意见》。2005 年 6 月，文化部《关于申报第一批国家级非物质文化遗产代表作的通知》下发，全国上下掀起了申报非物质文化遗产的热潮。2005 年 12 月，国务院发布《关于加强文化遗产保护的通知》，确立了"保护为主、抢救第一、合理利用、传承发展"的方针，要求进一步加强文化遗产保护工作。

我国决定从 2006 年起，每年六月的第二个星期六为中国的"文化遗产日"，这充分体现了党和国家对保护文化遗产的高度重视和战略远见。2006 年 2 月，"中国非物质文化遗产保护成果展"在北京中国国家博物馆中央厅开幕，全面展示了我国政府和社会在非物质文化遗产保护工作中所取得的成就，标志着中国非物质文化遗产保护又上了一个新台阶。

2007 年 1 月，文化部又下发了《关于申报第二批国家级非物质文化遗产名录项目有关事项的通知》。此后，开展了全国性非物质文化遗产大普查；建立了国家级非物质文化遗产名录体系；选定了国家非物质文化遗产传承人等。2007 年 5 月，在我国成都举办了联合国教科文组织会议，发表了世界上首个国际性非物质文化遗产保护宣言——《成都宣言》，显示了中国民众对保护非物质文化遗产认识的迅速提高也展现了中国政府的决心。各级政府部门都专门成立了非物质文化保护工作小组，出台了相关政策法规，划拨了非物质文化遗产保护的专项资金，从组织、人员、政策、经费上强化非物质文化遗产保护工作。

二、我国非物质文化遗产保护现状

随着各级地方政府对非物质文化遗产保护工作的不断深入、公众保护意识的不断加强，我国保护工作已从单一选择性项目保护发展为系统性、较为全面地保护，初步建立起符合我国国情的非物质文化遗产保护机制。

（一）开展全国性非物质文化遗产大普查，建立名录体系

2009 年，我国完成了第一次全国非物质文化遗产资源普查，实施了国家级名录项目"有进有出"的动态管理。通过普查，较为全面地了解和掌

握了各地区、各民族非物质文化遗产资源的种类、数量、分布状况、生存环境、保护现状以及存在的问题。在普查的基础上实行非物质文化遗产分级保护制度，建立了较为完善的国家、省、市、县四级非物质文化遗产名录体系。国务院先后于2006年、2008年、2011年和2014年公布了四批国家级项目名录（前三批名录名称为"国家级非物质文化遗产名录"。2011年《中华人民共和国非物质文化遗产法》实施后，第四批名录名称改为"国家级非物质文化遗产代表性项目名录"），共计1372个国家级非物质文化遗产代表性项目，按照申报地区或单位进行逐一统计，共计3145个子项，涉及国家级非物质文化遗产代表性项目保护单位3146个（见表6-1）。为了对传承于不同区域或不同社区、群体持有的同一项非物质文化遗产项目进行确认和保护，从第二批国家级项目名录开始，设立了扩展项目名录。扩展项目与此前已列入国家级非物质文化遗产名录的同名项目共用一个项目编号，但项目特征、传承状况存在差异，保护单位也不同。

表6-1　中国各地区国家级非物质文化遗产项目数

地区	项目数	地区	项目数	地区	项目数
北京市	102	天津市	33	内蒙古自治区	89
山西省	168	辽宁省	67	河北省	148
吉林省	44	黑龙江省	34	上海市	64
江苏省	145	浙江省	233	安徽省	88
福建省	130	江西省	70	山东省	173
河南省	113	湖北省	127	广西壮族自治区	52
湖南省	118	广东省	147	海南省	40
重庆市	44	四川省	139	新疆生产建设兵团	6
云南省	122	陕西省	78	西藏自治区	88
甘肃省	68	青海省	73	宁夏回族自治区	18
贵州省	140	香港	10	新疆维吾尔自治区	127
澳门	8	中直单位	40		

2001年5月，昆曲被列入首批人类口头和非物质遗产代表作，这也是我国第一个入选联合国教科文组织非物质文化遗产名录（名册）的项目。目前，我国入选人类非物质文化遗产代表作名录的项目有32个，入选急需保护的非物质文化遗产名录的项目有7个，入选优秀实践名册的项目1个，合计40项（见表6-2）。

表6-2　中国世界级非物质文化遗产项目及列入年份

序号	项目名称	列入年份	类型
1	古琴艺术	2008	人类非物质文化遗产代表作名录
2	昆曲	2008	人类非物质文化遗产代表作名录
3	蒙古族长调民歌	2008	人类非物质文化遗产代表作名录（与蒙古国联合申报）
4	新疆维吾尔木卡姆艺术	2008	人类非物质文化遗产代表作名录
5	羌年	2009	急需保护的非物质文化遗产名录
6	中国木拱桥传统营造技艺	2009	急需保护的非物质文化遗产名录
7	黎族传统纺染织绣技艺	2009	急需保护的非物质文化遗产名录
8	中国篆刻	2009	人类非物质文化遗产代表作名录
9	中国雕版印刷技艺	2009	人类非物质文化遗产代表作名录
10	中国书法	2009	人类非物质文化遗产代表作名录
11	中国剪纸	2009	人类非物质文化遗产代表作名录
12	中国传统木结构建筑营造技艺	2009	人类非物质文化遗产代表作名录
13	南京云锦织造技艺	2009	人类非物质文化遗产代表作名录
14	端午节	2009	人类非物质文化遗产代表作名录
15	中国朝鲜族农乐舞	2009	人类非物质文化遗产代表作名录
16	格萨（斯）尔	2009	人类非物质文化遗产代表作名录
17	侗族大歌	2009	人类非物质文化遗产代表作名录
18	花儿	2009	人类非物质文化遗产代表作名录
19	玛纳斯	2009	人类非物质文化遗产代表作名录

序号	项目名称	列入年份	类型
20	妈祖信俗	2009	人类非物质文化遗产代表作名录
21	蒙古族呼麦歌唱艺术	2009	人类非物质文化遗产代表作名录
22	南音	2009	人类非物质文化遗产代表作名录
23	热贡艺术	2009	人类非物质文化遗产代表作名录
24	中国传统桑蚕丝织技艺	2009	人类非物质文化遗产代表作名录
25	藏戏	2009	人类非物质文化遗产代表作名录
26	龙泉青瓷传统烧制技艺	2009	人类非物质文化遗产代表作名录
27	宣纸传统制作技艺	2009	人类非物质文化遗产代表作名录
28	西安鼓乐	2009	人类非物质文化遗产代表作名录
29	粤剧	2009	人类非物质文化遗产代表作名录
30	麦西热甫	2010	急需保护的非物质文化遗产名录
31	中国水密隔舱福船制造技艺	2010	急需保护的非物质文化遗产名录
32	中国活字印刷术	2010	急需保护的非物质文化遗产名录
33	中医针灸	2010	人类非物质文化遗产代表作名录
34	京剧	2010	人类非物质文化遗产代表作名录
35	赫哲族伊玛堪	2011	急需保护的非物质文化遗产名录
36	中国皮影戏	2011	人类非物质文化遗产代表作名录
37	福建木偶戏后继人才培养计划	2012	优秀实践名册
38	中国珠算——运用算盘进行数学计算的知识与实践	2013	人类非物质文化遗产代表作名录
39	二十四节气——中国人通过观察太阳周年运动而形成的时间知识体系及其实践	2016	人类非物质文化遗产代表作名录
40	藏医药浴法——中国藏族有关生命健康和疾病防治的知识与实践	2018	人类非物质文化遗产代表作名录

（二）建立非物质文化遗产传承人保护机制

我国在建立各级名录的非物质文化遗产代表作名录的同时，采取命名、授予称号、表彰奖励、资助扶持等方式，鼓励传承人进行传习活动，加强对传承人的保护与管理工作。2008 年 5 月原文化部审议通过了《国家级非物质文化遗产项目代表性传承人认定与管理暂行办法》，其中第 4 条规定了符合条件的公民可以申请或者被推荐为国家非物质文化遗产项目代表性继承人。2007 年、2008 年、2009 年、2012 年、2018 年，国家文化主管部门先后命名了五批国家级非物质文化遗产代表性项目代表性传承人，共计 3068 人。截至 2021 年 12 月，国家级非物质文化遗产代表性项目代表性传承人总计 3062 人。

（三）建立传统文化生态保护区，进行整体性保护

国家级文化生态保护区，是指以保护非物质文化遗产为核心，对历史文化积淀丰厚、存续状态良好，具有重要价值和鲜明特色的文化形态进行整体性保护，并经文化和旅游部同意设立的特定区域。2011 年 6 月 1 日起实施的《中华人民共和国非物质文化遗产法》第 26 条第 1 款规定，"对非物质文化遗产代表性项目集中、特色鲜明、形式和内涵保持完整的特定区域，当地文化主管部门可以制定专项保护规划，报经本级人民政府批准后，实行区域性整体保护……"。

设立国家级文化生态保护区，以非物质文化遗产为核心加强文化生态保护，对于推动非物质文化遗产的整体性保护和传承发展，维护文化生态系统的平衡和完整；对于提高文化自觉，建设中华民族共有精神家园，增进民族团结，增强民族自信心和凝聚力；对于促进经济社会全面协调和可持续发展，具有重要的意义。设立国家级文化生态保护区，是我国非物质文化遗产保护进程中保护理念和方式的重要探索与实践，也是中国在非物质文化遗产保护领域的一大创举。截至 2020 年 6 月，我国已建设 6 个国家级文化生态保护区、17 个国家级文化生态保护实验区（见表 6-3）。全国各地积极探索开展文化生态保护区的方式方法。

表 6-3　中国文化生态保护区概况

序号	名称	地区	批复时间	县级单位数	国家级项目数
1	闽南文化生态保护区	福建省（泉州市）、福建省（漳州市）、福建省（厦门市）	2007-06	29	58
2	徽州文化生态保护区	安徽省（黄山市、绩溪县）、江西省（婺源县）	2008-01	9	24
3	热贡文化生态保护区	青海省（黄南藏族自治州）	2008-08	3	6
4	羌族文化生态保护（实验）区	【保护区】四川省（阿坝藏族羌族自治州茂县、汶川县、理县、绵阳市北川羌族自治县、松潘县、黑水县，平武县）【实验区】陕西省（宁强县、略阳县）	2008-10	9	31
5	武陵山区（湘西）土家族苗族文化生态保护区	湖南省（湘西土家族苗族自治州）	2010-05	8	26
6	海洋渔文化（象山）生态保护区	浙江省（象山县）	2010-06	1	6
7	齐鲁文化（潍坊）生态保护区	山东省（潍坊市）	2010-11	12	14
8	客家文化（梅州）生态保护实验区	广东省（梅州市）	2010-05	8	6
9	晋中文化生态保护实验区	山西省（晋中市，太原市小店区、晋源区、清徐县、阳曲县、吕梁市交城县、文水县、汾阳市、孝义市）	2010-06	19	32
10	迪庆民族文化生态保护实验区	云南省（迪庆藏族自治州）	2010-11	3	8

续表

序号	名称	地区	批复时间	县级单位数	国家级项目数
11	大理文化生态保护实验区	云南省（大理白族自治州）	2011-01	12	16
12	陕北文化生态保护实验区	陕西省（延安市、榆林市）	2012-04	25	22
13	铜鼓文化（河池）生态保护实验区	广西壮族自治区（河池市）	2012-12	11	9
14	黔东南民族文化生态保护实验区	贵州省（黔东南苗族侗族自治州）	2012-12	16	72
15	客家文化（赣南）生态保护实验区	江西省（赣州市）	2013-01	18	10
16	格萨尔文化（果洛）生态保护实验区	青海省（果洛藏族自治州）	2014-08	6	4
17	武陵山区（鄂西南）土家族苗族文化生态保护实验区	湖北省（恩施土家族苗族自治州，宜昌市长阳土家族自治县、五峰土家族自治县）	2014-08	10	22
18	武陵山区（渝东南）土家族苗族文化生态保护实验区	重庆市（黔江区、石柱土家族自治县、彭水苗族土家族自治县、秀山土家族苗族自治县、酉阳土家族苗族自治县、武隆县）	2014-08	6	11
19	客家文化（闽西）生态保护实验区	福建省（龙岩市长汀县、上杭县、武平县、连城县、永定区，三明市宁化县、清流县、明溪县）	2017-01	8	8
20	说唱文化（宝丰）生态保护实验区	河南省（宝丰县）	2017-01	1	3

续表

序号	名称	地区	批复时间	县级单位数	国家级项目数
21	藏族文化（玉树）生态保护实验区	青海省（玉树藏族自治州）	2017-01	6	11
22	河洛文化生态保护实验区	河南省（洛阳市）	2020-06	15	8
23	景德镇陶瓷文化生态保护实验区	江西省	2020-06	4	3

（四）建立非物质文化遗产生产性保护示范基地

生产性保护是我国非物质文化遗产保护的主要方式之一，是指在具有生产性质的实践过程中，以保持非物质文化遗产的真实性、整体性和传承性为核心，以有效传承非物质文化遗产技艺为前提，借助生产、流通、销售等手段，将非物质文化遗产及其资源转化为文化产品的保护方式。目前，这一保护方式主要是在传统技艺、传统美术和传统医药药物炮制类非物质文化遗产领域实施。

原文化部先后于2011年10月和2014年5月公布了两批国家级非物质文化遗产生产性保护示范基地（以下简称"基地"），第一批基地涉及41个企业或单位，第二批基地涉及59个企业或单位，两批基地合计100个。其中，传统技艺类基地57个，传统美术类基地36个，传统医药类基地6个，同时作为传统技艺和传统美术类基地的1个，即山东省潍坊杨家埠民俗艺术有限公司，涉及风筝制作技艺（潍坊风筝）和杨家埠木版年画两个国家级非物质文化遗产代表性项目。在公布名单中，基地总量最多的是四川省，共7个，分别是：四川省成都蜀锦织绣有限责任公司（传统技艺类，蜀锦织造技艺）、四川省绵竹年画社（传统美术类，绵竹木版年画）、四川省雅安市友谊茶业有限公司［传统技艺类，黑茶制作技艺（南路边茶制作技艺）］、康定大吉香巴拉文化发展有限公司［传统美术类，藏族唐卡（噶玛嘎孜画派）］、凉山彝族自治州民政民族工艺厂（传统技艺类，彝族漆器髹饰技艺)、四川省青神县云华竹旅有限公司 (传统美术类，青神竹编)、汶川杨华珍藏羌织绣文化传播有限公司 (传统美术类，藏族编织、挑花刺绣工艺，羌族刺绣)。传统技艺类基地最多的是河南省和江西省，各有 4 个。传统美术类基地最多的是四川省，也是 4 个。

(五) 收藏与展示非物质文化遗产成果

在非物质文化遗产的传承过程中，民间艺人为我们保留下了丰富的物质文化遗产。将这些艺术精品、制作工具、民俗实物搜集起来，并置于博物馆将它们展示出来，这样不但有利于这些精品的收藏，而且还可以通过展览展示，让更多的人了解当地文化与民俗，有利于人们对这些艺术精品制作工艺、制作流程的全面把握。为推进非物质文化遗产项目的展示、研究、传播工作，探索非物质文化遗产项目生产性保护新路向，2013 年 4 月 16 日，中国艺术研究院 (中国非物质文化遗产保护中心) 与上海朵云轩 (集团) 签订中国非物质文化遗产上海展示中心战略合作协议。根据协议，双方合作建设中国非物质文化遗产上海展示中心，并计划于 2014 年建成启用。

(六) 建立非物质文化遗产资料库、数据库

非物质文化遗产资源数据库建设是对非物质文化遗产保存得最好方式之一，它能节省各类数据的存储空间，实现资源的充分共享。近年来，数字化技术在非物质文化遗产研究方面开始得以应用。原文化部于 2010 年启动了"中国非物质文化遗产数字化保护工程"，运用现代科技手段对非物质文化遗产实施保存、维护和保护的技术标准。数字化保护为非物质文化遗产的展示和传承提供了科技平台，虚拟再现技术、体感技术、智能技术等现代信息技术的应用为非物质文化遗产的发展与创新提供了更大的空间。

案例 6-2　数字展卷《清明上河图 3.0》

《清明上河图 3.0》由故宫博物院，凤凰卫视共同建造，它高近 5 米，长 30 多米，大约是原来的 20 倍长。分为《上河图》盛世长卷，宋"潮"游乐园，球幕电影院《汴河码头》三个部分。沿着古运河，绍兴展览讲述了从北宋到南宋，从开封到绍兴的故事，阐述了绍兴和杭州的文化渊源，

文化特征非常显著。

科技让古老的《清明上河图》焕发新生，2.0 的数码模式，让 900 年前的北宋历史凝结为精彩的 15 分钟，将数十年来故宫博物院研究员们的精髓悉数呈现；当高科技让它进化到 3.0 的沉浸交互模式，观者可以走入《清明上河图》的酒家中与店小二对话，还能泛舟汴河，欣赏两岸绮丽风光。图中人物 814 个，动物 70 多种，船 29 种，由 20 多位画家历时 400 多天手工绘制了 5 万多幅图画，然后结合高新科技和新媒体艺术语言。画卷对国宝级《清明上河图》进行了新的解读，引导观众观看、进入、参观画作，体验沉浸式游览模式。

案例 6-3　非遗迈入全民数字化传播时代

2020 年 11 月，中国传媒大学与腾讯微信联合全国十余个省级非遗保护部门共同启动"非遗薪火计划"。"非遗薪火计划"将邀请全国各级非遗传承人入驻微信视频号，开展非遗短视频传播力提升公益项目，推动非遗相关视频号与公众号、小程序、直播等数字化工具结合，助力非遗市场价值孵化与开发。

"非遗薪火计划"将在三个方面着力推动，一是打造非遗传承人的"社交名片"，邀请全国各级非遗传承人入驻微信视频号，获取一张独特的"社交名片"；二是提升短视频创作与传播能力，开展非遗短视频传播力提升公益项目，包括内容运营、创作者学院、线下交流等，帮助非遗传承人提升短视频创作与传播能力；三是推动非遗价值的创新转化，结合视频号直播等数字化工具等的结合，助力非遗市场价值的孵化与开发。通过该计划，将助力非遗的文化价值传播与市场价值开发，为弘扬与振兴中华非遗助力。

作为中华优秀传统文化的非物质文化遗产，将通过与微信生态内的各个产品深度融合，大大提升人们数字化生活的文化内涵，加快非遗产品开发与市场培育，标志着非遗真正迈入了全民数字化传播时代。

——节选自"非遗迈入全民数字化传播时代　中国传媒大学与腾讯微信共同启动'非遗薪火计划'"，载 http://www.ihchina.cn/project_ details/ 21847/，最后访问日期：2020 年 11 月 8 日。

（七）建立多级机构，加强学术交流

原文化部设立了非物质文化遗产司，各地建立了多级非物质文化遗产保护中心及网站。2012 年 5 月 18 日，联合国教科文组织亚太地区非物质文化遗产国际培训中心在北京揭牌。近年来，一些高校也先后建立了非物质文化遗产研究机构。非物质文化遗产理论研究在实践中不断得到推进和完善，研究领域也逐渐拓宽，研究队伍进一步充实，促进了保护工作的深入开展。原文化部和各省市举办了许多大型国内国际学术研讨会和论坛，中国多次派代表团出席保护非物质文化遗产政府间委员会会议，有力地促进了中华民族优秀文化的传承、弘扬和发展。

但是，我们也看到，随着经济全球化趋势的加强和现代化、城镇化进程的加速，非物质文化遗产的生存和发展环境受到猛烈的冲击，一些非物质文化遗产濒临消亡；传统手工艺式微、后继无人；大量珍贵实物与资料遭到毁弃或流失境外；一些地方非物质文化遗产保护意识淡薄，重申报、轻管理；随意滥用、过度开发非物质文化遗产的现象时有发生。

第三节　非物质文化遗产保护与开发

《中华人民共和国非物质文化遗产法》第 37 条第 1 款强调要"在有效保护的基础上，合理利用非物质文化遗产代表性项目开发具有地方、民族特色和市场潜力的文化产品和文化服务"。合理开发利用非物质文化遗产项目具有重要的现实意义，可以使非物质文化遗产在生产实践中得到积极保护，实现非物质文化遗产保护与经济社会协调发展的良性互动。

一、节日庆典类文化遗产的商业利用

节日庆典（祭典）类遗产是非物质文化遗产的重要组成部分。中国节日数量大，在世界上首屈一指。我国众多的节日形成了节日庆典（祭典）资源，节日庆典（祭典）类遗产是了解一个民族或是一个民族历史信息与文化信息的功能，这类遗产比较容易成为一个民族或是一个地区文化产业的重要经济增长点。节日庆典分为两类：一类是经过长期的历史文化积淀

所形成的传统民族节日，如春节、端午节、中秋节等；另一类是随着经济文化的发展而逐步形成的具有地方特色的"文化节"。节庆活动在传承一个民族的精神文明与物质文明的过程中，发挥了非常重要的作用。

在发掘利用节日庆典类遗产时，一要注意找准节庆活动定位。明确节庆活动的文化内涵，对传统节日的内涵，如服饰、饮食、仪式、表演等进行全方位的发掘利用。二要注意打造节庆活动品牌。一个成功的节庆就是一个地方的品牌。节庆活动必须具备鲜明的地方特色，要把节庆活动与当地的历史文化、民俗风情、自然风光与产业特征结合起来。

案例 6-4 贵州苗族姊妹节产业化开发

1. 苗族姊妹节概述

苗族姊妹节源自苗族叙事诗《娥娇和金丹》，已有几千年的历史。姊妹节展现了人类社会由母系氏族向父系氏族过渡期间青年男女间忠贞不渝的爱情，被誉为"最古老的东方情人节""藏在花蕊里的节日"。相传，台江县施洞镇有800个姑娘找不到婆家，三丙大塘（今查无此地，笔者推断三丙大塘为今从江县丙妹镇大塘村）有800个男子找不到姑娘，老人们就用娥娇和金丹的故事，让这800个单身姑娘请800个男青年过来吃姊妹饭，最后大家找到自己的意中人，喜结连理。从此就有了以找寻心上人为目的姊妹节活动。姊妹节期间，姑娘与应邀男宾踩鼓、吹笙、喝酒、对歌，向前来男青年送出准备好的姊妹饭。姊妹饭为五彩色，绿色象征家乡美丽，红色象征寨子兴旺发达，黄色象征五谷丰登，紫色象征富裕殷实，白色象征纯洁的爱情。姑娘们还可以往姊妹饭里藏松针、香椿芽、香菜、辣椒等代表愿意或不愿意交往。

2006年"贵州苗族姊妹节"被列为全国第一批非物质文化遗产保护项目。2011年"贵州苗族姊妹节"入选首届CCTV《乡土盛典》最具人气民间节会名单。2014年"贵州苗族姊妹节"入选全国民俗文化之乡。文章梳理了苗族姊妹节的价值特征，见表6-4。

表6-4　苗族姊妹节的价值特征

价值表现	特征
历史价值	姊妹节比较全面地反映了苗族的历史、经济、物质生活、宗教和禁忌等各种文化现象及其变迁过程
社会价值	姊妹节促进了青年男女的社会交往，信息闭塞的时代，起到了至关重要的种族交流和延续作用。如今，姊妹节的产业化发展促进了族际交往，提升了民族影响力
精神价值	姊妹节的历史价值、社会价值、经济价值等潜移默化地将本民族牢牢凝聚在一起，增强了民族的文化自信
经济价值	姊妹节的经济价值主要体现在现代，作为贵州省台江县文化产业的支柱，姊妹节拉动了民族地区整体经济的发展
文化价值	姊妹节展现了苗家的服饰、饮食、歌舞、习俗、生产生活等民族文化，提升了民族文化软实力

2. 苗族姊妹节发展现状

1998年以来，苗族姊妹节由民间自发举办上升为政府指导举办，举办地位于黔东南苗族侗族自治州台江县。从此，姊妹节由一个民族内部的传统爱情节日逐渐演变为向游客展示民族风情的综合性节日，知名度迅速上升。传统姊妹节在自己寨子的农闲时节举办，影响较大的会固定时间地点，如施洞良田、景洞塘等为农历二月十五；老屯榕山、施洞清水江等为农历三月十五至十七。政府主办后，姊妹节统一了举办地点，举办时间一般5天，2017年持续时间最长，历时24天。姊妹节活动涉及民族风情展示、民族歌舞竞技、民俗文化体验等，内容十分丰富，详见表6-5。

表6-5　姊妹节活动内容

活动类别	具体内容
吃姊妹饭	吃姊妹饭是姊妹节最重要的习俗。姊妹节前几天，姑娘们就会到山野里采摘南枫叶、密蒙花、红蓝草等花草，制成汁液染出五彩

活动类别	具体内容
	糯米饭，称为"姊妹饭"。以前姑娘们只会给未婚青年男子送出姊妹饭，如今来到姊妹节的游客无论长幼婚否均可吃到姊妹饭
千人长桌宴	长桌宴是苗族最隆重的宴席，通常在婚庆、满月、村寨联谊时才有。传统姊妹节并无长桌宴，如今姊妹节期间长桌宴规模浩大，主要服务外地游客，期间有苗族姑娘们敬酒和表演
盛装游行	苗族女性穿上节日盛装以村寨为单位进行盛大游行
文艺表演	苗族歌舞展示，如万人唱响翁你河、苗族歌王歌后争霸赛、苗族圣坛祭祀、生产生活习俗表演、苗族飞歌、芦笙舞等
竞技比赛	苗族传统竞技比赛，如芦笙大赛、对歌大赛、手工比赛、斗牛、斗鸟、斗鸡、斗狗、武术散打等。十佳姊妹花选拔赛也是姊妹节期间较有影响力的比赛
商品展示	苗族服饰展销、苗银展销、民族工艺品展销、书画展销等
文化考察	苗族文化论坛、经贸洽谈会、产业园区考察等
民俗文化体验	集体婚礼、拦门迎宾、篝火晚会、苗寨体验等

二、民间传说类文化遗产的商业利用

民间传说是指产生并流传于民间社会的具有某种解释性功能的民间故事。由于它与特定的历史人物、历史事件、自然风物、社会习惯有机地结合在一起，具有一定的真实性，所以，民间传说也常被人们称为"民间社会的口传历史"。最具有中国特色的、最普遍为大家认同的四大民间传说故事，是著名的《牛郎织女》《孟姜女》《梁山伯与祝英台》《白蛇传》。它们和其他民间传说故事构成了中国民间文化的一个重要组成部分，在新时代以绘画、音乐、戏曲、影视等各种形式获得新的生命力，不断扩大自己的影响。

对民间传说可以通过编辑、出版、展演等方式使民间文学中蕴含的经济价值充分释放出来，从而实现对民间传说自身的产业化经营。还可通过建造与传说有关的主题公园，以旅游带动传说的发展，在充分发挥文化遗产社会价值的过程中，实现民间文学类遗产的产业化经营。

案例6-5　《蝴蝶妈妈》大型苗族歌舞演出

　　《蝴蝶妈妈》是由贵州省委宣传部组织的多彩贵州文化艺术股份有限公司、贵州雷山多彩文化旅游演艺有限公司联合出品的重点原创的大型苗族舞剧。"蝴蝶妈妈"来源于《苗族古歌》，是苗族神话中人类的祖先，是苗族特有的文化符号，也是一个民族不可磨灭的创世记忆。原创舞剧《蝴蝶妈妈》以此为题材，围绕"生命"这个永恒的主题，以民族舞与现代舞交融的舞蹈语汇，在尊崇民族传统底色的基础上，合理地延伸艺术想象，赋予"蝴蝶""吉羽鸟""水泡""枫树神""飓风"等角色以人格魅力，以浪漫唯美的场景，梦幻的色彩，用现代艺术手法表现古老的神话，通过多媒体舞台呈现，极富苗族特色的服饰造型，展现出浓郁的民族美、现代美、艺术美。

图6-2　《蝴蝶妈妈》演出剧照（来源：多彩贵州网）

　　这台展现苗族对自然的感恩，对生命的尊崇，对"天人合一"永恒歌咏的原创舞剧《蝴蝶妈妈》，由"萌生""惊变""重生""献祭"四幕与序"自然之礼"和尾声"万物有灵"组成。这个歌舞剧中，丰富的艺术想象贯穿整个舞台剧，赋予了自然物品鲜活的生命力。苗族人民用他们独特的文化向人们展示了他们对自然的感恩，对生命的尊崇。

该剧于 2017 年 1 月在贵阳大剧院与观众见面，于 2017 年 9 月受第四届丝绸之路国际艺术节组委会的邀请，参加了"第四届丝绸之路国际艺术节"，并荣获"丝路艺术贡献奖"，赢得了国内外各界的赞誉。

三、表演艺术类文化遗产的商业利用

表演艺术是指由多种艺术表现形式结合而成的表演艺术形式。近年来随各国政府对本国非物质文化遗产保护力度的加大，这类遗产也开始重获生机。在中国非物质文化遗产框架体系内，除传统工艺外，最容易走入市场的就是表演艺术了。如我国著名的东北地方戏二人转，就在市场经营中摸准了时代的脉动，并在市场经济中重获新生。而被称为"纳西古乐"的道教音乐、火爆热烈的安塞腰鼓、婉转悦耳的侗族大歌，也在旅游开发中找到了自己的位置。表演艺术类遗产的开发利用主要通过现场表演与多媒体制作、出版等方式，使传统表演艺术进入市场。

案例 6-6 侗族大歌保护与开发

侗族大歌起源于春秋战国时期，至今已有 2500 多年的历史，是中国侗族地区一种多声部、无指挥、无伴奏、自然合声的民间合唱形式。1986 年在法国巴黎金秋艺术节上，侗族大歌被誉为"清泉般闪光的音乐，掠过古梦边缘的旋律"。2009 年，侗族大歌被列入《人类非物质文化遗产代表作名录》。贵州省委、省政府高度重视侗族大歌这个贵州唯一的世界非物质文化遗产，各级地方政府及其主管部门成立了相关部门，并出台《侗族大歌振兴计划》等文件和相应政策措施来保护这一民歌文化资源。2016 年全球首张实地录制侗族大歌主题专辑《天赋侗听》正式问世。2017 年由真实故事改编，讲述了阿莲、那福、千树痴缠一生的爱情故事《侗族大歌》上映，电影给人们一份纯粹、真实、坚守的爱情。

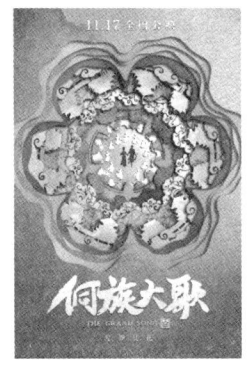

图6-3　电影《侗族大歌》海报及剧照

侗族大歌保护面临的问题：

第一，民族意识淡薄。随着经济发展和教育需要，侗族孩子普遍接受现代知识教育，以普通话作为日常交流文字，不愿意穿戴侗族服饰，侗族原有的民族文化特征渐渐消失，独特的民族风情也日趋淡化。且由于应试教育的压力较大，学生大多数时间需在校学习。但侗族是一个无文字民族，吟歌唱咏是侗人极其频繁、重要的日常行为，以歌载事，以歌记物是族群信息传递和延续的主要方式。侗族大歌需要在掌握侗族语言的基础上花费时间和精力潜心学习才能习得，而现在侗族年轻人根本没有时间静下心来学习侗语及侗族大歌，随着侗族老人的相继离世，能够唱诵侗族大歌的人越来越少。

第二，传承方式受到冲击。侗族大歌是心灵之歌。侗族年轻小伙子过去常在鼓楼和花桥下边弹乐器边唱歌，用优美的旋律和美妙的歌声来表达自己对心仪姑娘的爱慕。以前，侗歌具有多方面的社会功能，但是，随着科技进步和互联网时代的到来，无论是鼓楼里的男女集体对歌，还是月堂中的男女二人对唱，在年轻人看来都已经不合时宜，越来越"土气"。唱侗歌的恋爱方式逐渐被通电话、QQ聊天、手机短信等方式取代。罗晓明（2014）通过对从江小黄寨的个案研究发现："十年来，在小黄的月堂中，腊汉与腊也以唱牛腿琴歌来谈情说爱的情形从稀罕变成绝迹。"

四、工艺美术类文化遗产的商业利用

工艺美术类文化遗产，是指人类在历史上创造并以活态形式传承至今的充分代表一个民族的文化底蕴、审美情趣与艺术水平的最为优秀的传统手工技艺与技能。传统工艺美术包括传统画制作与绘画工艺、传统镂刻工艺、传统编织工艺、传统雕刻工艺、传统雕塑工艺、传统绣花工艺等。

随着我国现代化程度的提高，人们在物质生活需求得到满足的同时，精神生活的需求也日益增加，个性与品质成为现在人们新的追求。手艺及其制品越来越为公众所喜爱和珍视，凸现出现代价值，工艺美术类文化遗产作为文化商品进入文化市场已呈日益增长之势。宣纸、织锦、青瓷、紫砂、花丝、景泰蓝、雕漆等重新回到公众的视野，成为新的消费宠儿。

对工艺美术类遗产实施产业化经营，是非物质文化遗产传承的必经之路。绝大多数民间工艺品都可以进入市场，从事商品化经营。但一些工艺品制作工艺、保存技术掌握在少数传承人手中，所以要充分调动民间艺人的积极性，以此带动当地的文化产业化发展。

非物质文化遗产，只有不断开发利用，才能保持其久盛不衰的活力。全方位、立体式地开拓非物质文化遗产的利用空间，尤其要抓好节庆活动、旅游业、对外文化交流等。用"文化搭台，经济唱戏"的办法重新捡拾逐渐消逝的文化，以达到保护非物质文化遗产的目的。为了促进中国传统工艺的传承与振兴，2017 年原文化部、工业和信息化部、财政部联合制定了《中国传统工艺振兴计划》。

案例 6-7 贵州蜡染保护与开发

贵州蜡染亦被称作"贵州蜡花"，最早可追溯到 2000 多年前的西汉时代。它以素雅的色调、优美的纹样、丰富的文化内涵，在贵州民间艺术中独树一帜。明清之后，中国的蜡染产地基本分布在贵州地区，平坝的"点蜡幔"、瑶族的"瑶斑布"、溪州的"溪布"、仡佬族的"顺水斑"等，封建时期都曾作为贡品进贡，是贵州负有盛名的工艺产品。直至今日，贵州蜡染仍广泛用于生活中，如服饰、被面、包袱、门帘等。

图6-4 贵州蜡染作品（图片来自网络）

贵州蜡染艺术随着时代发展不断演变，目前主要有三大发展方向。第一类，继续发挥其满足生产生活的实用性功能。民间艺人制作蜡染用于服饰加工、床品和其他物品，部分蜡染作品被收购走，流入市场、收藏界和博物馆，成为本土蜡染技法的展示和研究对象。第二类，脱离原本的实用功能转变为审美功能。目前一些高校开设有蜡染课，将传统蜡染技法与现代艺术理念相结合，把各种蜡染技法抽离出来，结合植物和化学染料，绘制具有现代艺术特色的绘画作品。第三类，蜡染文创产品。围巾、手工饰品品牌等将蜡染与刺绣、银饰锻造等相结合，将传统元素结合新的创意进行文化再创造，设计出一系列既有个性又有中国古典意蕴的文创产品。

拓展阅读

佛　音

佛教音乐，汉藏不同。汉传以梵呗、直讽、吟诵为分。梵呗又分赞、偈、文、咒。声器除一般笙、笛、锣、鼓外，尚有饶、钹、磬、鱼等法器，因此它甚至比一般乐曲更丰富；其曲式，亦有只曲、有联曲、有套曲。联曲类北曲之散套，套曲则是曲牌缀组。这种曲牌缀连成固定曲式的结构，是元明旧法。故据之亦可以考知元明戏曲联套的方式。在音乐及音乐史上都是非常有价值的。

这些音乐，除用于平日修行时外，多见于法事中。修行，指朝暮课诵，《长阿含经》谓此乃以声音作佛事，故须"其音正直，其音和雅，其音清澈，其音深满，周遍远闻"。清代《禅门日诵》所列，有七八个程序。若居士在家，另有斋日，亦须课诵。

此外就是纪念法事，如佛诞、成道、涅槃诸日；祈福消灾法事，如水忏、斋天、仁王会、无遮大会等；普济法事，如水陆道场、盂兰盆会、放焰口，亦都需音乐配合。台湾罕见的"音乐焰口"，更在法器之外，加了管、笙、笛等乐器及法曲曲牌。

音乐焰口流行于北方，这就可见得佛教音乐亦有地域之异。像北京一带通用的佛教音乐即称为"京音乐"，以示与外地有别。别在哪儿呢？在于以管乐为特色。在演奏时，分坐乐和行乐两种，各有不同的乐队形式。演奏时，以管子主奏，少花腔，故古朴典雅。在节奏上需烘托时用笙，需急速连贯的花音，则用笛。穿插以云锣、铙、铛，自具特色。

这种音乐，在智化寺、水月庵、天仙庵、广济寺，及城南关帝庙各处都还听得着，也还有十几种乐谱能看得到。

智化寺、水月庵、天仙庵、成寿寺，都有古抄本乐谱。但或属于宋俗字谱与工尺谱的混合形式，或属于工尺谱，或为工尺谱之变形，如"尺"字，写法就各不相同。可见来源亦未必一样。智化寺音乐以"合"字为调音，绝对音高跟宋代教京音乐用的笙也与一般流行的十三簧笙、河南十四簧笙不同，是十七簧。与陈旸《乐书》所载相同，亦接近宋代的十九簧笙。这仿佛也呼应着我上述的推测。

北京地区也有与京音乐颇不相同的藏传佛教部分，典型的是雍和宫，该处亦仍有汉传乐队，不过以藏传较具特色。

藏传佛教乐器，以铜号、得梨（类似唢呐）、长柄鼓、人胫骨号、法螺、达母加（类似拨浪鼓）、铙、铙、锣为主。其乐器较少，性能也较简单，但因它是立体式的，低音的号、长柄鼓、大铙，中音的法螺，配以高音的铃等，形成一个丰富的组织，吹奏起来令人震动，与汉传佛乐以曲调取胜者迥然不同。

藏传佛教僧侣平时修行也诵经，然所诵经与汉传殊异。其器乐则多用于迎送活佛、贵宾时的迎送曲和节日僧众巡行时，有时也用作信号功能。雍和宫一般无信号性用途，均用于礼仪演奏。

在这些部分，雍和宫大体与藏区相似。比较好玩的则是"羌姆"。羌姆又称跳布札、打鬼、跳神，或金刚驱魔舞。蒙古语叫查玛。其实就是种面具舞。

这是古巫舞与印度密教结合后形成的乐舞，每逢寺院表演此舞时，必是人山人海。因是舞，不是戏，所以只跳，不唱也不讲，仅用鼓吹乐队伴奏。仪式越隆重，乐队规模就越大，乐器数量也越多。随着乐舞进行，某些段落全队合奏，某些段落则只用部分乐器，因为羌姆是分段式的结构。

雍和宫羌姆基本上沿袭藏区，但表演时汉传乐队也加入演奏，这却是与西藏不同的。其藏传乐队在得梨奏曲的调式上，亦与西藏有别。因此仍具特色。

佛教本来禁戒僧人歌舞，但流传迄今，歌舞滋盛。其实这也是宗教的共同特征，如天主教、伊斯兰教、道教，无不有丰富的音乐资源。可惜近世佛教义学虽盛，声明之道尚少讲求。偶有讲此道者，又多庸俗聒耳。信众经常组织了去历游名山，参访道场，却不甚有人留心各寺院的音乐表现，实在是太奇怪！

——节选自龚鹏程：《书到玩时方恨少》，黄山书社 2008 年版。

思考与练习

1. 怎样推进非物质文化遗产资源的"公益性"保护？
2. 探讨文化创意对非物质文化遗产保护与传承的意义。
3. 你认为非物质文化遗产传承的关键是什么？
4. 思考非物质文化遗产与民族文化自信之间的关系。
5. 列举你所知道的非物质文化遗产保护与利用的优秀案例。

参考文献

［1］席辉："姊妹节的今朝与明日——浅谈贵州苗族姊妹节产业化发展"，载《丝绸之路》2017 年第 24 期。

［2］李茜："产业化视角下贵州少数民族节日文化发展研究——以苗族姊妹节为例"，载《贵州民族研究》2015 年第 12 期。

［3］韩东："新时期侗族大歌保护存在的问题及解决对策"，载《音乐创作》2018

年第 12 期。

［4］李晓蓉等："论侗族大歌保护存在的问题及解决对策"，载《遵义师范学院学报》2017 年第 6 期。

［5］罗晓明、吴娟："侗族大歌的传承危机、现代变迁与前途展望——贵州从江小黄寨的个案研究"，载《贵州大学学报（社会科学版）》2014 年第 6 期。

［6］罗启华："侗族生境模塑下的侗族大歌"，载《贵州大学学报（艺术版）》2018 年第 5 期。

［7］郑梦菲："贵州蜡染的发展现状研究"，载《美与时代（上）》2018 年第 9 期。

［8］陈瑾："贵州蜡染艺术的发展与保护"，载《遵义师范学院学报》2013 年第 1 期。

［9］贾欣梅："浅析民族手工艺发展现状与文化自觉关联"，载《北方文学（下旬刊）》2014 年第 1 期。

［10］"非遗迈入全民数字化传播时代 中国传媒大学与腾讯微信共同启动'非遗薪火计划'"，载 http://www.ihchina.cn/project_ details/21847/，最后访问日期：2020 年 11 月 8 日。

［11］Wenjing Fan, Sijia Huo, "Research on the Inheritance of Guizhou Ethnic Festivals From the Perspective of 'Colorful Guizhou' Cultural Brands: A Case Study of Sister-ship Festival of the Miao Nationality", *Advances in Social Science*, *Education and Humanities Research*, 2020, pp. 285-290.

［12］中国非物质文化遗产网·中国非物质文化遗产数字博物馆官网 http://www.ihchina.cn/。

［13］胡艳丽、曾梦宇：《贵州省非物质文化遗产版图》，四川大学出版社 2019 年版。

［14］麻国庆、朱伟：《文化人类学与非物质文化遗产》，生活·读书·新知三联书店 2018 年版。

［15］陈华文主编：《非物质文化遗产研究集刊》（第 10 辑），浙江工商大学出版社 2017 年版。

［16］魏红：《数字化时代民族文化资源的保护与发展——西南少数民族文化数字创意产业发展研究》，知识产权出版社 2018 年版。

第七章　文化版权资源保护与开发

学习目标：

本章学习目标：

1. 掌握文化版权资源的概念和类型；

2. 理解文化版权资源的价值特征；

3. 概括对文化版权资源进行价值开发的主要模式；

4. 分析造成文化版权资源价值损害的因素

5. 列举文化版权资源的价值特征。

第一节　文化版权的概念

一、版权的概念

版权（Copyright）即著作权，是指文学、艺术、科学作品的作者对其作品享有的权利（包括财产权、人身权）。版权是知识产权的一种类型，自然科学、社会科学以及文学、音乐、戏剧、绘画、雕塑、摄影和电影摄影等形式的作品均可由版权保护。版权是法律上规定的某一单位或个人对某项著作享有印刷出版和销售的权利，任何人要复制、翻译、改编或演出等均需要得到版权所有人的许可，否则就是对他人权利的侵害行为。版权的实质是把人类的智力成果作为财产来看待。版权是文学、艺术、科学技术作品的原创作者，依法对其作品所享有的一种民事权利。在上述关于谷歌的版权纠纷案例中，我们可知各国对于版权的保护都十分重视，图书的网络传播等会产生电子图书销售、广告、数据库订购等多项盈利收入，如果不经著作权所有人的同意，著作权人将对这些收入情况一无所知，这将会极大地侵害著作权所有人的利益。

关于版权的构成条件，通常构成作品需要满足三个条件：（1）具有某种精神方面内容，即作品要具有某种思想或者美学方面的精神内容；（2）上述精神内容需要通过一定的表达形式表达出来，停留在大脑里的构想是不可感知的纯精神内容，还不能称作作品，必须有具体的表达；（3）要具有独创性，即通过个体的智力劳动完成的作品。对于使用了某些前人已经创作的作品或者已经处于公共领域人人皆可自由使用的作品作为素材进行创作，这种方式创作完成的作品，该创作者仅就其独创的部分享有版权，这种独创部分可以理解为其独创的片段以及作品作为一个整体的存在。

二、版权的权利

版权要保障的是纯精神内容的表达形式，而不是保护纯精神内容本身。纯精神内容所表达形成的精神产品，是版权所要保护的对象。因此版权所保护的是某一种特定的精神产品形态，可以受版权保护的作品包括文学、音乐、视频、设计等多种精神产品类型。

虽然，版权保护的是纯精神内容物化后的某一种具体精神产品形态，但是，我们知道纯精神内容具有可以被反复利用的特性，一项纯精神文化资源可以通过精神内容不同的外在表达方式，形成多样化的精神产品，因而也就可能具有很多形式的版权。比如，一个故事内容可以通过文学剧本形式存在，如果版权只是保护文学剧本形式，那么就容易使得精神内容的创造者失去使用这些内容产生其他形式的精神产品收益权。因此，版权保护会在对一项具体形式的精神产品保护基础上，扩大到保护由此而可以延伸的其他权利。例如文学剧本的版权，就包括了对剧本延伸进行的电影与电视改编权，图书出版、动画、游戏等相关其他精神产品的权利。

因此，版权是一项复合型的财产权利，包含了多项与精神内容相关的人身权利和财产权利，包括：发表权、署名权、修改权、保护作品完整权、复制权、发行权、出租权、展览权、表演权、放映权、广播权、信息网络传播权、摄制权、改编权、翻译权、汇编权等，以及应当由著作权人享有的其他权利。

案例 7-1 与版权相关的 16 项权利

1. 发表权，即决定作品是否公之于众的权利，属于著作人身权，包括发表作品与不发表作品两方面的权利。发表作品权，含何时发表、何地发表，以何种方式发表作品。出版、公演、广播电台电视台播放都是发表的形式。不发表作品权，指作者对其作品享有不公开的权利。发表权的行使只能有一次。作品的发表，应当是首次向社会公开，如果作品已经出版或者将作品展览过，说明作者已经行使过发表权了。

2. 署名权，即表明作者身份，在作品上署名的权利，包括是否署名决定权，以署其本名、笔名、别名或假名的署名方式决定权、署名排列方式决定权等。

3. 修改权，即修改或者授权他人修改作品的权利。

4. 保护作品完整权，即保护作品不受歪曲、篡改的权利。

5. 复制权，即以印刷、复印、拓印、录音、录像、翻录、翻拍等方式将作品制作一份或者多份的权利。

6. 发行权，即以出售或者赠与方式向公众提供作品的原件或者复制件的权利。

7. 出租权，即有偿许可他人临时使用电影作品和以类似摄制电影的方法创作的作品、计算机软件的权利，计算机软件不是出租的主要标的的除外。

8. 展览权，即公开陈列美术作品、摄影作品的原件或者复制件的权利。

9. 表演权，即公开表演作品，以及用各种手段公开播送作品的表演的权利。

10. 放映权，即通过放映机、幻灯机等技术设备公开再现美术、摄影、电影和以类似摄制电影的方法创作的作品等的权利。

11. 广播权，即以无线方式公开广播或者传播作品，以有线传播或者转播的方式向公众传播广播的作品，以及通过扩音器或者其他传送符号、声音、图像的类似工具向公众传播广播的作品的权利。

12. 信息网络传播权，即以有线或者无线方式向公众提供作品，使公众可以在其个人选定的时间和地点获得作品的权利。

13. 摄制权，即以摄制电影或者以类似摄制电影的方法将作品固定在载体上的权利。

14. 改编权，即改变作品，创作出具有独创性的新作品的权利。

15. 翻译权，即将作品从一种语言文字转换成另一种语言文字的权利。

16. 汇编权，即将作品或者作品的片段通过选择或者编排，汇集成新作品的权利。

17. 应当由著作权人享有的其他权利。

第二节　文化版权资源的类型

文化版权资源可以按文化成果的作品形式加以分类。通常可以受版权保护的作品包括小说、诗词、散文、论文、速记记录、数字游戏等文字作品；讲课、演说、布道等口语作品；配词或未配词的音乐作品；戏剧或音乐戏剧作品；哑剧和舞蹈艺术作品；绘画、书法、版画、雕塑、雕刻等美术作品；实用美术作品；建筑艺术作品；摄影艺术作品；电影作品；与地理、地形、建筑、科学技术有关的示意图、地图、设计图、草图和立体作品。根据这些被保护版权资源的种类特点，可以归纳为以下几个类型。

一、文字作品版权资源

文字作品版权资源指所有与文字相关的纸质和非纸质文字作品，包括以文字形式出现的各种体裁的文字作品形式。这些以文字形式出现的作品版权，从文化产品的角度看来，版权所连接的关键资产是精神内容。文学作品的版权是最早的版权形式，在中国有 700 多年历史，在欧洲有 200 多年历史。中国南宋绍熙年间（1190 年~1194 年）刻印的四川眉州人王称所著《东都事略》，目录页上有"眉山程舍人宅刊行，已申上司不许覆板"

的声明，这是最早的文学作品版权声明。

现在，文学作品版权的范围已经非常广泛，不但包括传统意义上纸质媒体的图书，而且包括了网络和手机等新媒体传播的网络文学、数字游戏内容以及通过口传的民间文学、讲演和课件等作品。

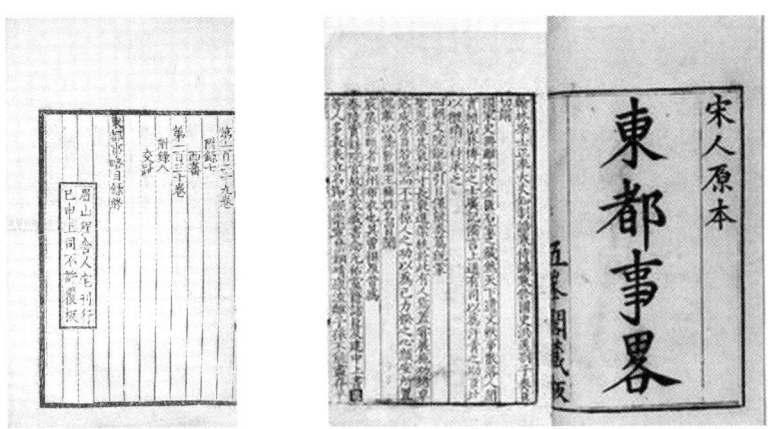

图7-1 南宋绍熙年间文学作品版权声明（图片来自网络）

案例7-2 网络文学盗版严重

2020年4月26日是第二十个世界知识产权日。根据艾瑞咨询中国网络文学盗版损失模型最新核算数据，2019年中国网络文学总体盗版损失规模为56.4亿元，同比下降3.3%，总体损失延续下降态势，但降速放缓；其中PC端网络文学盗版损失规模为17.1亿元，呈现较大幅度缩减，移动端盗版损失规模为39.3亿元，同比上升10.4%，呈现出明显的反弹迹象。

"我们能做的就是不断提高维权质效，与侵权方赛跑。"阅文集团法务总监朱睿龙公布了一组数据：去年阅文总计下架侵权盗版链接近2000万条，较2018年翻一番；每年处理侵权案件近2000起，其中约70%涉及信息网络传播权侵权。"但中小型盗版网站打击困难，加上网络文学跨境维权艰难，令行业版权保护困难重重。"

目前原创内容平台主要通过发函投诉、民事诉讼、行政举报等多种方式打击侵权盗版行为，但效果有限。朱睿龙介绍，企业方通过监测投诉虽然在短期内可以取得一定的限流效果，但侵权方仅需对链接地址进行细微调整即可让侵权内容恢复上线。"而我们需要以极快的频次，不断反复投诉下架侵权链接，才能达到一定的市场净化的效果，从长期看依然是'治标不治本'。"

以游戏领域的不正当竞争行为为例，在业内看来，维权难的原因在于，此类侵权行为所承担的法律风险相较其收益而言过于轻微。由于在侵权损害或获益方面的举证较为困难，通常单案判赔金额仅在 5 万元到 10 万元不等。"2019 年阅文处理的同类案件数量近 500 起，对平台来说，大量的维权投入却并未起到遏制侵权行为蔓延、为业务发展清除障碍的预期效果。"朱睿龙认为，当前行业版权保护工作面临许多新的困境，亟待政府主管部门关注和指导，"也期待相关规章制度的进一步落实以及司法判赔力度的加强。"

——节选自张熠："一年因盗版损失 56.4 亿，网络文学维权为何困难重重？"，载 http://weh. shobserver. com/news/detail？id＝241543，最后访问日期：2020 年 11 月 8 日。

二、音乐表演作品版权资源

音乐表演艺术作品版权资源涵盖了所有以音乐、表演形式为主的文艺作品版权资源，是音乐作品的创作者对其创作的作品依法享有的权利。主要包括：音乐作品的表演权、复制权、广播权等财产权利和署名权、保护作品完整权等精神权利。音乐表演作品是受著作权保护的主要作品种类之一，音乐表演作品涉及曲作者、词作者、演唱者（歌手）、音乐制作人、音乐改编者、配乐者、演奏者、歌曲译配者、音乐作者的继承人以及其他合法方式获得音乐著作权的人。音乐出版者、录音者，也可以通过音乐作者转让或通过开发音乐作品而享有音乐某部分或全部著作权。所以，音乐版权是复杂的版权集合。与其他种类的作品相比，音乐作品更容易传播，更容易获得，音乐作品的使用更具有零散、广泛、大量、即时特点。因此，音乐作者个人无法掌握音乐作品的使用情况并对之进行监督和控制。

表演者权，是指表演者依法对其表演所享有的权利。《中华人民共和国著作权法》于 1991 年 6 月 1 日生效，该法不仅规定了对作者的保护，也规定了对表演者的保护。根据该法实施条例第 46 条，外国表演者对其在我国境内的表演，也同我国表演者一样享有该法赋予的权利，表演作品通常是属于音乐或者戏剧作品的邻接权利。表演者权的内容：（1）表明表演者身份；（2）保护表演形象不受歪曲；（3）许可他人现场直播和公开传送其现场表演，并获得报酬；（4）许可他人录音录像，并获得报酬；（5）许可他人复制、发行录有表演者表演的录音录像制品，并获得报酬；（6）许可他人通过网络向公众传播其表演，并获得报酬。

应当注意，表演者权与表演权不同。表演是使用他人作品进行演绎，表演者权产生的前提在于著作权人将其作品的表演权许可给表演者行使，表演者权设定有利于维护表演者利益，因为表演者权由表演者享有，而表演权却属于著作权人。

案例 7-3 西游记片尾曲作者批谭维维演唱《敢问路在何方》侵权

2019 年中秋晚会，谭维维翻唱了许镜清老师的经典作品《敢问路在何方》，而中秋晚会一结束，许镜清老师就在微博实名维权。如果许镜清老师没有在不确定的情况下，将自己的作品授权给第三方机构代理（包括不知道算不算版权机构的音著协），那就毫无疑问，中秋晚会版本的《敢问路在何方》就是侵权！

之所以说是中秋晚会，而不是说谭维维侵权，那是因为侵权的主体部分要搞清楚。谭维维参加的是央视中秋晚会，像这种非商业型的节目和晚会，"清版权"的活动，很明显是应该由主办方完成的。这个主办方，当然就是央视。

其实之前类似的事情也发生过，包括湖南卫视的《歌手》，包括灿星和浙江卫视的《中国好声音》，所有翻唱歌曲的版权授权工作，都是由节目组去做的，和歌手及团队没有什么关系。而歌手侵权，一般是发生在进行演唱会、商演、录制单曲和专辑时，未经授权翻唱和改编他人的作品，那么这个歌手和团队，怎么也脱不了关系，就是侵权。但谭维维这次，真不是。

当然，这次也建议谭维维和她的团队，能够主动联系央视和许镜清老师，以最主动的姿态，敦促解决事情，这个是很能涨印象分的（虽然不做，也并不代表谭维维侵权）。

当然也有什么都不懂就一通乱骂谭维维的。说版权的时候，说谭维维的版本不好听，好听也得要版权，不好听也得要版权，所以在谈论版权的时候，和好不好听没有关系。

三、美术作品版权资源

美术作品版权资源。是指所有以美术作品形式存在的版权资源，对美术作品的理解随着时间的推移而发生变化。国际公约已将美术作品的英文表达从"FineArts"修改为"Works of Visual Arts"，即只要是视觉艺术作品都可以纳入著作权保护，包括传统意义上的绘画、书法、版画、雕塑等美术作品，也包括插画、工艺美术、影视美术、舞台美术等实用美术作品、建筑美术和摄影艺术作品，以及一些有争议的行为艺术作品、当代计算机美术作品。其中计算机美术作品作为一种新的以计算机为工具创作的实用美术作品形式，包括电脑动画、游戏人物形象与场景绘图等。根据我国著作权法，美术作品是指"绘画、书法、雕塑等以线条、色彩或者其他方式构成的有审美意义的平面或者立体的造型艺术作品"。由于美术作品和原件不可分离，而且美术作品具有很强的原创性，所以美术作品的著作权和美术作品所有权紧密相关。

案例7-4　从叶永青事件看美术作品跨国诉讼

2019年比利时艺术家克里斯蒂安·希尔文指责中国艺术家叶永青涉嫌抄袭其艺术作品并从中获利一事，引起国内艺术界及公众对美术作品版权保护的广泛关注。希尔文对比利时媒体表示，他发现叶永青的作品与自己的作品存在很多相似之处，二者多使用方格结构和涂鸦手法，希尔文作品中显著的红十字、红点、鸟及鸟笼等形象符号，在叶永青的作品中也有呈现，疑似构成抄袭。

事实上，在艺术界类似的纠纷并不少见。由于长期以来一些艺术工作者在艺术创作中都存在临摹或模仿行为，不乏涉嫌抄袭者以临摹或模仿为由否认抄袭。在司法实践中，由于审理法院对"临摹"、"借鉴"和"抄袭"的界定标准可能存在一定主观性，也会影响侵权认定结果。

图7-2 希尔文作品（左）和叶永青作品（右）的对比

跨国诉讼要点：

由于美术作品展览、交易等流动性大，往往面临提起跨国诉讼的局面，这就首先需要判断，跨国艺术家的美术作品是否可以受到我国著作权法的保护。依据《中华人民共和国著作权法》第2条规定，中国公民、法人或者非法人组织的作品，不论是否发表，依照本法享有著作权。外国人、无国籍人的作品根据其作者所属国或者经常居住地国同中国签订的协议或者共同参加的国际条约享有的著作权，受本法保护。外国人、无国籍人的作品首先在中国境内出版的，依照本法享有著作权。未与中国签订协议或者共同参加国际条约的国家的作者以及无国籍人的作品首次在中国参加的国际条约的成员国出版的，或者在成员国和非成员国同时出版的，受本法保护。鉴于此，跨国美术作品侵权如需在我国提起诉讼，应首先考虑我国著作权法是否适用于案件的具体情况。例如，涉案权利人为比利时人，而比利时与中国同为《保护文学和艺术作品伯尔尼公约》的签订国，该权利人欲对中国公民提起侵权诉讼，根据《保护文学和艺术作品伯尔尼公约》的规定，中国应依照本国著作权法的规定对该权利人作品提供法律保护。

目前，我国对于美术作品的侵权诉讼管辖多依据"原告就被告"原则，符合《中华人民共和国著作权法》第 2 条规定的外籍作家，如遭遇著作权侵权，可以根据该原则到我国法院起诉。目前我国的知识产权审判水平和知识产权律师的代理水平都已经非常高，完全可以满足国外艺术家提起侵权诉讼的法律需求。此外，在各国法律上大多还适用一条侵权行为地管辖原则，即被诉侵权作品如果在某一国家进行过展览，展览国即属于"侵权行为地"，只要该国法律有相关的规定，被侵权人也可在这一国家提起诉讼，依照该国的法律规定对案件进行审理和判决。

——节选自"浅析美术作品侵权界定标准"，载 http://collection. sina. com. cn/2019-04-03/doc-ihsxncvh7849207. shtml，最后访问日期：2020 年 11 月 8 日。

四、影视作品版权资源

电影作品和以类似摄制电影的方法创作的作品是一个特别的作品类型，除了电影、电视剧外，还包括所有新出现的微电影、微视频等视频类型作品的版权资源。影视版权，是指影视作品的个人作者或者公司对其作为制片人所依法享有的人身权和财产权，含电影发行权、电影放映权、信息网络传播权、复制权等 17 项权利。

由于摄制电影类作品是一个比较复杂的、系统的智力创作过程，要有提供资金和组织拍摄的制片人，要有电影脚本（包括改编和直接创作的剧本和音乐、作词等），要有导演、摄影、演员、特技设计、美工（包括服装、道具设计）、灯光、布景等。摄制电影投资巨大并且需要编剧、导演、摄影等工作者付出了大量的创造性劳动。电影的发行、放映会带来巨大的商业利益，但也有巨大的商业风险。为了保障投资人及时收回成本，也为了协调各权利人的关系，世界上大多数国家法律规定，电影作品和以类似摄制电影的方法创作的作品著作权归制片人享有。《中华人民共和国著作权法》第 17 条第 1 款规定，视听作品中的电影作品、电视剧作品的著作权由制作者享有，但编剧、导演、摄影、作词、作曲等作者享有署名权，并有权按照与制片者签订的合同获得报酬。需要指出的是，电影作品和以类似摄制电影的方法创作的作品中的剧本、音乐等可以单独使用的作品的作者有权单独行使其著作权。

案例7-5　微信公众号自媒体擅用《延禧攻略》图片案

自媒体的内容虽然也在网络上公开，但主要是自我欣赏，而且没有进行广告投放，多数情况可以认为是合理使用。但是自媒体使用也有一些情况会构成对著作权的侵犯。

欢娱公司是电视剧《延禧攻略》的出品方，该剧自2018年开播以来，网络点击率极高，引发了媒体广泛报道和关注，后发现石兴凯公司在其经营的微信公众号「石兴凯」上，未经许可在多篇文章中使用电视剧《延禧攻略》的海报1张、剧照16张、剧集截图44张、现场照片15张的剧照及剧集截图等近76张进行商业宣传，严重侵犯了欢娱公司对该剧剧照、剧集截图等享有的著作权，由此引发纠纷。

在诉讼中，被告提出自己是一个自媒体平台，自媒体号虽然使用了涉案图片，但只是用来自我欣赏和自我观点的表达，并没有对涉案作品进行商业使用，不构成对被告著作权的侵权。

法院最终认为被告虽然是一个自媒体，但是被告在使用的过程中应当有审查和注意的义务，被告既没有审查，也没有进行权属的确认，也没有得到授权，就在自己的自媒体上进行使用，所以构成对原告著作权的侵权。

——节选自刁云芸："'以案说法'谈互联网版权侵权认定与诉讼策略"，载 https://new.qq.com/omn/20201020/20201020A09E0X00.html，最后访问日期：2020年11月8日。

五、设计作品版权资源

设计作品版权资源包括了所有设计类的作品以及以外观和特定图形为特点的版权资源。设计作品的范围涵盖较为广泛，包括平面图形设计、工艺设计、环境设计、服饰设计、装置设计、产品设计等，既有平面图形，也有三维造型等外观设计，还有装置技术、工业产品设计等实用型技术专利。

案例7-6　中国时尚行业设计师维权现状

中国时尚产业知识产权大会2020年11月发布调查数据显示，有60%

的设计师品牌表示曾被抄袭过，有 25% 表示被假冒过。"原创设计"选择法律途径维权的少之又少，最后基本不了了之。被抄袭的设计师品牌主要面临着不清楚维权部门以及需考量维权的成本和必要性的问题。

2020 年前三季度，中国商标申请量为 669.4 万件，商标注册量为 399.6 万件。截至 2020 年 9 月 15 日，中国有效注册商标量达到了 2696.8 万件，其中服装鞋帽类在各申请行业中位居第四，申请量在 37.5 万件。在 2020 年上半年疫情影响之下，仍保持了增长，这体现了我国品牌保护意识的提升。2020 年上半年，我国收到的中国申请人马德里国际商标注册申请 3785 件，同比增长 30.6%。然而，维权的实际行动却并未跟上商标注册量的提升。

据中华商标协会调查，受访者的优先关注次序是著作权保护、专利保护和品牌商标保护。但是，在调查他们实际进行申请注册的时候，91% 的受访者有过申请和注册商标的行为，但只有 1/3 左右申请过专利，不到 1/3 申请过著作权，这反映出需求和实际之间的落差，未来在著作权和专利确权方面还需要做更多培训和普及工作。

——节选自"六成曾被抄袭 国内设计师品牌艰难原创路"，载 https://www.bbtnews.com.cn/2020/1102/374873.shtml，最后访问日期：2020 年 11 月 8 日。

六、与文化相关的图形、名称、软件、专利技术版权资源

与文化版权相关的资源还有注册的名称、商标、品牌，用于文化生产和创作的软件、专利技术等知识产权。例如，一些文化品牌的打造是通过品牌名称和商标授权的形式来进行的，这些名称、商标就成为最宝贵的文化资源；在文物修复、文化遗产数字化中的专用技术、游戏产品的引擎等技术专利和软件系统等都是文化版权资源的保护范畴；再如，一些时尚品牌的商标，包括其名称和 LOGO 图案等都代表了其品牌价值，是受法律保护的文化版权资源。当文化品牌的商业名称涉及跨国经营的不同语言翻译时，就会产生名称使用的相关权利问题。

案例 7-7 "海底捞"申请"池底捞""海底捡"等商标

2020 年 10 月 28 日，仅一天，四川海底捞餐饮股份有限公司就新

增177条商标信息，包括"池底捞""捞底海""粤底捞""渠底捞""清底捞""上海底捞""深海底捞""海底捡""三每底手劳"等。

此外，在2020年10月27日，海底捞还围绕"嗨"字一口气申请了86个商标，包括"小嗨妹妹""乖小嗨""小嗨家"等。两日合计新增263条商标信息，这些商标状态均为"商标申请中"。

业内认为，这与此前商标侵权有关。自从今年8月海底捞状告"河底捞"商标侵权败诉后，海底捞终于意识到了商标保护的重要性，开始建立自己的商标保护矩阵。

《中华人民共和国商标法》规定，未经商标注册人的许可，在同一种商品上使用与其注册商标近似的商标，或者在类似商品上使用与其注册商标相同或者近似的商标，容易导致混淆的，属于侵犯注册商标专用权。

但这不能阻止商家碰瓷。前有"阿京腾百"把四大互联网巨头一锅端，后有"今日油条"碰瓷头条成网红。坐拥"阿里巴巴"电池、电池充电器商标的乌鲁木齐老板成立了阿里新能源控股，让马云进军新能源领域在网上刷屏。

各大公司均在不断扩大自己的商标保护矩阵，争取把相近商标一网打尽。相近的商标包括谐音、颜色、数字甚至亲属关系。

阿里巴巴注册了阿里妈妈、阿里爷爷、阿里奶奶、阿里哥哥、阿里弟弟、阿里姐姐、阿里妹妹、阿里宝宝；老干妈注册了老干爹、老姨妈、老千妈；大白兔注册了巨大白兔、巨白兔、金兔、大黑兔、大花兔、大灰兔、大红兔；小米注册了蓝米、黑米、紫米、橙米、绿米、黄米、桔米；五粮液注册了三粮液、六粮液、七粮液、八粮液、千粮液；星巴克注册了星爸爸、新巴克、星星巴、星吧克、巴巴克……

据公开数据显示，阿里巴巴目前全球注册商标与专利约为3万件，而腾讯约为2.5万件，华为约2万件。阿里巴巴还建立了自己的商标注册平台。

——节选自"状告'河底捞'侵权败诉，海底捞'破防'了！两天申请263个商标"，载 https://finance.ifeng.com/c/81ChrwhXZEs，最后访问日期：2020年11月8日。

第三节 文化版权资源的价值特征

文化版权资源因为是与特定的资产相连接而产生的权利关系，所以和一般资源具有不同的价值特性。

一、版权价值资产关联性

文化版权资源是由某项或者几项智慧资产所产生的相关权利，它与这些文化艺术作品或者智慧资产相连接。因此，版权资源的各项权利与这些资产关联的财产所有权相关。由于精神产品中决定版权资源的关键部分为其无形的精神内容，而精神内容一旦被创造和公布后，不会像物质产品一样逐渐损耗而消失的情况。因此，文化版权资源一般不容易发生因为原始精神产品消亡而损失的情况。一项文化版权的存续与否，取决于其所关联资产的所有权和法律上所规定的这种关联关系产生所有权的存续期限。

例如，通常各国都会对文化版权法律保护的存续期限做出规定，一般是在其所关联的精神产品的创造者和首次发布者死亡后 50 年以内。《中华人民共和国著作权法》规定的权利的保护期为作者终生及其死亡后 50 年，截止于作者死亡后第 50 年的 12 月 31 日；如果是合作作品，截止于最后死亡的作者死亡后第 50 年的 12 月 31 日。再如，通常一项文化版权经过转让后，由作者转让给其他人，这项版权资源的价值也就随之部分或者全部转移。

二、版权价值的可分割性

如上所述，法律意义上文化版权具有 17 项权利。这些权利可以被分割开转让和分配。因此一项版权的价值可以被分配给不同的人享有。例如，可以将出版权转让给出版社，将表演权转让给表演团体，将录制权转让给音像公司，将播放权转让给广播电台等。

三、版权价值的可复制性

版权是不可见的无形资产，其价值却可以低成本无限复制，即表现为受到版权保护的精神内容可以在法律上以授权的方式，许可他人重复使用。文化版权的可复制性决定权的精神内容可以被毫无损耗地授权后重复地使用。因此，版权保护的对象为精神内容的授权使用行为。授权使用是版权价值实现的最主要方式。通过授权，可以实现精神内容的批量规模复制，从而精神内容的版权资源得以开发和利用，创造巨大的经济价值。因此，文化版权是具有较高资源再生性和持久性的文化资源。

四、版权价值的可转让性

版权转让是指版权人将版权中的全部或部分财产权有偿或无偿地移交给他人所有的法律行为。这种转让通常可以通过买卖、互易、赠与或遗赠等方式完成。

移交版权的版权人称为转让人，接受版权的他人称为受让人。与许可他人使用作品不同，转让版权的法律后果是转让人丧失所转让的权利；受让人取得所转让的权利，从而成为新的版权人。

转让版权俗称"卖断"或"卖绝"版权。但是在允许转让版权的国家也只有版权中的财产权可以转让，版权中的人身权是不能转让的。在有些国家，版权转让必须通过书面合同或其他法定形式，并由版权人或他的代理人签字，才算有效。在有些国家，版权转让必须履行登记手续，才能对抗第三人。

版权转让必然是完整的财产权的转让，也就是说，无论转让出版权，还是转让改编权或其他任何一种财产权，都必须将其使用、收益、处分的权能一并转让。如果受让人只能使用作品，而不能自由许可他人使用作品，或不能自由转让他的权利，这种权能不完整的转让实际上不是严格意义上的版权转让，而是作品许可使用。

案例7-8 《三生三世枕上书》版权转让

2020年大火的电视剧《三生三世枕上书》在拍摄之前经历了版权转让。原作版权最初是华泽欣禧国际影视文化传媒公司购买，期限5年。但5年里并未投资拍摄，在版权到期之前华泽欣禧国际影视文化传媒公司以10倍的价钱将《三生三世枕上书》转让给了腾讯，随后完成文字改编，拍摄了《三生三世枕上书》。

2018 年 1 月 25 日，电视剧《三生三世枕上书》官宣阵容，迪丽热巴饰演青丘帝姬"白凤九"，高伟光饰演东华帝君。随后《三生三世枕上书》版权方发表声明，称小说的电影/电视剧版权合同到期，华泽欣禧国际影视文化传媒公司从即日起不再有独家改编权。随后，"华泽欣禧国际传媒"发表关于小说《三生三世枕上书》影视版权问题的说明，称本公司和本公司合作方在原合同文字作品使用期限内完成的剧本，仍然享有影视拍摄制作和发行等相关权利。

2018 年 1 月 25 日晚，"华泽欣禧国际传媒"通过微博发表关于小说《三生三世枕上书》影视版权问题的说明。其在微博首先称，本公司依法受让《三生三世枕上书》的全球独家影视改编权、摄制权等相关权利，并有权对前述相关权利进行转让。并表示小说的文字作品使用期限截止于 2018 年 1 月 25 日，但是文字作品使用期限到期后，本公司以及本公司合作方对在原合同文字作品使用期限内完成的剧本，仍然享有影视拍摄制作发行等相关权利，并无需取得相关人士的同意及另外支付费用，并且文字作品到期不影响或者改变我司原合同受让小说《三生三世枕上书》的全球独家影视改编权、摄制权等相关权利的既定事实，2018 年 1 月 26 日仍然享有拍摄、制作、发行、播出、销售等的权利。

第四节　文化版权资源的保护

文化版权资源具有巨大的授权价值，但是如果不能够得到保护，文化版权非常容易被侵权，从而造成文化版权资源的价值流逝。因此，需要对文化版权进行法律强制性的保护。

一、文化版权资源的法律保护

文化版权是从法律意义上加以界定的关于某一项文化资产的权利集合。因此，对于文化版权资源的保护，首先是从法律上加以保护。版权的法律保护，最早始于 18 世纪初英国《安娜法令》和法国大革命时期的各项作者权法令。《安娜法令》影响了英国以及英联邦国家形成了具有普通法传统的版权。源自《安娜法令》侧重于经济方面的英美法系版权和出自法国大革命各项法令的侧重于人身方面的大陆法系作者权都明确废除印刷特许权以保护作者权利，这些法律都奠定了现代著作权法的基石。

我国宋代出现了保护著作物的令状制度，1910 年，清政府颁布《大清著作权律》，这是我国历史上第一部以著作权为保护中心的法律。1915 年，北洋政府曾颁布著作权法律。1928 年，国民党政府颁布了《中华民国著作权法》。1990 年 9 月 7 日，第七届全国人大常委会第 15 次会议通过《中华人民共和国著作权法》，并于 1991 年 6 月 1 日正式实施。这是新中国诞生以来的第一部全面而又系统地规定著作权的法律。为适应世界知识产权组织的新条约和中国加入 WTO 的需要，2001 年进行了第一次修正。2010 年进行了第二次修正。

通常，各个国家的版权法对使用已经发表的作品有"合理使用"和"法定许可"两种限制。国际版权公约对发展中国家翻译和复制发达国家有版权的作品还有"强制许可证"的规定。关于文化版权的法律保护，主要从以下几个方面加以规范：

1. 版权登记与公开。关于版权登记，在中国，版权自作品创作完成之日起产生。版权登记不是取得版权的前提条件，但是版权登记证明文件是登记事项的一种初步证明，可以作为主张权利或提出权利纠纷行政处理或诉讼的证明文件。计算机软件可由中国版权保护中心负责登记，其他具有独创性的作品（文字、美术、摄影、电影、音乐、建筑作品及工程设计图等），可由省版权登记部门负责登记。在某些国家，作品如未登记，将产生一些不利后果。

2. 权利归属和法律责任。即法律上规定版权保护的基本内容和权利类型，这些权利的归属，以及当这些权利遭受侵害时的侵权行为的认定、侵权者应承担的法律责任和保障当事人权利的执法措施等。

3. 保护期限。根据著作权法的规定，版权所有人可以根据法律在规定的年限内对作品享有独占权。一般而言，其他人需要使用作品，应当事先取得版权所有人的许可，并向其支付报酬。但是著作权法也规定了若干情形，在法律规定的使用方式下，该种使用无需取得版权所有人的许可，或者无需向其支付报酬。版权的期限，对个人而言，是死后 50 年，署名权等精神权利期限无限制；对单位和法人而言，是作品首次发表后50年。

4. 版权保护区域。根据学理，版权具有地域性，也就是说，各国承诺保护作品的知识产权，但是如何保护，作者有哪些权利，保护期限多长，由各个国家自己决定。

5. 权利限制。版权限制是确保社会公众及时获得作品、最大限度地分享文化进步艺术繁荣带来的利益。通常有合理使用、法定使用和强制使用三种情况。合理使用是指为个人学习研究、新闻报道、司法程序、图书档案保存、慈善等使用而引用作品，不需支付报酬；法定使用是指通过法律规定，在某些情况下使用有版权的作品可以不经作者许可，只需向其支付报酬；强制许可是指通过法律规定，为了某种需要，在符合某些条件的情况下，经使用者提出申请，可以由国家主管机关发放不经版权所有者许可而使用有版权作品的非独占性许可证。

二、文化版权资源的价值损害

文化版权在法律上有必需的构成要件，这些要件的变化会影响到文化版权存在的基础，直接决定文化版权资源的价值。同时，影响文化版权资源的价值有很多因素，这些因素的变化，也会影响到文化版权资源价值。

（一）侵权

法律不但界定了文化版权资源存在基础，而且规定了决定文化资源价值的权利归属、相关行为的法律责任。如果不经许可并且不用支付报酬，就随意使用版权资源进行复制、分发，甚至从事销售等相关商业牟利活动，就侵害了版权所有者的权利，构成了盗版侵权行为。盗版出版物通常包括盗版书籍、盗版软件和盗版音像作品。常见的盗版行为有：重制拷贝或复印、移除或改写版权信息并任意改动功能、在非授权范围的场所，公开供人使用或浏览和散布或重新包装后，转散布或转卖、破解序号保护或提供注册机等。

（二）竞争

文化版权资源的竞争是指同质版权资源，以及创新和技术进步带来的淘汰性的竞争，造成文化版权资源的价值贬值和消失。文化版权受到法律保护，但这并不表示否认竞争。同类的、类似的文化作品或者文化产品产生时，如果这些产品在法律上不构成侵权，就会形成版权的竞争。对于专利技术和计算机软件等技术性较强的知识产权，可以通过最新科技手段来评定相关技术和软件的新颖性和相似性，以达到避免同质竞争的目的。但是对于大多数文化版权资源来说，没有完全相同的精神内容产品。即使是对于同样题材和同样对象的创作，也是创作者个体的艺术创作活动，如果没有直接的抄袭剽窃行为，就难以认定两个作品相同和存在侵权的行为。例如，在文学创作中，可以针对同类题材和同样的历史事件进行创作；在影视剧创作中，存在同类题材的影视剧作品的竞争；对于同一个设计题材和设计对象，可以有多个设计师或者设计公司提出投标方案。

（三）资产损毁

版权所依赖的资产被毁坏，对版权价值将造成重大影响。通常精神内容一经创造后，便依附于特定物质载体而得以延续。如精神内容对物质载体没有特殊的材料和特性要求，那么精神内容就能够被以较低成本进行复制和再现，不存在资产的损失问题。但是，也有一些精神内容产品，由于社会、政治等其他方面的原因。在传承中遭到毁坏和流失，从而造成依附于这些精神内容的版权资源不再具有存在的基础。

例如，非物质文化遗产由于其观众群体日渐缩小，市场萎缩，传承人日渐衰老，后继无人，大量民族非物质文化遗产资源濒临灭绝。很多传统戏曲的剧目不断流失和消亡，有些传统手工艺甚至出现人亡艺亡的局面。再如，历史上由于战争、政治等方面的因素，大量文化资产遭受毁灭灾害，从古代的"焚书坑儒"，到近代的"二战"，历次战争对图书、美术和建筑等文化遗产都造成巨大损害，一些依赖于绘画、图书的版权资源也相应地流失。

此外，也有一些特殊情况。例如在影视剧制作中，由于影视剧是一种复杂的集体创作艺术品，制作周期也比较长，如果其中主创人物、母带损毁而发生意外，或者因为某些政治因素影视虽然制作完成却遭到封杀、不被许可发行等，这些都会直接影响到影视作品的版权价值实现，造成影视版权资源的价值丧失。

三、文化版权资源的权利纠纷

第一，虽然在法律上通过著作权法对版权资源做了清晰的界定，并明确了保护措施。但是由于版权资源本身所涉及的权利的多样性，以及版权可对权利进行分割转让和授权，因此造成了版权资源管理中的复杂性，容易发生版权纠纷；第二，版权资源所依赖的文学艺术作品如果是集体创作的作品，就容易造成多个所有人之间的版权利益的纠纷；第三，对于一些民间文化艺术的版权资源，其在法律上存在的依据，往往没有相关的法律给予明确的认定，容易发生纠纷；第四，版权侵权行为的认定，也需要有确凿的证据。

总之，一旦发生版权纠纷，版权利益各方之间的官司可能旷日持久，在权利难以认定的条件下，版权资源难以得到正常的利用，版权资源的价值也就难以实现，甚至会造成版权资源价值的贬值。

四、文化版权资源的生命周期

法律规定，文化版权资源具有一定的保护周期。这为文化版权资源规定了其存在的生命周期。超过保护周期之后，人们对文化艺术作品进行开发和利用将不需得到相关的著作权人的许可和授权。

对于商标权，大部分国家是注册原则，也具有一定的期限，到期之前，商标持有人可以注册延续。如果没有续展，就不能得到保护。我国商标法规定保护期和延展保护期均为 10 年。

《中华人民共和国著作权法》规定，作者的署名权、修改权、保护作品完整的权利在保护期内不受限制。公民作品的发表权、使用权和获得报酬权的保护期为终生及其死亡后 50 年。如果是合作作品，为其最后死亡的作者死亡后 50 年。法人和非法人单位的作品，保护期为发表后 50 年。电影、电视剧、录像和摄影作品的发表权、使用权和获得报酬权的保护期均为 50 年。作品自创立完成后 50 年内未发表的不再保护。

第五节　文化版权资源的价值经营

文化版权作为资源，可以通过适当的途径进行开发和经营，获得经济收益。文化版权资源是无形的文化资源，对文化版权的经营与文化版权所依附的文化艺术作品、商标等实体文化资源的开发和利用具有直接的关联性。但又不完全是同一事物。例如，文学作品的作者创作出作品后，享有作品的版权，可以通过授权方式，授权图书出版社使用其版权。而作者不需要考虑如何对文学作品图书本身的经营和销售，图书出版社获得授权后负责对文学作品进行图书策划、印刷、宣传和销售等一系列该文学作品的图书经营活动。有关版权的价值经营是指对文化版权资源的商业化开发和利用，主要包括以下几个方面。

一、文化版权的许可使用

版权的许可使用，这是最为普遍的版权经营方式。如上所述，版权的许可使用可以按照地区、媒体种类进行分割授予许可，这就为版权所有者创造了较为弹性和灵活的授权组合方式，也大大地增加了版权资源的价值。例如，文学作品作者可以分为图书出版许可、影视改编许可等，也可以按照地区来授予许可。

版权许可使用并不改变著作权的归属。通过著作权许可使用合同，被许可人所获得的仅仅是在一定期间和约定的范围内，以一定的方式行使作品的使用权，著作权仍然全部属于著作权人，不会导致任何权利缺陷。

被许可人的权利受制于合同的约定。被许可人不能擅自行使超出约定的权利，同时也只能以约定的方式在约定的地域和期限行使著作权。同时被许可人还不能擅自将自己享有的权利许可他人使用，也不能禁止著作权人将同样权利以完全相同的方式，在相同的地域和期限内许可他人使用，除非被许可人享有的是专有许可权并附有从属许可的权利。

被许可人对第三人侵犯自己权益的行为一般不能以自己的名义向侵权者提起诉讼，因为被许可人并不是著作权的主体，除非著作权人许可的是专有使用权。

二、文化版权的转让

版权转让是指版权所有者将其版权中的财产权利转让给他人享有。版权转让的方式有继承、赠予和有偿出让等。版权的有偿转让是版权交易的基本内容，在中国又称"卖版权"。版权转让可以是版权中部分财产权利的转让，也可以是版权中全部财产权利的转让；可以是在版权保护期中某一段时间内转让，也可以是在整个版权保护期内的转让。与许可他人使用作品不同，转让版权的法律后果是转让人丧失所转让的权利；受让人取得所转让的权利从而成为新的版权人。版权转让大多是指版权中的财产权，人身权一般不可以转让。

版权转让可以是永久的，即整个版权保护期的；也可以是有期限的，即版权保护期内若干年的。版权转让可以按照地区、语言种类、传播媒介等在合同中约定转让的权利种类。如将出版权转让给出版社，将表演权转让给表演团体，将录制权转让给音像公司，将播放权转让给广播电台等。

单独一种财产权也可以根据不同的使用方式分别转让给不同的人。例如，转让人将翻译权中的法文版翻译权转让给甲出版社，将英文版翻译权转让给乙出版社，将德文版翻译权转让给丙出版社，等等。版权转让也可以是分地域的。例如，同是英文版翻译权，转让人将美国和加拿大地区的英文版翻译权转让给美国一家出版社，将亚洲地区的英文版翻译权转让给印度一家出版社，将欧洲地区的英文版翻译权转让给英国一家出版社，等等。这种转让的组合方式，为版权所有者经营版权实现利益最大化提供了途径。

版权有期限转让与专有许可使用是有区别的。从不同国家的情况来看，版权转让可以是永久的，即整个版权保护期内的专有使用权；也可以是有期限的，即版权保护期内若干年。

三、文化版权的融资

文化版权不但可以转让和许可，而且可以作为资产，将版权进行抵押和版权证券化来融通资金。这种方式最普遍的应用是在音乐、影视等文化版权方面。

文化版权资源的抵押就是版权所有人将其版权以质押的方式从债权人那取得贷款。2007 年，华谊兄弟电影公司的电影《集结号》以版权质押方式，用该影片的全球版权收益作为抵押，从招商银行获得 5000 万元抵押贷款。

文化版权资源的证券化是指发起机构将其拥有的文化版权或其衍生债权（如授权的权利金），移转到特设载体，再由此特设载体以该等资产做担保，经过重新包装、信用评价等，以及信用增强后发行在市场上可流通的证券，借此为发起机构进行融资的金融操作。

四、文化版权的邻接权利

版权的邻接权，又称为"作品传播者权"或"与版权相关的权利"，是指通过传播媒体将作品内容传播给公众的传播者，对其在传播作品过程中创造的智力劳动成果依法享有的民事权利。版权的邻接权，依其保护对象的不同可以分为狭义的邻接权和广义的邻接权。狭义的邻接权，又称为传统的邻接权，包括表演者权、录制者权、广播组织权三项。广义的邻接权，包括一切传播作品的媒介所享有的专有权，除了上述的三项传统的邻接权以外，还包括出版者权。

根据传播与作品的关系，还有作品的一次传播媒体和二次传播媒体之分，相应地把邻接权划分为一次传播者邻接权和二次传播者邻接权。所谓一次传播者，就是直接传播作品者，如把作品复制于载体上传播（出版者），通过多种方式直接演示作品的内容加以传播（表演者、朗诵者）。所谓二次传播者，就是对已经传播的作品再次以不同的方式进行传播者，如把纸质载体的作品加以广播，或者将表演录制成光盘再加以传播。

第六节　国际文化版权贸易

国际文化版权贸易是文化版权所有人与作品使用人之间，就不同国家或地区之间有偿转移某部文学、科学和艺术作品之著作权中某项或几项财产权（作品使用权）进行的法律行为。凡是他人跨国或跨地区使用作者版权中的经济权利而获得报酬的行为，不论其采取何种方式，都可称为国际版权贸易行为。文化版权贸易是国际服务业贸易的重要内容，涉及一个国家的政治、经济、文化、科技等各个方面。国际文化版权贸易有两个基本的公约即《保护文学和艺术作品伯尔尼公约》和《世界版权公约》。国际文化版权贸易有版权许可、版权转让和合作出版等三种形式。

一、国际文化版权贸易的发展概况

19世纪随着国际贸易范围的扩大和规模的增长，各国意识到商品和劳务的国际流动，能够带来财富的巨大增长。19世纪，西欧尤其是法国涌现出许多大文学家、大艺术家，他们创作的大量脍炙人口的作品流传到世界各地，这些国家开始相应地也就重视版权的国际保护。1887 年《保护文学和艺术作品伯尔尼公约》的生效，为版权的贸易奠定了法律基础。在这个时期，买断版权是主要的行为方式。1955 年《世界版权公约》的生效，使版权贸易进入了一个新的时期。20 世纪 70 年代以来，世界服务贸易规模不断扩大，知识产权的贸易成为重点。20 世纪 80 年代后期，版权贸易增加幅度都在 15%以上。随着全球经济一体化趋势的强化，世界各国发展本国经济与文化需要现代国际贸易结构发生一个深刻变化，即从传统商品为主的有形贸易扩展到包括知识产权贸易在内的无形贸易。1994 年 4 月，关贸总协定乌拉圭回合谈判的结束，明确在世界范围内把知识产权纳入了国际贸易领域，国际版权贸易的法律地位最终得以确认。

二、文化版权贸易的相关公约和协定

在 1883 年之前，知识产权的国际保护主要是通过双边国际条约的缔结来实现。1883 年《保护工业产权巴黎公约》签订，当时有 11 个成员国，成立了国际局来执行行政管理任务。1886 年，《保护文学和艺术作品伯尔尼公约》的签订，也相应成立了国际局来执行行政管理任务。1891 年签订《商标国际注册马德里协定》。1955 年在联合国教科文组织主持下，《世界版权公约》生效。

1967 年 7 月 14 日，"保护工业产权联盟"（巴黎联盟）和"国际保护文学艺术作品联盟"（伯尔尼联盟）的 51 个成员在瑞典首都斯德哥尔摩共同建立了世界知识产权组织（World Intellectual Property Organization—WIPO），以便进一步促进全世界对知识产权的保护，加强各国和各知识产权组织间的合作。1994 年缔结了《与贸易有关的知识产权协定》。

以上这些国际公约和协定成为调整国际文化版权贸易主体间关系的国际法律。1996 年，世界知识产权组织同世界贸易组织（WTO）签订了合作协定，从而扩大了其在全球化贸易管理中的作用，并进一步证明了知识产权的重要性。

（一）《保护工业产权巴黎公约》

1883 年 3 月 20 日在巴黎签订，1884 年 7 月 7 日生效。《保护工业产权巴黎公约》的调整对象即保护范围是工业产权，包括发明专利权、实用新型、工业品外观设计、商标权、服务标记、厂商名称、产地标记或原产地名称以及制止不正当竞争等。《保护工业产权巴黎公约》的基本目的是保证每一个成员国的工业产权在其他所有成员国都得到保护。1985 年 3 月 19 日中国成为该公约成员国。

《保护工业产权巴黎公约》没能制定统一的工业产权法，而是以各成员国国内立法为基础对工业产权进行保护。公约在尊重各成员的国内立法的同时，规定了各成员国必须共同遵守的几个基本原则，以协调各成员国的立法，使之与公约的规定相一致：

1. 国民待遇原则。在工业产权保护方面，公约各成员国必须在法律上给予公约其他成员国相同于该国国民的待遇，即使是非成员国国民。

2. 优先权原则。《保护工业产权巴黎公约》规定凡在一个缔约国申请注册的商标，可以享受自初次申请之日起为期 6 个月的优先权，即在这 6 个月的优先权期限内，如申请人再向其他成员国提出同样的申请，其后来申请的日期可视同首次申请的日期。发明、实用新型和工业品外观设计的专利申请人从首次向成员国之一提出申请之日起，可以在一定期限内以同一发明向其他成员国提出申请，而以第一次申请的日期为以后提出申请的日期。其条件是，申请人必须在成员国之一完成了第一次合格的申请，而且第一次申请的内容与日后向其他成员国所提出的专利申请的内容必须完全相同。

3. 独立性原则。申请和注册商标的条件，由每个成员国的国内法律决定，各自独立。这就是说，每个商标在一个成员国取得注册之后，就独立于原商标，即使原注册国已将该商标予以撤销，或因其未办理续展手续而无效，都不影响它在其他成员国所受到的保护。已经在一个成员国取得专利权的发明，在另一个成员国不一定能获得；反之，在一个成员国遭到拒绝的专利申请，在另一成员国则不一定遭到拒绝。

4. 强制许可专利原则。《保护工业产权巴黎公约》规定：各成员国可以采取立法措施，规定在一定条件下可以核准强制许可，以防止专利权人对专利权可能的滥用。某一项专利自申请日起的四年期间，或者自批准专利日起三年期内（两者以期限较长者为准），专利权人未予实施或未充分实施其取得的专利，有关成员国有权采取立法措施，核准强制许可证，允许第三方实施此项专利。如在第一次核准强制许可特许满两年后，仍不能防止赋予专利权而产生的流弊，可以提出撤销专利的程序。《保护工业产权巴黎公约》还规定强制许可不得专有，不得转让；但如果连同使用这种许可的那部分企业或牌号一起转让，则是允许的。

5. 商标的使用。《保护工业产权巴黎公约》规定，某一成员国已经注册的商标必须加以使用，只有经过一定的合理期限，而且当事人不能提出其不使用的正当理由时，才可撤销其注册。凡是已在某成员国注册的商标，在一成员国注册时，对于商标的附属部分图样加以变更，而未变更原商标重要部分，不影响商标显著特征时，不得拒绝注册。如果某一商标为几个工商业公司共有，不影响它在其他成员国申请注册和取得法律保护，但是这一共同使用的商标以不欺骗公众和不造成违反公共利益为前提。对于驰名商标，无论驰名商标本身是否取得商标注册，公约各成员国都应禁止他人使用相同或类似于驰名商标的商标，拒绝注册与驰名商标相同或类似的商标。对于以欺骗手段取得注册的人，驰名商标的所有人的请求撤销注册的期限不受限制。对于商标权的转让，应与其营业一并转让方为有效，只需转让该国的营业就足以认可其有效，不必将所有国内外营业全部转让。但这种转让应以不会引起公众对贴有该商标的商品来源、性质或重要品质发生误解为条件。

（二）《保护文学和艺术作品伯尔尼公约》

1878 年，在巴黎由雨果主持召开了一次重要的文学大会，建立了一个国际文学艺术协会。1883 年该协会将一份经过多次讨论的国际公约草案交给瑞士政府。瑞士政府于 1886 年 9 月 9 日在伯尔尼举行的第三次大会上予以通过，定名为《保护文学和艺术作品伯尔尼公约》。原始签字国有英国、法国、德国、意大利、瑞士、比利时、西班牙、利比里亚、海地和突尼斯 10 国，1887 年 9 月 5 日签字国互换批准书（只有利比里亚没有批准），公约 3 个月后生效，这就是世界上第一个国际版权公约，所有参加这一公约的国家组成一个联盟，称伯尔尼联盟，并选出了联盟的国际局，规定了以后参加国应履行的手续以及公约的修订程序。

《保护文学和艺术作品伯尔尼公约》的产生，标志着国际版权保护体系的初步形成，1992 年 10 月 15 日中国成为该公约成员国，截至 2012 年 3 月 14 日，缔约方总数为 165 个国家。《保护文学和艺术作品伯尔尼公约》自生效以来曾进行过 7 次补充和修订，确定了四个基本原则：

（1）国民待遇原则。联盟任何一个成员国公民的作者，或者在任何一个成员国首次发表其作品的作者，其作品在其他成员国应受到保护，此种保护应与各国给予本国国民的作品的保护相同。（2）自动保护原则。指作者在成员国中享受和行使《保护文学和艺术作品伯尔尼公约》规定的权利不需要履行任何手续。（3）独立保护原则。各国依据本国法律对外国作品予以保护，不受作品来源国版权保护的影响。（4）最低保护限度原则。《保护文学和艺术作品伯尔尼公约》要求各成员国对著作权的保护必须达到公约规定的最低标准，即公约特别规定的作者所享有的各项权利。

在公约的保护内容方面，主要有以下几个方面：

1. 保护范围：公约保护的作品范围是缔约国国民或在缔约国内首次发表的一切文学艺术作品。"文学艺术作品"包括文学、科学和艺术领域内的一切作品，如图书、讲课、演讲、讲道、戏剧、哑剧、舞蹈、乐曲、电影作品、图画、建筑、雕塑、摄影作品，实用艺术品，地理学、解剖学、建筑学或科学方面的图表、图示及立体作品等。此外还包括"演绎作品"，即翻译、改编、乐曲整理，以某一文学或艺术作品的其他改造，只要不损害原作的著作权，这种改造就得到与原作同等的保护。《保护文学和艺术作品伯尔尼公约》生效时保护期未满的作品也给予保护，即有追溯力。

2. 保护期：对于一般文学艺术作品而言，确定了作品整个版权保护期为"作者有生之年加死后 50 年"。

3. 保护权利：公约既保护精神权利，又保护经济权利。关于精神权利，它只规定了作者的署名权和修改权，而没有规定发表权；关于经济权利，公约规定了翻译权、复制权、公演权、广播权、朗诵权、改编权、录制权和电影权。此外，公约还有关于"追续权"的规定，但并非最低保护要求，各成员国可以自行决定是否采用。

（三）《商标国际注册马德里协定》

《商标国际注册马德里协定》（Madrid Agreement Concerning the International Registration of Marks），是关于简化商标在其他国家内注册手续的国际协定。1891 年 4 月 14 日在马德里签订，1892 年 7 月生效，修订过多次，我国 1995 年签署的《商标国际注册马德里协定有关议定书》是对《商标国际注册马德里协定》关于商标注册部分的一个补充，根据协定规定，须先参加《保护工业产权巴黎公约》，才能参加《商标国际注册马德里协定》。《商标国际注册马德里协定》保护的对象是商标和服务标志，协定内容涉及商标和服务标志国际注册的申请、效力、续展、收费等。

（四）《世界版权公约》

1947 年由联合国教育、科学及文化组织主持准备，1952 年在日内瓦缔结，1955 年生效，1971 年在巴黎修订过一次。该公约保护的作品版权主要包括文学、艺术和学术三个方面，并且根据修正文本第一条设立的政府间委员会，研究有关版权的国际保护与合作，是继《保护文学和艺术作品伯尔尼公约》后又一个国际性的著作权公约。1992 年 7 月 30 日，中国常驻联合国教科文组织使团代表秦关林代表中国政府向联合国教科文组织递交了加入《世界版权公约》的官方文件，同年 10 月 30 日对中国生效，标志着中国正式加入了《世界版权公约》。《世界版权公约》的最低要求可以归结为以下 6 个要点：

1. 国民待遇原则。成员国国民的已出版作品，不论在何地出版，均在各成员国内享有该国国民已出版的作品的同等保护；凡在成员国中首次出版第一版的作品，不论作者是否系成员国国民，均享有各成员国给予本国国民已出版的作品同样的保护；成员国国民的未出版的作品，在每个成员国中均享有该国给予本国国民未出版的作品同样的保护。这里指的"国民"，包括居住在成员国的外籍居民。

2. 非自动保护原则。如果任何成员国依其国内法要求履行手续作为版权保护的条件，那么对于根据本公约加以保护并在该国领土以外首次出版，而其作者又非本国国民的一切作品，只要经作者或版权所有者授权出版的作品的所有复制本上，自首次出版之日起，标有（C）的符号，并注明版权所有者的姓名、首次出版年份等，而且其标注的方式和位置应使人注意到版权的要求，就应认为符合本国法履行手续的要求，根据本公约给予保护。

3. 受保护作品范围。《世界版权公约》的各成员国承允对文学、科学、艺术作品，包括文字、音乐、戏剧和电影作品，以及绘画、雕刻和雕塑的作者及其他版权所有者的权利提供充分有效的保护。

4. 经济权利。要求成员国必须予以保护的只有四项经济权利：复制权、公演权、广播权以及翻译权。此外，为了与美国等一些国家不保护精神权利的国内法规定相适应，《世界版权公约》也没有要求成员国保护作者的精神权利。

5. 保护期。对作品的保护期限定为作者有生之年加死后 25 年或作品首次发表之后 25 年。

6. 无追溯力规定。该公约未明示保护作者的身份权，不具有追溯力，且不允许缔约国对某些条款予以保留。

（五）《与贸易有关的知识产权协定》

《与贸易有关的知识产权协定》（Agreement on Trade-Related Aspects of Intellectual Property Rights，缩写 TRIPs），是世界贸易组织管辖的一项多边贸易协定。《与贸易有关的知识产权协定》有七个部分，共 73 条。根据协定的规定，WTO 成立了知识产权理事会，负责协定的实施。协议保护的范围包括：版权及相关权、商标、地域标识、工业品外观设计、专利、集成电路布图设计、未公开的信息包括商业秘密七种知识产权，规定了最低保护要求；并涉及对限制竞争行为的控制问题，规定和强化了知识产权执法程序，有条件地将不同类型的成员加以区别对待。该协定宗旨是促进对知识产权在国际贸易范围内更充分、有效的保护，以使权利人能够从其创造发明中获益，激励其继续在创造发明方面努力；减少知识产权保护对国际贸易的扭曲与阻碍，确保知识产权协定的实施及程序不对合法贸易构成壁垒。

该协议具有三个突出特点：

第一，它是第一个涵盖了绝大多数知识产权类型的多边条约，既包括实体性规定，也包括程序性规定。这些规定构成了世界贸易组织成员必须达到的最低标准，除了在个别问题上允许最不发达国家延缓施行之外，所有成员均不得有任何保留。这样，该协议就全方位地提高了全世界知识产权保护的水准。

第二，它是第一个对知识产权执法标准及执法程序做出规范的条约，对侵犯知识产权行为的民事责任、刑事责任以及保护知识产权的边境措施、临时措施等都作了明确规定。

第三，它引入了世界贸易组织的争端解决机制，用于解决各成员之间产生的知识产权纠纷。过去的知识产权国际条约对参加国在立法或执法上违反条约并无相应的制裁条款，TRIPs 协议则将违反协议规定直接与单边及多边经济制裁挂钩。

拓展阅读

道歉之后，郭敬明《晴雅集》下线

《晴雅集》导演是郭敬明，他也是 2020 年底 156 名影视圈人集体抵制的对象。他曾在 15 年前因剽窃庄羽的《圈里圈外》，侵犯著作权，被法院判决经济赔偿 20 万元、赔礼道歉。但长达 15 年，他没有道歉。2020 年 12 月 31 日，郭敬明发出道歉。

与郭敬明同时被抵制的还有于正。6 年前，于正由于《宫锁连城》剽窃琼瑶的《梅花烙》，侵犯著作权，被判经济赔偿 500 万元。2020 年 12 月 31 日，于正同样发出道歉。

中国文字著作权协会总干事张洪波，他长期在反抄袭维权一线，熟悉各大版权案件，他认为，之前，很多抄袭者觉得可以花钱买平安，经济赔偿之后，他们该出书出书，该投资投资，该做综艺做综艺，但这一次，"对侵犯知识产权的个人和机构会有比较大的震慑作用。"

早在 2015 年，国务院就发布《关于新形势下加快知识产权强国建设的若干意见》、2016 年中共中央、国务院发布《关于完善产权保护制度依法保护产权的意见》，此外还有《中华人民共和国国民经济和社会发展第十二个五年规划纲要》等，均对知识产权保护提出要求。

近期，国家层面加大了对知识产权的保护力度。2020 年 11 月，《中华人民共和国著作权法》发布 30 年后，全国人大常委会审议完成对该法的第三次修正，新《中华人民共和国著作权法》将于 2021 年 6 月 1 日起施行。新法引入侵权惩罚性赔偿制度，加大著作权司法保护和行政执法力度。此外，《中华人民共和国刑法修正案（十一）》也提高了侵权著作权罪的获刑年限，侵犯著作权罪最高获刑 10 年，销售侵权复制品罪最高获刑 5 年。

这次反抄袭的小胜利，除知识产权大环境正在改善以外，也与近期国家层面对社会信用制度的完善有关。2020 年 11 月 25 日，国务院常务会议确定了完善失信约束制度健全社会信用体系的措施，并在 12 月 7 日发布《关于进一步完善失信约束制度构建诚信建设长效机制的指导意见》。文件非常详细，明确写了恶意侵犯知识产权的行为属于严重的违法失信行为，应该列入违法失信主体惩戒黑名单。于正、郭敬明二人被法院判决，却拒不履行赔礼道歉，按照国家政策，已经是严重失信行为。

——节选自任晓宁："郭敬明《晴雅集》下线"，载《经济观察报》
2021 年 1 月 11 日，第 18 版。

思考与练习

1. 梳理我国版权保护制度发展的历史。
2. 思考数字出版时代版权保护存在的困境。
3. 探讨版权保护与文化产业发展之间的关系。
4. 如何评估文化版权的价值？

参考文献

［1］"六成曾被抄袭 国内设计师品牌艰难原创路"，载 https://www.bbtnews.com.cn/2020/1102/374873.shtml，最后访问日期：2020 年 11 月 8 日。

［2］［美］保罗·戈尔斯坦（Paul Goldstein）：《国际版权原则、法律与惯例》，王文娟译，中国劳动社会保障出版社 2002 年版。

［3］蔡翔等：《版权与文化产业国际竞争力研究》，中国传媒大学出版社 2011 年版。

［4］陈凤兰等编著：《图书版权贸易经典案例分析》，知识产权出版社 2017 年版。

［5］段桂鉴等：《版权价值导论》，商务印书馆 2017 年版。

［6］皇甫晓涛：《版权经济论：泛版权经济的文化创新与文化金融市场体系建构》，光明日报出版社 2016 年版。

［7］"浅析美术作品侵权界定标准"，载 http://collection. sina. com. cn/2019－04－03/doc-ihsxncvh7849207. shtml，最后访问日期：2020 年 11 月 8 日。

［8］任晓宁："郭敬明《晴雅集》下线"，载《经济观察报》2021 年 1 月 11 日，第 18 版。

［9］上海新闻出版教育培训中心主编：《互联网环境下传统出版的版权保护和版权贸易》，上海人民出版社 2018 年版。

［10］刁云芸："'以案说法'谈互联网版权侵权认定与诉讼策略"，载 https://new. qq. com/omn/20201020/20201020A09E0X00. html，最后访问日期：2020 年 11 月 8 日。

［11］王晨、章玳主编：《文化资源学》，南京大学出版社 2014 年版。

［12］王洪友：《版权制度异化研究》，知识产权出版社 2018 年版。

［13］［德］西尔克·冯·莱温斯基：《国际版权法律与政策》，万勇译，知识产权出版社 2017 年版。

［14］谢山青、刘沁秋主编：《版权贸易与中国文学国际传播——「国际版贸与文学」德国研修班论文集》，江苏凤凰教育出版社 2019 年版。

［15］严波主编：《视听媒体版权实务指南》，知识产权出版社 2019 年版。

［16］张熠："一年因盗版损失 56. 4 亿，网络文学维权为何困难重重?"，载 https://web. shobserver. com/news/detail? id＝241453，最后访问日期：2020 年 11 月 8 日。

［17］"状告'河底捞'侵权败诉，海底捞'破防'了! 两天申请 263 个商标"，载 https://finance. ifeng. com/c/81ChrwhXZEs，最后访问日期：2020 年 11 月 8 日。

第八章　文化资源管理

学习目标：

1. 理解文化资源管理的作用；
2. 掌握文化资源管理的方法；
3. 认识我国文化资源管理的问题；
4. 提出文化资源管理的解决对策；
5. 掌握不同社会制度下文化资源管理机制的适用性；

第一节　文化资源管理的作用

文化资源具有所有权非私有的特点，因为历史上的很多文化创造都是一种社会性的创造活动，尤其是文化资源中的历史文化遗产，更体现出这一特点。因此，文化资源在很大程度上属于全社会共有的一种资源，属于社会公共资源，正因为如此，对文化资源如何实施有效管理就成为了十分重要的问题。文化资源管理是世界上很多国家都面临的问题，因而引起各国政府的高度重视。其作用主要表现为以下几点。

一、建立科学有效的管理体系

从国际经验来看，文化遗产是国家的稀缺资源，如何加以有效保护，这涉及文化资源管理问题，很多国家在这方面都形成了较为严密的国家文化遗产管理体系，进行有针对性的管理。例如，以黄石国家公园等为代表的美国国家公园体系，是世界上对文化遗产实施有效管理的突出代表，这个管理体系组织完备，结构严密，符合对文化遗产管理的体系化要求。美国虽然没有专门的文化部作为联邦政府的文化管理部门，但美国成立了国家公园局这一专业管理部门，有效地满足了对文化遗产资源管理的需要。美国国家公园管理体系主要由七部分组成，这七部分构成了一个庞大的体系，分别为国家纪念物系列（National Memorial Line）、国家军事公园系列（National Military Park Line）、国家首都公园系列（National Capital Park Line）、国家矿泉系列（National Springs Line）、国家墓地系列（National Cemetery Line）、国家公园系列（National Park Line）、国家纪念地系列（National Monument Line）等。在1916年以前，这些系列分别隶属于不同的联邦管理部门，包括了当时的战争部（War Department）和农垦局等。之后成立了内政部国家公园局，进行归口管理。1933年，时任美国总统富兰克林·罗斯福签署法令，将战争部、农业部所属的国家公园和纪念地，以及国家首都公园等96处保护性用地划归国家公园局管理，管理机构的这一改变极大地增强了文化遗产资源的管理，扩大了国家公园体系的管理权限、职能和管辖范围，有效地加强了对国家文化资源的管理力度。在西方国家中，加拿大、澳大利亚、新西兰等都采用这种集中管理的做法，收到了很好的效果。法国则专门由文化事务部下属的文化遗产司对文化遗产资源进行集中管理。

二、维护文化资源的完整性

对于遗产资源来说，最大的问题是如何控制游客数量对遗产资源带来的不利影响。英国文化遗产专家迈拉·沙克利曾以世界一些著名遗产地为例说道："好的管理计划可以大大减少游客对遗产地所带来的影响，而且在实施上也非常有效。"例如在复活节岛，在墙壁上乱涂乱抹以及蓄意破坏的行为几乎已杜绝，但是考古学家仍然担心一种叫毛阿依的石头会遭到自然的侵蚀。哈德良城墙的残骸没有得到科学的保护，还常常被人攀登。但有人争辩说应允许游客这样做，以便让游客得到更深的感受，仿佛身临其境。在吉萨，那些素质差的游客会攀登碑碣，随意破坏，爬墙，乱扔垃圾，乱买纪念品，乱涂乱抹，还在涂有石灰岩的建筑上随意小便，等等。在金字塔附近，有些游客还从墓地走过而不顾其危害性。这些现象存在的一个重要的因素，就是没有解释说明等东西。在克拉科夫，最糟糕的就是在一组组招牌和旗帜上刊登一些不恰当的广告，以此来为一些私营企业做宣传，但这些东西破坏了游客的审美视线，的确是有碍观瞻。

像沙克利所说的这种情况在世界很多遗产地都不同程度地存在，这里涉及如何加强对文化资源的有效管理、采取什么方法和措施进行管理等问题。例如，我国过去一直流行的"黄金周"这种全国集中休假的方式，虽然使人们有了较充裕的时间去旅游观光，并且有效地拉动了经济的增长，刺激了消费，为国家创造了财富，但这也给文化遗产保护工作带来了沉重压力，很多文化遗产地由于大量游客的到来而不堪重负，受破坏情况较为严重。为此，全国政协委员、原文化部敦煌研究院院长樊锦诗曾指出：黄金周这种形式必然带来游客集中参观所导致的大量人流，这恰与文物保护较高的环境要求形成尖锐的矛盾，黄金周无异于给文化遗产带来一场"劫难"。一些文物陈列室内四处都有"请勿触摸"的警示牌，但不少游客还是抑制不住好奇的心理，要用手去触摸。据统计，每年触摸莫高窟壁画的游人，占总参观人数的 3.9%。游客身上携带的水汽、热量和呼出的二氧化碳极易引起洞窟内温度、湿度、墙体表面温湿度及窟内二氧化碳浓度的变化，造成壁画的褪色、起皮、脱落。保护莫高窟需采取一系列长期措施，严格限制客流量。

类似于莫高窟的这种情况在全国很多地方都存在，这里涉及如何对游客进行管理，包括游客的组织出行方式、限制游客数量、处理好文物保护与地方旅游收入的关系等。很多文物管理部门建议我国改变人们以团队为主的出游方式，这是可以有效保护文化资源的重要措施。据调查，以团队形式组织出游，是我国旅游业的最主要的方式，尤其是一些重点风景名胜区，团队出游的比例更高。以武陵源为例，调查数据显示，团队游客高达 45.8%，而散客为 54.2%，这显然对文化遗产保护是不利的，因为过多、过于集中的团队游客会使得景区不堪重负。团队出游会带来以下问题：

1. 造成风景区的拥挤不堪。旅行社总是倾向于把人们带到游客最集中的地方去，这使得风景名胜区尤其是核心景区变得更加拥挤不堪，并且不得不因此修筑满足团队旅游需求的游道设施，从而加剧了因修建旅游设施造成的对环境的破坏。

2. 团队旅游一般为观光游，不利于旅游活动的升级。团队游客带来的"一窝蜂"现象，不利于人们的旅游体验活动的开展，反而是走马观花式的游玩，并不是真正意义上的旅游。

3. 团队旅游的导游所使用的电喇叭、集中的人流形成的噪音等对野外动物栖息环境不利。在世界一些旅游业发达的国家和地区，为了减少对文化资源的破坏，一般都对风景区的游客采取一定的限制，一是限制人数和规模，二是不鼓励团队方式。所以，在西方国家的风景名胜地，一般看不到像我国风景名胜区那样的拥挤的人群、嘈杂的环境。而在我国，似乎是人越多越好，越热闹越好，人越多旅游收入越多，旅游已经失去了"带给游客深层文化体验"的意义，纯粹为了挣钱。

为了更好地加强对我国文化遗产资源的管理，2005 年 12 月，国务院发布《关于加强文化遗产保护的通知》，并决定从 2006 年起，每年六月的第二个星期六为我国的"文化遗产日"。

三、有效整合与合理开发利用

文化资源是人类文明的结晶，它凝聚着人类的智慧，记录着人类的历史，具有很高的开发利用价值。因此，世界各国都非常重视对本国文化资源的开发利用，它不仅可以有效地促进社会经济发展，而且可以弘扬本国文化，激发人们的爱国热情，丰富人们的精神文化享受。越是历史悠久的国家，文化资源就越丰富，也就越重视对文化资源的开发利用。文化资源的开发利用与文化资源管理是同等重要的，对文化资源的有效管理可以更好地促进文化资源的开发利用，也更有利于整合文化资源，使文化资源的价值更能被世人所了解。

我国是一个文化资源十分丰富的国家，很多文化资源在世界上具有独特性。但在缺少政府有效监管的情况下，各地难免会出现各自为政的情况，为了地方的利益而损害国家的利益，最突出的是对文化资源的过滥开发、过度开发，或是不惜人为地造假，制造出所谓的"世界遗产""伪文化资源""假民俗"等。有的地方还大建根本就不存在的所谓"名人故居"等，甚至人工建造了大量的仿古建筑冒充所谓文化遗产来向世人展示。这些毫无历史根据的"伪文化"资源的开发模式，不但破坏了文化的真实性内涵，也败坏了文化遗产的名声，从根本上讲，这是对文化资源缺乏有效管理导致的混乱现象。由此可见，加强文化资源管理，对规范人们的行为、切实保护那些具有历史文化价值的文化资源已经成为一项重要工作。

近年来，我国有关部门在文化资源管理方面加大了力度，进一步规范了管理措施，出台了许多管理文件和规定，加强管理体系和政策法规体系的建立。从 1986 年起，我国先后十次向联合国教科文组织申报世界遗产项目（包括自然遗产与文化遗产），并对列入申报项目的文化遗产资源进行有效管理。应该说，我国的世界遗申报工作比起西方国家起步要晚，相应地在管理上还有很多不完善的地方。例如，原建设部的城市建设司承担国家级风景名胜区、世界自然遗产项目和世界自然与文化双重遗产项目的有关工作，加强了对遗产资源的政府管理。从 2005 年开始，我国正式设立了《中国国家自然遗产、国家自然与文化双遗产预备名录》，建立了遗产资源申报管理的国家遗产名录、世界遗产预备名单、世界遗产名录三级政府申报和管理体系，进一步完善和健全了我国对遗产资源的管理机制、申报机制和保护机制，为我国遗产资源的有效管理奠定了体制基础。

四、促进文化资源产业化转化

从产业层面来说，文化资源都具有形成产业的条件和可能，文化资源本身不是一种产业，但它经过一定的开发，可以转化为产业，这个开发实际上是对文化资源的整合过程，在整合中使得文化资源去适应文化消费市场的需要和满足人们的精神需求，并形成特定的文化产品形式。这样一来，文化资源也就具有了产业的属性。

产业属性最直接的呈现方式是文化产品，它是直接适应市场需要而生产出来的，它离不开政府对文化资源管理所发挥的独特作用。这个作用主要体现在两个方面：一是可以确保文化资源转化为文化产业过程中政府作用的发挥，包括政策法规、市场环境、文化服务、制度建设等。从文化资源到文化产业，从内部运行来讲，是市场对资源配置的结果，但从外部来看，又与政府规制的制定密切相关，它是文化产业发展应具备的政策因素。二是文化资源变为文化产品，成为一种产业形态，除了离不开市场的作用外，也离不开政府的监管作用。

政府监管是一种行政作用的发挥，在任何国家都是不可缺少的。文化产业更是如此，这是因为，从产业的角度来说，文化资源的开发利用更多地是从市场需要考虑的，如果缺少有效的政府行政监督和管理，在文化资源的开发中就有可能过分去迎合市场需要而忽略了文化资源保护的要求。在这方面，每个国家都根据自身的国情制定出了符合本国需要的文化管理规制，以及相应的文化政策法规，其目的是更好地保护本国的文化资源，使文化资源得到更合理有效的开发利用。例如，法国是世界上最重视文化资源保护的国家之一，为了保护文化资源的价值，在文化发展中非常强调政府对文化的管理作用。为了保护本国文化，法国在国际事务中一再坚持"文化例外"的原则，认为文化产品不应列入关贸总协定所规定的自由贸易范围，这样就为政府发挥对文化的监管作用提供了法律依据。

第二节　文化资源管理的方法

在许多国家，文化资源的管理成为整个文化管理中的一项重要内容，在如何对文化资源进行管理方面各国具有不同的做法，很难说形成了一种行之有效的普遍方法，他们事实上都是根据各国不同的国情需要而制定出的。而且，对文化资源的管理与对自然资源的管理具有明显的不同，自然资源涉及的是物，而文化资源涉及的是与人有关的东西。文化资源承载着一个国家或民族特有的历史文化传统，它包含着人类特定的价值观念、道德观念、审美观念等精神内核，因此，文化资源具有鲜明的意识形态属性以及国家和民族的色彩。正因为如此，对文化资源的管理与意识形态的管理有密切关系。就文化管理而言，越是对意识形态强调的国家，就越重视对文化的管理，它往往是通过政府的行政作用来加强对文化的管控；而越是意识形态淡薄的国家，越是不主张由政府直接出面进行文化管理，而是采取政府间接管理的模式，认为政府主要是充当制定规则的人，而不是一个管理者，政府的干预作用越少，则管理得越好。这种管理强调政府要充分放权，让社会机构来行使具体的管理职权，而不是由政府来包办代替。政府只管一些更为宏观层面的事务，而不包揽具体事务。这种管理理念已现实化为西方国家较为普遍的一种文化管理模式，如西方国家中比较盛行的"一臂间隔"的原则，就是这种文化管理模式的体现。

　　"一臂间隔"（Arm's Length）是西方文化管理的一种特有模式，也称之为"分权化"（Decentralization）。它原是指人在队列中与其前后左右的人保持相同的距离，后成为文化管理的一条重要原则。该原则最先运用于经济领域，主要是针对一些具有隶属关系的组织，它们在实施各自的营销计划、处理各种复杂经济事务时具有相互平等的法律地位。"一臂间隔"主要是就文化管理中的分权管理而言的，它取代了以往的政府集中管理的模式。一些国家和地区比较热衷于这种文化管理模式，例如我国香港，长期以来由于深受西方管理体制的影响，在文化管理上也强调"分权"的管理理念，形成了一套行之有效的管理模式。这一管理方式从香港的实际需要出发，有效地整合了各种文化资源，促进了香港文化的繁荣与发展。香港的文化行政决策、执行和监督机构是分别设置的，主要由香港的文化委员会、艺术发展局、民政事务局下设的康乐及文化事务署各负其责、互相协调，同时还设立了不同层次的专家咨询机构或委员会，以体现决策的科学性和民主性。政府赋予这些管理部门以相应的管理权限，并与这些具体的管理部门保持一定的管治距离。在文化投入方面，特区政府遵循分类管理、收支分离、间接资助的原则，实施双轨制的文化投资战略，即政府与民间共同投资，鼓励社会各界对文化进行投资，并参与对文化的管理，实行高度的市场经济体制和与之相配套的灵活的管理机制，政府只负责管理和资助公益文化事业，不直接干预文化产业层面上的经济事务，而完全由市场运作进行管理。

　　这种管理模式在自由经济体制下有效调动了社会资源参与文化管理，有助于文化投融资的多元化，也减轻了政府的负担。但是，就文化资源管理而言，它比较适合产业层面文化资源的管理，因为产业层面的文化资源与文化经营活动密切相关，它主要是受到市场因素的驱动，所以，这种管理必然要考虑如何适应市场经济对文化资源管理的要求，使文化资源管理与市场经济要求相互配合、相互促进。相反，对于公益性文化资源管理来说，由于它的非经营属性，因而这种管理应由政府来主导比较合适，有助于把它当作一项公益事业来对待，而不是从商业的角度考虑问题，这更有益于社会发展对文化建设的要求，无论是西方资本主义国家还是其他国家，坚持政府对公共文化事业的管理更有利于文化资源的保护与开发利用，使文化资源免遭破坏或用于商业开发的目的。

　　从政府对文化资源的管理来说，结合当今世界各国普遍的经验与做法，文化资源管理的方法可分为垂直管理、分散管理、交叉管理、公众参与等不同形式，这些不同的管理方法都要通过政府作用的发挥来实现。表8-1反映的是不同管理体系对文化遗产资源管理的作用，这对文化资源管理的分类具有重要启发。

表 8-1　不同的管理体系对实现保护自然文化遗产目标的作用

		集中管理体系	分散管理体系	
			水平的分数管理体系	垂直的分数管理体系
保护遗产	避免改变遗产的形态	强	弱	最弱
	防止遗产的自然损耗	强	弱	最弱
方便公众观赏	政府补贴	强	弱	最弱
	消费者自付	弱	弱	强
研究和解释遗产的重要性	遗产的研究	强	弱	弱
	宣传遗产的重要意义	弱	弱	强
资金可持续性		最弱	弱	强

一、垂直管理

垂直管理是指政府对文化资源进行集中管理，它是一种直接管理的模式。政府对文化资源加以集中管理，其目的是便于掌握文化资源的总体分布状况，制定文化资源保护与开发利用的长远规划和战略目标，并加以具体实施，减少管理上的麻烦。世界上有不少国家都采用这种管理方法，它体现为对国有资源的一种有效管控，因为文化资源属于国家的公共资源，理应由国家出面进行管理，行使国家对文化资源的管理职能。

垂直管理又分为国家层面的垂直管理和地方层面的垂直管理。垂直管理采用的是自上而下的方式进行管理，管理部门一条线下来，形成管理的连续性与完整性。一般来说，国家层面的垂直管理主要是负责全国范围内的重大文化事务或国家级的文化遗产资源的管理，制定相应的管理规定和政策法规等。地方层面的垂直管理则主要负责管理涉及地方管理权限范围内的文化事务。世界各国由于国情的不同，在对文化资源的管理上，有的以国家层面的垂直管理为主，例如美国的国家公园局、法国的文化遗产司等，有的则主要依赖地方政府进行管理。在我国，文化资源管理体现了与我国的国情相适应的特点：我国实行的垂直管理，既有国家层面的，也有地方层面的，两方面相互配合，形成了从中央到地方自上而下的管理体系。这种管理体系有利于政令的上传下达，上下配合，各负其责，形成严密的管理体制，其缺点是管理层次和环节较多，可能影响管理效率。

二、分散管理

分散管理属于一种平行式管理，它采用非集中的分散的方式进行管理。这种管理一般体现为由若干个部门牵头分别进行管理，在管理上目标明确，具有针对性，也容易调动各部门之间管理上的积极性与主动性，发挥它们的作用。分散管理与集中管理有一定的相似性，集中管理同样涉及很多不同的部门，但这些部门一般具有隶属关系，而分散管理涉及的部门不一定具有隶属关系。从上表中不难看出，集中管理能够很好地对遗产资源实施有效管理，有利于遗产资源的保护，集中力量开展相关的研究活动，政府资金流向较为集中，容易发挥资金的有效作用。但不利的是，它在向公众宣传遗产资源的价值方面表现得不够积极主动，缺乏应有的热情，并且不能解决对遗产资源可持续保护和开发所需的资金问题。相反，分散管理则比较容易解决遗产资源可持续保护和开发的资金问题，同时各级管理部门也有很高的积极性与主动性来向公众宣传遗产资源的价值，并且利用市场的规则收取合理的费用（如景区门票等）用于遗产的保护工作。但分散管理也有明显的不足，一般来说它没有很强的动力来保护遗产资源的长期价值，也不愿对遗产进行深入的研究。

在我国，分散管理主要是部门管理，由于我国幅员辽阔，人口众多，情况复杂多样，加之文化资源丰富多彩，在对文化资源的管理上，都由国家或地方政府来管理是不现实的，很难做到，因此，除了国家和地方政府的集中管理外，还是要依靠各有关部门来分散管理，即行业管理。在世界其他国家中也有这种情况，它构成了国家和地方政府管理的一种有效的补充。

三、交叉管理

交叉管理主要体现为管理部门之间工作上的相互交叉关系，形成一种相互补充、相互配合、彼此协作的密切关系，构成了一个分工合作的管理网络，其工作流程具有交叉性与互补性。上面我们说到的垂直管理（集中的）和分散管理（非集中的）事实上都涉及交叉管理，属于管理上的既有分工又有合作的关系。但管理上过于强调交叉，也会对管理带来不利。由于种种原因，我国在文化管理上的交叉性比较突出，表现为管理部门多，管理层次多，很多部门的管理存在着交叉重合，给管理带来很多不便，也无形中增加了管理成本。我国涉及文化资源管理有多个行政部门，如文化和旅游部、国家文物局、国家新闻出版广电总局、自然资源部、工业与信息产业部、住房和城乡建设部等，这些部门都与文化资源管理有关，在管理的权限和职能范围上存在着交叉与重叠。其优点是各部门齐抓共管；缺点是管理层次过多，没有一个主管部门来统管这项工作，造成责任不清，任务不明，出了事容易出现互相推诿的现象。

四、公众参与

公众参与是现代社会实施管理的一种有效形式，一个有效的社会管理应注重去调动公众对社会公共事务管理参与的意识与积极性，让全社会都来关注公共事务的管理，它是对政府管理和部门行业管理的一种重要补充。对文化资源管理而言，公众参与属于社会化管理的一种形式，有了广大公众的积极参与，可以有效提高人们对保护文化资源意义的认识程度，在全社会营造一个关注文化资源、维护文化资源的良好社会氛围，这样也就使得管理更能富有成效，也极大地降低了政府在文化资源方面的管理成本。

第三节　文化资源管理机制

文化资源管理机制是指各种不同管理功能的综合发挥和协同作用体系，每一种管理都不可能是单方面的，而应该是多种管理形式并存的，共同行使管理的职能。不同管理形式之间的相互配合与相互作用，使管理的综合功能得以充分发挥，形成一种有序的管理机制。就文化资源管理而言，其管理机制可以归纳为以下几方面。

一、政府管理

政府管理是文化资源管理的主导因素，包括代表国家的中央政府和代表地方的地方政府，都属于政府管理的范畴。文化资源属于一种社会化的公共资源，这方面的管理更应该由政府来承担，政府应把它当作一项长期的工作来抓，并投入大量的人力、物力和资金，成立专门的管理机构，制定有关的政策法规。总而言之，政府应该通过建立一种长效机制对文化资源实施有效管理。政府在这方面的作用是不可替代的，因为政府管理文化资源往往是从国家层面来考虑问题的，其出发点是以国家利益去看待文化资源的意义，维护文化资源的传承性与稳定性，避免短期行为和商业投机，这从根本上来说更有利于文化资源的保护与持续利用。

政府管理文化资源是世界上一种较普遍的形式。美国早在一百年前就形成了国家公园管理体系，属于一种政府对文化资源的管理模式。这种管理模式在西方国家中运用得比较普遍，是一种非常有效的管理方式。现以加拿大为例，该国地广人稀，幅员辽阔，自然资源非常丰富，文化资源也十分独特，最初这里只有少量的土著印第安人和因纽特人居住，后来大量的欧洲移民和其他国家的移民移居到这里，但定居的历史并不长，而且大部分居住在靠南部地区，很多地方由于气候和自然条件等原因，并没有多少人居住，所以，自然生态环境保护得十分完好。

加拿大在对国家公园管理方面深受美国的影响，把国家公园看作是一种重要的文化遗产资源，也把它看作是一个具有特殊功能的文化产业，因此特别注重对它的管理与经营。如很多类似于美国黄石国家公园那样的国家地质公园和森林公园，被加拿大列为自然保护区进行管理，构成了政府文化管理的一项重要内容。在加拿大，遗产的概念更多地指自然保护区之类的自然遗产，如山川、河流、森林等，这与加拿大这方面的资源比较丰富有关。这些自然遗产与国家公园具有密切关系，很多就分布在国家公园范围之内。加拿大发展文化产业的一个突出特点就是对这些国家公园与遗产实行有效保护与综合开发利用，把它们看作是国家的重要文化资源。早在1911年，加拿大就通过了《自治领森林保护区和公园法》，在这个基础上后来又诞生了《国家公园法》（1930年），目前其国内相关领域被列为国家公园和国家公园保留地的有39处之多，覆盖面积达25万平方千米，约占其国土面积的2.5%。这些为加拿大开展以户外观光、体验与休闲为内容的文化产业项目奠定了基础，正如有学者指出的，"加拿大的遗产河流流经国内众多的国家公园和省立公园。连同河流沿岸的地区，它为游客提供大量的户外活动机会，包括划独木舟、放帆船、坐游艇兜风、垂钓和河边宿营。南纳汉尼河以其白水漂流而闻名于世，而当地的维吉尼亚瀑布每年也吸引数以百计的游客。马塔瓦河流经安大略省的马塔瓦河和萨缪尔·尚普兰两座省立公园，为游客提供了大量的划独木舟的机会。在安大略省南部的格兰德河流域沿岸，河流保护局在域内开设了大量的野营地。2000年9月，在域内的埃罗拉市举办国际犁耕比赛期间，有18000多人参观了格兰德河保护区主题展览'穿行于你的分水岭'。格兰德河流域保护局还发起了'杰出河水项目'计划，其目的是以可持续开发的思想为前提规划日益增长的户外休憩利用的需要。该组织在保护内陆河流系统方面业绩突出，同时积极参与加拿大遗产河流计划，在2009年9月的国际希斯河流大会上荣膺国际河流大奖。总之，通过国家公园、省立公园和地区公园之间的合作，加拿大遗产河流体系为开展户外休憩活动和发展地方旅游经济作出了巨大贡献"。

二、社团管理

社团管理主要是指依靠一些行业组织发挥管理作用的机制，这些行业组织大都是行业协会和群众团体，是民间自发组织起来的一种社团，对行业中的公共事务通常能起到维护作用，如国际上的绿色和平组织，我国的"自然之友""登山者协会""动物保护协会"等。社团是一种自发性的组织，是一些志同道合者为了共同目标、共同爱好、共同兴趣与探究需要，或是某种共同利益与愿望而自愿形成的行业组织，其管理往往是柔性的，并不像政府管理那样带有强制性；但它对本行业内的事务往往比较了解和熟悉，又有专业背景，因而在行业内有一定的发言权，能起到对行业内公共事务的维护作用，有时甚至比政府的强制性管理更有作用。社团管理有时候成为政府行政管理的有利支持者，而有时候又形成对政府管理的一种反对力量，起到对公共事务的监督、纠偏作用，这对于促进政府行政管理的合法性与有效性是非常重要的。

三、民间管理

民间管理是民间自发的一种管理，它对民间文化资源起到了管理和维护作用，尤其是政府管理顾及不到的地方，民间管理往往能发挥出它特有的作用。民间是一个十分广义的概念，它与人们的日常生活联系在一起，具有最充分的民众基础。民间孕育着丰富多彩的文化资源，是民俗文化的重要来源，很多民俗文化资源都以民间的形态存在，如歌舞、戏曲、民间工艺、建筑、绘画、雕刻、风俗习惯、节日、宗教信仰、民间故事、传说等，这些文化资源都分散在广大民众之中，成为人们日常生活中喜闻乐见的大众文化表现形式。除了各级政府对这些文化资源的管理外，更重要的是要发挥民间管理的职能。民间管理是民众自我管理的一种机制，它是根据现实需要而由公众参与的一种自我管理，它不像政府管理系统那样严格依赖规章制度和条文。民间管理大都属于自发型的管理，具有一定程度的管理效用，能有效地维护民间文化资源的完整性，起到对文化资源的保存、维护、发展、传承的作用。

民间对文化资源的管理主要是依托于村落、街道、社区等基层组织形式，它不是通过政府的职能来体现的，而是建立在一种"公众参与""社区参与"的基础之上的自我管理和约束机制。例如，很多少数民族地区文化资源十分丰富，少数民族对文化资源的管理主要是通过村落、社区等民间形式来实现的。在许多少数民族地区，宗教信仰、习俗惯例、民间禁忌、乡规民约等传统文化观念所起的作用比起政府的政策规定等管理措施还要突出，对人们的行为更有约束性，这在客观上对文化资源和自然资源起到了有效的保护作用。

四、部门管理

部门管理通常是指行业内的管理，它与政府管理有密切关系，因为政府管理是通过各职能部门来实现的，这种管理也属于一种归口管理。

部门管理的特点是政策性强，目标清楚，任务明确，措施到位，强调规划性，是一种有针对性的管理。对文化资源管理来说，部门管理是一种更为直接有效的管理，体现了管理的连续性和有序性。所谓部门，通常指的是业务主管部门，这些部门都是政府根据需要设立的，部门之间的管理工作具有交叉性，在管理的具体运作中特别需要加强彼此合作与相互协调，这是部门管理的突出特点。如对遗产资源的管理，在法国，是由国家文化事务部下辖的文化遗产司统一管理，它负责管理涉及文化遗产的各类资源。而在我国，涉及文化资源的有多个主管部门进行管理，属于风景地的遗产资源主要是由住建部所属的风景名胜管理部门进行归口管理。从垂直管理的构成来看，各地又有相应的设在住建部下面的风景名胜管理处，以及设在各风景区的风景名胜管理局、管委会等。另外，那些非风景区内的遗产资源（如物质文化遗产与非物质文化遗产）又由文化部门来进行归口管理。对于文物资源来说，则是由文物部门进行管理，国家有国家文物局，地方有地方文物局、文物处等主管部门。由于管理上与文化部门的工作具有很大的关联性，所以文物部门往往与文化部门合署办公。部门管理在我国文化资源管理方面占据着主导地位，是代表国家和政府的一种管理方式，其管理职能的发挥对我国文化资源的现状和维护具有重要作用。

五、市场管理

市场管理是通过市场机制来进行管理，是其他管理方式的重要补充，尤其是在市场经济条件下，通过市场的手段来加强对文化资源的管理，是当今各国政府普遍采用的做法。市场管理可以减少管理上的行政壁垒和障碍，克服管理上的"盲区"，尤其是部门管理上的官僚主义、本位主义、集团利益等，有助于文化政策的推进和落实。

市场管理是市场经济的产物，它遵循市场经济的原则来进行管理，体现了市场经济的作用，但文化管理与经济管理具有很大的不同，不能完全照搬市场经济的原理，还必须考虑到文化的特殊性。经济管理可以按照市场经济的一般规律进行，市场经济的一般规律是靠市场机制来发挥作用，市场机制是"一只看不见的手"，对经济活动起着调节作用，即通过市场来调节供求关系的变化。而文化管理则主要是靠文化政策来发挥它的作用，文化政策不是一种自由状态下的市场属性，它是政府制定的一种强制性规制，是"指导某一社会共同体处理文化事务的价值和原则"，用它来规范文化活动，管理文化资源，促进文化发展。总之，文化政策是一种超市场的行为，是"一只看得见的手"。

市场经济是一种契约经济，它要求人们遵守市场经济所约定的基本规则，因此，它是一种建立在完善的国家法治体系基础上的经济行为。对于文化资源管理来说，所谓市场管理，不是放任不管、完全由市场属性来决定，而是要求制定出相应的文化政策与法规作为市场管理的政策依据，这样一来，文化资源的市场管理部门才能依法行使管理职权，通过市场机制对文化资源进行合理配置，使文化资源发挥它最大的效用。也就是说，政府主要的职责是制定符合市场需要的文化政策与法规，而不是取代市场管理。一个完善的文化政策和法规，对于一个社会的文化发展来说是非常重要的。没有一个完善的市场管理的文化政策法规，必然会出现以政府的行政管理来代替市场管理，这势必会人为地抬高进入文化领域的门槛，尤其是于文化资源向文化产业转化来说，是非常不利的。从这个意义上说，文化产业尤其需要借助于市场手段进行管理，尽量减少政府管理的干预作用。这涉及如何处理好政府管理与市场管理的关系，该由政府管的，政府一定要管好；不该政府管的，就该放手，交给市场来管理。

第四节　我国文化资源管理现状与问题

近些年来，我国在文化资源管理上取得了很大的成绩，为文化事业和文化产业发展奠定了基础，但在管理中也暴露出很多问题，这些问题有的是由文化体制带来的，有的是由社会环境决定的，也有的受传统文化观念的影响。文化资源管理存在的问题主要有以下方面。

一、传统体制对文化资源管理的制约大

中国的文化资源管理模式是在长期以来形成的文化事业的基础上建立起来的，因此在很多方面还带有突出的传统文化体制的痕迹和色彩，主要表现在：

1. 管理模式比较单一。中国文化资源管理过分依赖政府管理，其他管理的作用没有充分发挥出来，政府包办的色彩比较浓厚，管理方式比较落后，有些落后于时代发展的需要。

2. 管理部门众多。由多个政府部门分头管理，彼此之间存在着管理权限上的冲突，容易导致各自为政，为了部门利益缺乏相互协调与沟通，管理环节较多，增加了管理成本，降低了管理效率。

政府对文化资源的管理是非常重要的，这也是世界各国普遍的做法，它有利于文化资源的统一管理和集中管理，有利于文化资源的保护和开发利用，使文化资源服务于国家利益和公众利益，这对保障国家文化安全是至关重要的。而且，政府来管理文化资源可以建立起文化资源保护的长效机制，避免使文化资源遭到破坏。但政府管理应该建立一种有利于文化资源保护与开发利用的机制，使文化资源造福于人类社会，而不是用行政的手段把它管得死死的，使文化资源难以进入市场开发的环节，变为一种难以利用的文化产业资源，这是政府管理容易出现的问题，也是我国文化资源管理中普遍存在的问题。另外，在文化资源的开发利用上，各级政府会以行政的方式对文化产业经营活动进行较多干预，这种干预在短时期内可能有利于文化的发展，加速文化资源的开发利用，但从长期来看，势必会

形成对文化资源的垄断，影响到文化产业经营，甚至出现不平等的竞争现象。以报业为例，不平等的竞争就很突出，一些子报、晚报、早报、都市报等，被推向了市场，按市场化来经营，自负盈亏；而一些母报、主报，尤其是党报和一些行业类报纸，由于考虑到意识形态属性和行业需要，仍不同程度地享受着一些特殊的政策待遇，尤其是在发行方面得到更多的照顾，很多地方都是通过政府文件的形式来强行订阅，当作一项政治任务来完成。这使得这些报纸没有了市场竞争的压力，办得好坏都无关紧要，只要政治上不出问题就行。这种做法严格说来不符合文化产业发展规律和要求，带有相当浓厚的政府行政干预的色彩。

二、文化资源管理的专业化程度不高

我国文化资源管理长期以来存在的突出问题是管理的专业化程度不高，这是困扰我国文化资源管理的深层次问题，在很多情况下，我们没有按照专业化的要求和发展规律去进行管理，而是行政色彩较突出。主要表现在：

1. 文化资源管理的主体关系不明确，究竟由哪个部门进行统一管理，长期以来一直都没有明确，造成政府多个部门都来负责的情况，这种齐抓共管容易带来管理上的混乱，管理措施很难到位，而且存在着部门之间的利益关系牵扯。这方面应该像发达国家文化管理那样，由政府一个部门来牵头管理，统一协调各部门之间的关系，这样一来管理的主体较明确，有利于推进管理工作向专业化方向发展。

2. 政府主观意志表现得较突出，管理的科学性和系统性不够，对文化资源状况缺乏深入的调查研究，对文化市场情况也缺少足够的了解，因此，管理工作中存在着盲目性，缺少对事物的预见性。例如，对影视行业的管理，在我国主要是由政府主管部门（国家广电总局，地方广电厅、局）来负责，政府很想通过市场化途径把影视产业搞活，不断放宽审批权限，形成投资主体的多元化，这个主观愿望是好的，但结果是一放就乱，甚至很多从事房地产的企业都来涉足影视业，投资开发影视资源，结果是不尊重影视发展规律的盲目投资问题显现。我国每年投资拍摄的电视剧多达上万集，其中有不少就是由非影视公司投资拍摄的，拍摄的数量不少，但收视率高的却不多。这有点像中国的体育产业，很多是靠企业来投资，而不是靠市场本身来运作。企业投资属于赞助行为，在有利可图的情况下企业才会出钱赞助。这是中国文化产业发展面临的一个突出问题。

专业化程度不高必然带来市场管理的不规范，很多产业运作不是按照市场规律的要求进行，而是按照政府的意志形成对文化资源的垄断，这与市场经济的原则是相违背的，必然制约着文化产业的深入发展。

三、文化资源管理的政策法规不完善

我国在文化资源管理方面的落后很大程度上是由于有关的政策法规不完善、不配套，这给管理工作带来很大难度。很多管理中的不到位或管理上专业化水平不高问题，都与政策法规的缺失有很大关系。例如，电影法是发展电影产业非常重要的法律文件，世界各国都非常重视运用电影法来促进电影产业发展，为电影产业提供法律保障和支持。韩国在 1998 年实施"文化立国"的战略，在此之前就发布了《电影振兴法》，并于 1999 年取消了已有 70 多年历史的电影审查制度，建立了电影等级分类制度，并由非官方的"影像物等级委员会"对影片进行等级评定。在我国，虽然《中华人民共和国电影产业促进法》已于 2017 年正式实施，但离人们的内心预期还有相当距离，尤其是涉及人们普遍关心的电影审查制等内容并没有大的改变，这对我国电影产业的发展也会带来一些不利的影响。

从中华人民共和国成立以来，我国一直非常重视对影视资源的管理，并把它纳入到政府对文化管理的范畴，出台了一系列相关的政府文件和政策规定，但一直没能形成相应的法律制度。1950 年，当时的中央人民政府政务院先后公布了《电影业登记暂行办法》《电影新片颁发上演执照暂行办法》《电影旧片清理暂行办法》《国外影片输入暂行办法》等规定。1952 年，原文化部发出《关于加强电影发行与放映工作的指示》，1963 年 2 月，国务院批复转发了《文化部〈关于改进电影发行放映业务管理体制试行方案〉的通知》。20 世纪 70 年代到 90 年代，我国又先后发布了系列政府文件，作为影视业管理的政策依据，如《电影剧本、影片审查试行办法》《进口影片管理办法》《关于加强当前电影放映工作的若干意见》《关于对部分影片实行审查、放映分级制度的通知》《电影审查暂行规定》《关于改

革故事影片摄制管理工作的规定》等。自 2000 年以来，我国先后发布了《电影管理条例》《中外合作摄制电影片管理规定》《电影企业经营资格准入暂行规定》《外商投资电影院暂行规定》《关于加快电影产业发展的若干意见》《中外合资、合作广播电视节目制作经营企业管理暂行规定》等政策规定。由此可见，我国出台的有关影视方面的政策不少，但很多属于政府方面的政策性文件，还不属于法律规定，也就是说，政策文件比较多，而属于法规的较少，这些政策文件的约束力很有限，再加上很多政策规定不配套、不完善，一旦出了问题不知如何处理。

四、对文化市场缺乏深入了解

市场决定着资源的开发和配置，要改善政府对文化资源的管理，首先要对文化市场的情况有比较深入的了解，否则必然造成管理上的盲目性与主观性，导致政府决策失误。政府决策失误将增大投资文化产业的风险性，这对发展文化产业是极为不利的。虽然我国文化市场具有很大的消费潜力，文化市场存在着供给不足的状况，但这并不意味着投资文化产业都能赚到钱，也有可能血本全无。由于中国的文化产业历史还很短暂，各方面还不是很成熟，不规范和不完善的地方很多，有些领域甚至处于畸形发展状态，这给投资文化产业带来了很大的风险性，需要我们对文化市场的状况有更深入的了解。我们应该认识到，文化市场不同于其他市场，它有自己的特殊性。不能简单地认为我国人口多、文化市场大，投资文化产业肯定有利可图。文化市场是很复杂的，只有深入研究文化市场的复杂性及其规律，才能在深入了解文化市场的前提下去从事文化产业的管理。

文化市场的主体是文化消费。文化资源管理要深入研究人们的消费状况和消费需求，制定出相应的管理规定。人们的文化消费是分层次的，并且容易受到时代潮流的影响。韩国电视剧制作的一个成功经验就在于对文化市场消费需求有较深入的了解，它并不是像中国电视剧那样，全部拍摄完成后再播出，而是拍出一部分就投放市场，边播边拍，不断从观众那里听取反馈意见，然后根据收视情况进行下面的拍摄。如果收视情况不理想，就有可能停拍，不至于造成人力、物力和财力的浪费。韩国很多电视剧的生产都是以市场为定位，因而它对影视资源的管理也是按照市场要求进行的。相比之下，我国对影视产品的生产和管理还带有突出的计划经济的色彩，不是一种市场化管理，而是一种行政管理，体现出的是政府和主管部门的意图，所以，很多影视作品出现了"叫好不叫座"的现象。据资料显示，2015 年，我国电影产量达到 686 部，比起 2002 年的 100 部、2003 年的 120 部，产量多了许多，总票房达到 440 亿元，票房过亿的影片 81 部，其中国产片占 47 部，过 10 亿的 8 部，国产片占 5 部，很多影片都收不回成本。这里有很多问题值得深入研究，关键还在于政府对文化资源的管理与文化市场的要求还有很大差距。

五、对国外文化资源管理研究得不够

中国文化产业的发展一直是伴随着国外文化产业对中国文化市场的影响和冲击进行的，这种影响和冲击在中国加入 WTO 之后变得更加突出。因此，政府在文化资源管理上一定要加强对国外文化资源管理的研究学习，尤其是西方发达国家文化资源管理。近年来，国外文化产品对中国的影响越来越突出，主要是西方发达国家和亚洲的日本、韩国等，随着中国文化市场的进一步放开，这种影响今后可能还会进一步加强。例如，好莱坞影片已经占据了中国电影市场很大一部分票房份额，甚至成为国内电影票房的重要收入来源，随着《美人鱼》《捉妖记》等高票房影片的出现，这种长期对好莱坞依赖的状况才有所改变。但进入到 2017 年以来，除了《战狼 2》等少数影片火热，国产影片市场再次呈现低迷，国产电影的竞争力还有待提高。

国外文化产业发展与其文化资源管理有密切关系，从政府层面来说，首先考虑的是如何使文化资源开发有利于文化产业发展，如何为文化产业发展制定灵活的产业政策，鼓励文化产业投资，为文化产业发展提供更好的管理和服务等。从企业层面来说，应思考如何加强对文化市场的深入研究，把文化资源转化为文化产业。西方国家不说，像韩国、日本，这方面都有很多经验值得我们借鉴。它们在对文化资源的开发利用上，政府以一种积极的姿态大力支持，采取有效措施鼓励开发利用文化资源，加快本国文化产品进入国际文化市场，政府在这方面给予了大力协助。

韩国、日本近年来在影视剧、出版、音乐、演出、动漫、时尚文化、网络游戏、手机游戏等产业的发展上十分迅猛，显然与政府的管理是分不开的。我们对这方面的研究是远远不够的，相反，这些国家针对我们的研究很深入，十分熟悉中国市场的情况和中国观众的欣赏心理，有针对性地开发适合中国观众的文化产品，甚至是利用中国文化资源打入中国文化市场。韩国从政府到企业，对文化资源的开发利用可以说是做到了极致，它们的针对性和目的性都十分明确，那就是利用文化资源的优势开发具有市场需求的文化产品。韩国文化产业振兴院前院长徐秉文说过这样一句耐人寻味的话："韩国的老百姓对中国的演员、歌星的了解远远不如中国人对韩国明星的了解。我想这是因为，相比韩国企业在中国的发展，中国的娱乐公司在韩国的市场开发上还不够积极。实际上，由于中韩两国在文化方面有很多相通之处，而且韩国长期受中国文化的影响，彼此的交流应该没有障碍。"

第四节　我国文化资源管理的对策

一、完善管理体制

我国文化资源管理过去是在长期文化事业的基础上形成的一种管理体制，是按照文化事业管理的要求建立起来的，这种管理与政府对意识形态的管理紧密联系在一起，因此，在管理中受政府意识形态的影响很大，文化部门不仅是由政府来直接分管，把它纳入政府思想宣传领域管理的范围，而且还常常会受到各种政治思潮的干扰，使管理受到很多人为因素的干扰。因此，要使中国的文化资源管理逐步步入正轨，首先就要进行管理体制改革，使它从意识形态的管理变为政府对文化事业和文化产业的管理，破除那些陈旧的思想文化观念，使文化资源为国家文化事业和文化产业服务，而不是为意识形态服务。从目前来看，落后的文化管理体制已经成为制约我国文化事业和文化产业发展的瓶颈，加快文化管理体制的改革已经成为当前非常紧迫的工作。

二、完善相关政策法规

制定完善的政策法规是政府文化资源管理工作中不可缺少的重要内

容，它对发展文化事业和文化产业将会起到积极的促进作用。相应的政策法规是制度完善的体现，也是文化资源管理的重要依据，在很大程度上它可以避免文化资源管理中的主观性与随意性，使管理工作有章可循、有法可依，增加政府管理的透明度和科学性。实践证明，完善的政策法规是文化走向繁荣的重要保障，文化立法是世界各国非常重视的一项工作。我国要加紧有关文化立法的研究，逐步由文化政策规定走向文化法治建设，除了 2016 年发布的《中华人民共和国电影产业促进法》之外，其他有关法律也应尽快制定出台，这样才能使我国的文化资源管理由行政管理走向法治管理。

三、改善管理方法

我国长期以来在文化资源管理上主要依赖政府的管理。在政府管理上又主要是一种垂直管理和部门管理的体制，管理层次多，参与管理的部门也多，形成政府齐抓共管的局面，表面看来是很重视对文化资源的管理工作，但这种涉及部门过多的管理反而使管理工作很难落到实处，相互推诿和推卸责任的现象就会经常发生。因此，在这方面应借鉴发达国家的经验，由政府一个部门牵头、多方合作进行管理，减少不必要的管理层次与部门，这样不仅提高了管理工作的效率，还可以降低管理成本和开支。例如，在我国，对文化资源的管理，宣传部门管，文化部门管，党政部门也管，再加上其他部门，这种多头管理显然是不利于做好这项工作的。应减少管理环节，主要应由政府部门来集中管理。

四、积极鼓励社会力量发挥作用

如社会各级组织（包括政府的和非政府的）、行业协会、民间团体和有关专家学者参与文化资源管理，重视社会各界力量在文化资源管理中所发挥的作用，调动他们参与政府管理的积极性和主动性，认真听取他们的意见，不断改进政府的工作方法。西方国家在这方面取得了很好的经验，值得我们重视。例如，法国是一个文物古迹众多的国家，很多文物古迹都分布在城市里，城市发展建设首先面临的问题就是如何解决文物资源保护与城市发展建设的关系。在巴黎，涉及文化遗产的建筑物很多，无论是建筑修复专家，还是普通民众，人们都有一种保护文物的意识，都在不遗余力地保护这些老建筑，维护它们的历史原貌。如果人们想在老建筑上做一些改动或粉饰，必须去巴黎的城建部门征求意见，还要请有关专家来实地查看，经过同意后方可动工。我们在文化资源管理中应该借鉴这样的经验，让管理真正做到科学有效。

五、提高文化资源管理水平

长期以来我们在文化资源管理上主要还是依赖经验式的管理，专业化程度远远不够，已经不能适应当今形势下对文化资源管理的要求。因此，在文化资源管理方面，我们应培养一种专业意识和专业眼光，增加对专业人才的引进和培训工作；同时，还要借助于一些专业技术手段进行科学管理，取代过去那种简单的经验管理，使管理工作更加符合科学性和专业化要求，提高管理的水平与层次。

拓展阅读

历史的反思：遗产地都市的选择

文化遗产真理往往掌握在具有浓厚国学功底与良好海外留学背景并且眼光长远深邃的大学者手中，却往往因主观、客观等原因导致原本美好的想法、计划、规划等都不能实施。最后，只有当中国这辆巨大的马车在发展道路上走了严重弯路之后，又转过头来反思以前曾经抛弃、嗤之以鼻的正确决策，怀念以前曾经错误批斗过的人物，痛定思痛，重新花费超级昂贵的代价对现实进行修补，再来医治北京的堵，北京的旧城改造、北京的新城建设、北京的城市定位、北京的产业发展、北京的社会问题等又是有着何等的"千头万绪、千疮百孔、无从下手"，有着何等的"头痛医脚、脚痛医头"的荒唐与"治标不治本"的悲哀！

2002年英国历史建筑和古迹委员会发表的报告《变化的伦敦：一个变化的世界中的古老城市》中指出："古建筑不是伦敦经济增长的累赘，而是目前伦敦繁荣的基础。在过去的20年里，伦敦没有拆除多少建筑，它的人口数量和就业却经历了显著增长。伦敦所有最繁华、最有吸引力的地方，那些人们最愿意居住、工作和参观的地方，是那些历史环境保持完整的地方。一个城市要得以维系，它需要稳定的社区；破坏人们熟悉的有历史意义的建筑，会造成社区的失衡，需要付出破坏性的代价。"伦敦、巴黎等欧洲遗产城市并没有以牺牲文化遗产为代价而换取经济的繁荣，而是在经济发展与社会文化吸引力保持之间做出可贵的努力，使两者有效结合起来。他们明白暂时的破坏最后可能是长久的巨大的代价。

北京的堵只是一个引子，"冰山一角"。国家发改委副主任张茅教授2006年10月16日在首都经济贸易大学做《转变交通运输发展方式，促进交通运输的科学发展》讲演中提到两点：一是北京由于历史原因在交通供给能力、结构优化、技术进步、体制机制等方面存在巨大差距与不足，面临改变交通运输方式的现实性和紧迫性。二是要实现交通运输全面、协调、可持续的科学发展战略，就需要改革现行的交通运输管理体制；制定科学的交通运输发展规划；调整和优化交通运输结构，促进各种运输方式的协调发展；坚持可持续发展的理念，合理利用有限资源；加大科技投入，鼓励技术创新，提高科技含量。

可见北京交通问题的本源在于城市规划与都市选址决策正确与否，解决或缓解交通问题需要从本源上着手，采取综合措施，而且付出的代价与学费是巨大的。今天现实的北京由于当初错误的决策而导致难以弥补的诸多城市交通问题、城市社会问题、城市经济问题等还很多。我们都应该从头至尾彻底而深刻地反思与怀念梁思成事件与"梁陈方案"等，思考在现实情况下如何彻底性、根本性解决北京城市发展史中众多的交通、社会、经济等问题。

遗产地都市的选择在哪里？"梁陈方案"的解读需要更多人的努力。

——节选自张祖群：《旅游与文化地理学随笔》，民族出版社2011年版。

思考与练习

1. 思考文化资源管理与旅游经营之间的关系。

2. 如何理解以人为本的文化资源管理？

3. 列举国外文化资源管理的经验与案例，制作学习专题。

4. 探讨大数据在文化资源管理方面的应用。

参考文献

［1］胡郑丽：《文化资源学》，光明日报出版社 2016 年版。

［2］唐任伍编著：《地方文化资源开发与管理》，北京师范大学出版社 2019 年版。

［3］王宏彬主编：《地方文化资源开发与管理》，哈尔滨工程大学出版社 2016 年版。

［4］王荣、何彤慧、吴宏岐：《地名文化景观与地名资源开发、管理研究——基于宁夏和岭南地区地名的讨论》，中国社会出版社 2016 年版。

［5］许雪莲等：《民族民间文化艺术影视资源的管理与研究》，学苑出版社 2014 年版。

［6］"用大数据技术促文化资源管理"，载《科技日报》2013 年 10 月 11 日，第 6 版。

［7］张胜冰：《文化资源学导论》，北京大学出版社 2017 年版。

［8］张祖群：《旅游与文化地理学随笔》，民族出版社 2011 年版。

［9］邹涛："重庆市少数民族传统服饰文化资源的管理模式研究"，载《湖北民族学院学报（哲学社会科学版）》2012 年第 5 期。